全国交通运输职业教育技工新能源汽车检测与维修专业规划教材

电动汽车电机及控制系统

全国交通运输职业教育教学指导委员会　组织编写
张小兴　韦军新　主　　编
孟彦君　韩炯刚　副主编

人民交通出版社股份有限公司
China Communications Press Co.,Ltd.

内 容 提 要

《电动汽车电机及控制系统》是全国交通运输职业教育技工新能源汽车检测与维修专业规划教材之一。主要内容包括电动汽车电机、直流电机及控制系统、交流异步电机及控制系统、开关磁阻电机及控制系统、永磁同步电机及控制系统。

本书可作为技工院校新能源汽车检测与维修专业教材,也可供新能源汽车维修人员及相关技术人员参考使用。

图书在版编目(CIP)数据

电动汽车电机及控制系统/张小兴,韦军新主编
.—北京:人民交通出版社股份有限公司,2018.8
ISBN 978-7-114-14908-5（2025.7 重印）

Ⅰ.①电⋯ Ⅱ.①张⋯ ②韦⋯ Ⅲ.①电动汽车—电机②电动汽车—控制系统 Ⅳ.①U469.720.3

中国版本图书馆 CIP 数据核字(2018)第 169766 号

书　　名:	电动汽车电机及控制系统
著 作 者:	张小兴　韦军新
责任编辑:	郭　跃
责任校对:	张　贺
责任印制:	张　凯
出版发行:	人民交通出版社股份有限公司
地　　址:	(100011)北京市朝阳区安定门外外馆斜街 3 号
网　　址:	http://www.ccpcl.com.cn
销售电话:	(010)85285911
总 经 销:	人民交通出版社股份有限公司发行部
经　　销:	各地新华书店
印　　刷:	北京虎彩文化传播有限公司
开　　本:	787×1092　1/16
印　　张:	16
字　　数:	376 千
版　　次:	2018 年 8 月　第 1 版
印　　次:	2025 年 7 月　第 6 次印刷
书　　号:	ISBN 978-7-114-14908-5
定　　价:	39.00 元

(有印刷、装订质量问题的图书由本公司负责调换)

全国交通运输职业教育技工新能源汽车检测与维修专业规划教材

编审委员会

主 任 委 员 王怡民

副主任委员 杨经元　陈文华

委　　　员（按姓氏笔画排序）

王茂仁　王　征　韦军新　毕玉顺

刘海峰　刘　影　宇正鑫　宇全旺

许云珍　李永吉　李宪义　宋修艳

张小兴　张则雷　陈晓东　孟彦君

赵昌涛　贺利涛　夏建武　徐　坤

高庆华　高窦平　郭志勇　韩炯刚

廖辉湘　穆燕萍

特邀专家 朱　军

前 言
PREFACE

近年来，新能源汽车行业迅猛发展，产销量大幅增长。各职业院校根据市场需求，相继开设了新能源汽车检测与维修专业。选择适用的核心课程教材，对于院校专业建设至关重要。全国交通运输职业教育技工新能源汽车检测与维修专业规划教材是在各院校的通力合作下，在行业、企业技术专家的大力协助下编写而成。

本系列教材在编写过程中，采用职业院校大力推广的"基于工作过程的任务教学法"体例，项目规划科学，任务分解合理，利于教学过程中的讲解与实训。本系列教材依据市场主流车型进行编写，实现课堂教学与实训实习无缝对接。

本书是新能源汽车系列教材之一。在编写时，充分注意了电动汽车电机知识的覆盖面，以适应对电动汽车电机知识的需要；并且注重了教材的实用性，从理论知识介绍后，再以实际操作步骤进行介绍，强化了技能的学习，同时增添了实际操作的范例，使教材更具有实用性。全书包括5个项目、15个工作任务，主要介绍了电动汽车常用的四种电机及控制系统，主要是直流电机及控制系统、交流异步电机及控制系统、开关磁阻电机及控制系统、永磁同步电机及控制系统，重点介绍了目前应用最多的永磁同步电机及控制系统。

本书教学大纲由全国交通运输职业教育教学指导委员会审定，由云南交通技师学院张小兴、广西交通技师学院韦军新担任主编，由云南交通技师学院孟彦君、山东交通技师学院韩炯刚担任副主编，由张小兴负责统稿。本书第一个项目的任务1、第二个项目的任务2、任务3、任务4、第五个项目的任务11、任务12、任务13、任务14、任务15由云南交通技师学院张小兴负责完成；第三个项目的任务5、任务6、任务7由广西交通技师学院韦军新和云南交通技师学院张小兴共同完成；第四个项目的任务8、任务9、任务10由山东交通技师学院韩炯刚和云南交通技师学院张小兴、孟彦君共同完成。

在本系列教材的编写过程中，得到了浙江交通技师学院、山东交通技师学院、广西交通技师学院、江苏汽车技师学院等职业院校的大力支持，在此表示感谢。限于编者水平，书中难免有疏漏和错误之处，恳请广大读者提出宝贵建议，以便进一步修改和完善。

编　者
2018年5月

目 录
CONTENTS

项目一 电动汽车电机 ·· 1
    任务 1 电动汽车电机认知 ·· 2

项目二 直流电机及控制系统 ·· 17
    任务 2 直流电机认知 ·· 18
    任务 3 直流电机检修 ·· 32
    任务 4 直流电机控制系统认知 ······································ 39

项目三 交流异步电机及控制系统 ···································· 47
    任务 5 交流异步电机认知 ·· 48
    任务 6 交流异步电机检修 ·· 65
    任务 7 交流异步电机控制系统认知 ······························· 73

项目四 开关磁阻电机及控制系统 ···································· 83
    任务 8 开关磁阻电机认知 ·· 84
    任务 9 开关磁阻电机检修 ·· 96
    任务 10 开关磁阻电机控制系统认知 ···························· 102

项目五 永磁同步电机及控制系统 ·································· 113
    任务 11 永磁同步电机认知 ·· 114
    任务 12 永磁同步电机检修 ·· 132
    任务 13 电机旋转变压器检修 ····································· 157
    任务 14 永磁同步电机控制系统认知 ···························· 182
    任务 15 永磁同步电机控制系统检修 ···························· 220

参考文献 ·· 250

项目一 电动汽车电机

本项目的主要内容为电动汽车电机及控制系统的认知,按1个任务来进行学习:

任务1 电动汽车电机认知

通过任务1的学习,熟悉电动汽车驱动系统的组成和工作原理、电机的概念以及新能源汽车对电机的要求,熟悉电机的分类,并能够区分电动汽车用电机与工业电机,了解电动汽车电机的发展趋势。

任务1 电动汽车电机认知

学习目标

❖ **知识目标**
1. 能够简单叙述电机驱动系统的组成;
2. 能够正确定义电机的概念;
3. 能够正确叙述电动汽车对电机的要求;
4. 能够正确叙述电机的分类。

❖ **能力目标**
1. 能够正确识别电机及控制系统的主要部件;
2. 能够正确演示电机及控制系统的功能;
3. 能够正确识别各种类型的电机。

建议课时

6课时。

任务描述

电动汽车的前行和后退靠电机系统来完成,电机系统由哪些部件组成?电机系统的各项功能是如何实现的?你能够区分出常见的四种电机吗?

一、理论知识准备

驱动电机系统既是电动汽车的核心部件之一,也是关键系统之一,起到驱动车辆前进以及回收制动能量的作用,其驱动特性决定了汽车行驶的主要性能指标。在电动汽车和燃料电池汽车中,作为唯一的驱动力来源,电机驱动系统提供车辆行驶的全部驱动力,相当于传统汽车的发动机;由于系统能工作在回馈制动状态,在车辆制动时,车辆的动能通过驱动系统的发电特性转换为电能,存储到车载电源系统中,具备了传统发动机无法实现的能量回馈功能。在混合动力汽车的驱动电机系统中,其作用主要包括动力供应、平衡发动机功率和回馈能量,根据混合度的不同,其作用略有差别。本文将以电动汽车所采用的驱动电机系统为例来介绍相关技术。

(一)电动汽车驱动电机系统的基本组成和结构原理

1. 基本组成

驱动电机系统是电动汽车的心脏,其任务是在驾驶人的控制下,高效率地将动力蓄电池的电能转化为车轮的动能,或者将车轮的动能反馈到动力蓄电池中。电动汽车驱动电机系统的组成如图1-1所示,它由电机、功率转换器、控制器、各种检测传感器和动力蓄电池组成。为适应驾驶人的操作习惯,电动汽车仍保留了加速踏板、制动踏板及有关操纵手柄或按钮等。不过,在电动汽车上是将加速踏板、制动踏板的机械位移量转换为相应的电信号输入到中央控制单元来对汽车的行驶实行控制的。对于挡位变速杆,一般仍需保留,同样除传统的驱动模式外,也就只有前进、空挡、倒退三个挡位,并且以开关信号传输到中央控制单元来对汽车进行前进、停车、倒车控制。

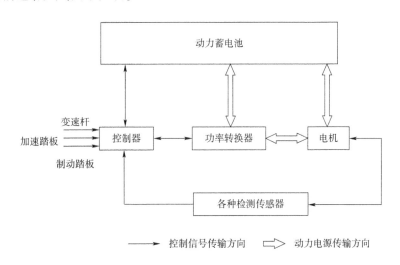

图1-1 驱动电机系统的基本组成框图

在电动汽车驱动电机系统中,控制器还要接受中央控制单元的控制。中央控制单元不仅是电机系统的控制中心,还要对整辆电动汽车的控制起到协调作用。它根据加速踏板与制动踏板的输入信号,向电机控制器发出相应的控制指令,对电机进行启动、加速、减速、制动控制。在电动汽车减速和下坡滑行时,中央控制单元配合车载电源模块的能源管理系统进行发电回馈,使动力蓄电池反向充电。对于与汽车行驶状况有关的速度、功率、电压、电流及有关故障诊断等信息,还需传输到辅助模块的驾驶室显示操纵台进行相应的数字或模拟显示,也可采用液晶屏幕显示来提高其信息量。另外,如驱动系统采用轮毂电机分散驱动方式,当汽车转弯时,中央控制单元也需与辅助模块的动力转向单元配合,即控制左右轮毂电机来实现电子差速转向。为减少电动汽车各个控制部分间的硬件连线,提高可靠性,现在汽车控制系统已较多地采用了微机多CPU总线控制方式,特别是对于采用轮毂电机进行前后四轮驱动控制的模式,更需要运用总线控制技术来简化电动汽车内部线路的布局,提高其可靠性,也便于故障诊断和维修,并且采用该模块化结构,一旦技术成熟,其成本也将随批量的增加而大幅下降。

1)电机控制器

电机控制器的功能是按中央控制单元的指令和电机的速度、电流反馈信号,对电机的速度、驱动转矩和旋转方向进行控制。电机控制器与电机必须配套使用,目前对电机的调速主要采用调压、调频等方式,这主要取决于所选用的电机类型。由于动力蓄电池以直流电方式供电,所以对于直流电机主要是通过DC/DC转换器进行调压调速控制;对于交流电机需通过DC/AC转换器进行调频调压矢量控制;对于磁阻电机是通过控制其脉冲频率来进行调速。当汽车倒车时,需通过电机控制器使电机反转来驱动车轮反向行驶。当电动汽车处于减速和下坡滑行时,电机控制器使电机运行于发电状态,电机利用车辆惯性发电,将电能通过电机控制器回馈给动力蓄电池,所以电机控制器与动力蓄电池组电源的电能流向是双向的。功率转换器按所选电机类型,有DC/DC功率转换器、DC/AC功率转换器等形式,其作用是按所选电机电流要求,将动力蓄电池的直流电转换为相应电压等级的直流、交流或脉冲电源。

2)电机

电机是应用电磁感应原理运行的旋转电磁机械,电机在电动汽车中被要求承担电机和发电机的双重功能,即在正常行驶时发挥其主要功能,即将电能转化为机械能;而在减速和下坡滑行时又被要求进行发电,将车轮的惯性动能转换为电能。对电机的选型,一定要根据其负载特性来进行。对汽车行驶时的特性分析可知,汽车在起步和上坡时要求有较大的起动转矩和相当的短时过载能力,并有较宽的调速范围和理想的调速特性,即在起动低速时为恒转矩输出,在高速时为恒功率输出。电机与电机控制器所组成的驱动系统是电动汽车中最为关键的部件,电动汽车的运行性能主要取决于驱动系统的类型和性能,它直接影响着汽车的各项性能指标,如汽车在各工况下的行驶速度、加速与爬坡性能及能源转换效率。电机和电机控制器的成本之比约为1:1,根据设计原理与分类方式的不同,电机的具体构造与成本构成也有所差异。电机的控制系统主要起到调节电机运行状态,使其满足整车不同运行要求的目的。针对不同类型的电机,控制系统的原理与方式有很大差别。

2. 基本结构原理

电动汽车的工作原理如图1-2所示。电源接通,汽车前进时,中央控制单元接收挡位控制器、加速踏板和角度传感器等各方面信息,传递给电机控制器,以控制流向前驱电机的电流,此时动力蓄电池电流通过应急开关、配电箱/接触器之后,一路经过电机控制器向前电机供给需要的电流,从而使电机运转,通过变速器/差速器和传动轴,带动左右前轮转动,使汽车前行或后退;另一路经过DC/DC转换器,将动力蓄电池330V高压直流电转换为低压42V,提供给电动转向系统EPS使用。同时动力蓄电池受电池管理系统(BMS)控制,将动力蓄电池的瞬时电压、电流、温度、存电情况等信息传递给BMS,以防止动力蓄电池过放电或温度过高损坏动力蓄电池。如果发生漏电情况,漏电保护器起作用。一旦发生紧急短路等情况,保护装置熔断丝即熔断保护。

驱动电机系统以驾驶人的操作(主要是以加速踏板位置的操作)为输入,经过电机控制器的变换后,输出转矩给定值,提供给电机逆变器,电机逆变器控制电机的输出转矩,从而使电动汽车以驾驶人预期的状态行驶。当电机控制器同时收到制动和加速信号,则以制动信号优先。其中,最关键的是电机逆变器,电机逆变器的主要功能是调节电机和动力蓄电池之间的电流频率和幅值,使其达到匹配,将动力蓄电池的直流电逆变成交流电提供给电机,将电能转换成机械能,电机输出的转矩经传动系统驱动车轮,使电动汽车行驶。

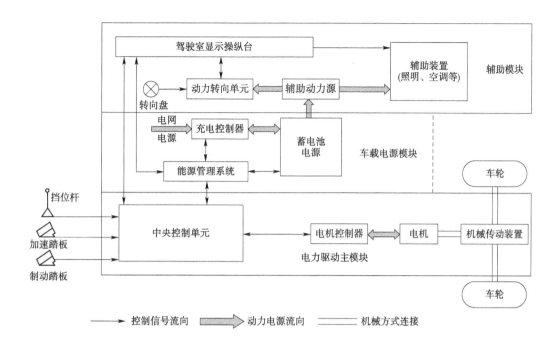

图 1-2 电动汽车工作原理图

(二)电动汽车对电机的要求

由于电机的选择是设计电动汽车驱动电机系统的基础性工作,所以有必要了解电机驱动系统对于电机的要求,掌握常用的电动汽车电机的工作原理、基本特点、运行特性和正确的使用方法。

电动汽车的驱动电机系统对于电机有以下的要求:

1. 高电压

在允许的范围内,尽可能采用高电压,这样可以减小电机的尺寸和导线等装备的尺寸,特别是可以降低功率变换器的成本。如图 1-3 所示为电机功率和电源电压的关系图。

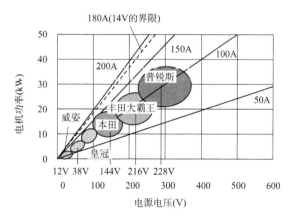

图 1-3 电机功率和电源电压的关系

2. 质量小

为了减小车辆的整体质量,应尽量采用铝合金外壳,还要设法降低电机控制器的质量和冷却系统的质量。同时转速要高,以减小整车的质量,增加电机与车体的适配性,扩大车体可利用空间,从而提高乘坐的舒适性。

3. 可靠性高

为了保证乘车者的安全,电气系统的安全性和控制系统的安全性,都必须符合国家或国际有关车辆电气控制的安全性能标准和规定,装备有高压保护设备。

4. 电机结构

电机的结构应紧凑、尺寸小。因为封装尺寸有限,因此必须根据具体产品进行特殊设计。如图1-4所示为电机在车上的外观图。

图1-4 电机在车上的外观图

5. 要具有精确的控制

要求电机能提供精确的力矩控制,动态性能较好。

6. 效率高、功率密度较高

要保证在较宽的转速和转矩范围内都有很高的效率,以降低功率损耗,提高一次充电的续驶里程。

7. 调速范围宽

应包括恒转矩区和恒功率区,低速运行输出的恒定转矩大,以满足汽车快速起动、加速、负荷爬坡等要求;高速运行输出恒定功率,有较大的调速范围,以满足平坦的路面、超车等高速行驶的要求。

8. 瞬时功率大、过载能力强

要保证汽车具有4~5倍的过载能力,以满足短时内加速行驶与最大爬坡的要求。

9. 环境适应性好

要适应汽车本身行驶的不同区域环境,即使在较恶劣的环境中也能正常工作,具有良好的耐高温、耐潮湿性能。

10. 制动再生效率高

在汽车减速时,能实现反馈制动,将能量回收并反馈回动力蓄电池,使得电动汽车具有最佳能量利用率,再生制动回收能量能达到总能量的10%~15%。

11. 其他方面

要求价格低廉,成本低,以降低车辆生产的整体费用。能适合大批量生产,运行时噪声低,使用维修方便。

(三)电动汽车电机的分类

根据电机的工作原理、结构的不同,电动汽车电机的分类如下:

```
                                    ┌ 永磁直流电机
                      ┌ 有刷直流电机 ┤              ┌ 他励电机
              ┌ 直流电机┤              └ 励磁直流电机 ┤ 串励电机
              │        │                            │ 并励电机
              │        └ 无刷直流电机——方波电机      └ 复励电机
      ┌ 静止电机
电机 ─┤ 旋转电机
      │        ┌ 单相电机
      │        │                ┌ 同步电机 ┌ 励磁同步电机
      └ 交流电机┤ 三相电机 ─────┤          └ 永磁同步电机
               │                └ 异步电机 ┌ 绕线型异步电机
               │                           └ 笼型异步电机
               └ 开关磁阻电机
      └ 直线电机
```

目前，电动汽车上使用的电机主要类型有直流电机、交流异步电机、开关磁阻电机和永磁同步电机等。

1. 直流电机

早期的电动汽车所使用的电机大多采用直流电机，直流电机之所以能得到大量的应用，最主要的原因是因为它具有优良的转矩特性、控制原理和控制装置简单、控制成本低、起动和加速转矩大、调速性能好且比较方便等优点。但其致命的缺点是有电刷和机械换向器，限制了电机过载能力、速度、功率体积比、功率质量比和效率的进一步提高。换向时产生噪声，换向器表面会产生电火花和电磁干扰，可靠性降低，需要定期维护，这些原因都极大地影响了它的应用场合，现在某些电动汽车仍有采用，但已逐步趋于淘汰。其具体应用车型为法国雪铁龙SAXO、标致QCGS106EV和江淮和悦iEV，如图1-5所示。

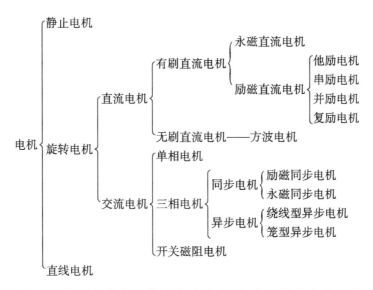

图1-5　江淮和悦iEV

2. 交流异步电机

由于商用车空间相对较大，交流异步电机可靠性比较高，因此仍有大量厂商采用交流异步电机的技术路线。交流异步电机应用得较多的地区是美国，这也被认为是和路况有关，在美国，高速公路已经具有一定的规模，除了大城市外，汽车一般以一定的高速持续行驶，所以能在高速运转而且在高速时有较高效率的交流异步电机得到广泛应用。

一款产品或者一种技术得到广泛应用的原因一定离不开成本和功能这两方面的平衡，交流异步电机在电动车领域的普及就能说明这一点。荣威550和特斯拉MODEL S都使用交流异步电机，这些车如图1-6所示。

变频调速是电机首先要具备的功能，因为电动车的车轮由电机和差速器组成的传动机构进行驱动，电机本身的转速范围即可满足车辆的行驶需要，因此，从技术结构来看，变速器不再是整个动力系统的必要装置，但是，在变频调速的性能方面，还是对电机提出了较高的要求,另外,倒车也是日常驾驶时经常遇到的问题,所以,还需要电机能自如的在正反转状态间切换。交流异步电机具备变频调速的能力,其效果相当于我们所理解的装配有无级变速器的车辆在加速时发动机转速与车速较为线性的对应关系。而上面提到的倒车问题,交流异步电机也可通过自身正反转的切换予以实现。交流异步电机实现动能回收也更为容易。车辆滑行或制动时,车轮反拖电机转动,在这个工况下,电机可进行发电并将电能回收到电池中,以此延长车辆的续驶里程。

a)荣威550Plug-in　　　　　　　　　　　　b)特斯拉MODEL S

图1-6　使用交流异步电机的轿车

3. 永磁同步电机

在乘用车领域,永磁同步电机凭借高转矩密度、高效率以及转速范围宽等优势,已经基本占据了国内新能源汽车电机市场。比亚迪 e6、腾势、宝马 i3、沃蓝达 Volt 车上都使用永磁同步电机。如图 1-7 所示。

a)比亚迪e6　　　　　　　　　　　　b)腾势

c)宝马i3　　　　　　　　　　　　d)沃蓝达Volt

图1-7　安装永磁同步电机的四种车型

4. 开关磁阻电机

开关磁阻电机又称可变磁阻电机,1883年就用于机车牵引,直到现代功率电子学和大功率计算设备的出现,它的潜能才得以充分的发挥。作为一种新型的特种电机,它是集电机技术、现代电力电子技术与计算机控制技术相结合的产物,近20年来备受重视。它综合了感应电机和直流电机传动系统的优点,有着无磁钢、成本低、效率高、结构简单坚固、容错性好、低速输出转矩高等很多优良的特点,特别适合于电动汽车在各种工况下运行,为电动汽车行业所关注。

开关磁阻电机是电动汽车驱动系统用的电机中极具竞争力的电机,是当前电动汽车电机的又一个新的选择,在混合动力汽车和纯电动汽车中已得到成功的应用,具有良好的应用前景。国际上如奔驰、沃尔沃、菲亚特、通用等公司,正大力发展电动汽车用开关磁阻电机。东风公司混合动力城市客车上已使用了开关磁阻电机,如图1-8所示。

以上所述的电动汽车所使用各种类型的电机,在选定时,应根据电动车辆的电机驱动系统的结构、电动汽车的总体设计目标、行驶性能要

图1-8 东风公司混合动力城市客车

求、车辆技术性能指标要求、车载能源系统的性能、电机本身的性能特点、电机及其控制器成本等因素进行综合考虑。

一般而言,各种类型的电动汽车对其电机的要求各不相同,必须针对主要应用特点,选择最适合的电机方案。例如,高档轿车对电机体积质量要求高,同时要求低转矩脉动和低噪声,可优先选用永磁同步电机;跑车、概念车及越野车等对加速特性或过载能力要求高,希望有超高速运行能力,可优先选用开关磁阻电机;对于主要在市区较平坦路况行驶的经济型私家车、邮政车、环保车或观光车等车辆,对电机性能要求不是很高,但对低成本要求高,则可优先选用交流异步电机;对于采用AMT(自动换挡)的车辆,要求电机转速响应快,选用开关磁阻电机是最佳的选择;对于要求较大功率电机的大型车辆,出于成本和性能稳定性方面的考虑,显然不应优先选用永磁同步电机。但是究竟采用那种电机最好,有待于装备各种类型电机的电动汽车在道路上长期行驶,通过实践考验后方能决断,目前业界尚无定论。电动汽车使用的各种电机性能对比如表1-1所示。

四种典型电机的性能特点   表1-1

性能及类型	直流电机	异步电机	永磁同步电机	开关磁阻电机
转速范围(r/min)	4000~6000	12000~20000	4000~10000	>15000
功率密度	低	中	高	较高
电机质量	大	中	小	小
电机体积	大	中	小	小
可靠性	一般	好	优良	好
结构坚固性	差	好	好	好
控制器成本	低	高	高	一般

(四)电动汽车电机性能

1. 产品名称代号

国家标准关于电动汽车电机的产品名称代号如下:派生代号,用大写汉语拼音字母表示性能参数代号,用二位阿拉伯数字表示产品名称代号,用大写汉语拼音字母表示机座号,以机壳外径(mm)表示产品名称代号。

(1) SYX：稀土永磁式直流伺服电机。
(2) SXPT：铁氧体永磁式线绕盘式直流电机。
(3) SXPX：稀土永磁式线绕盘式直流电机。
(4) SWT：铁氧体永磁式无刷直流伺服电机。
(5) SWX：稀土永磁式无刷直流伺服电机。
(6) SN：印制绕组直流伺服电机。
(7) SR：开关磁阻电机。
(8) YX：三相异步电机。

2. 额定指标

(1) 额定功率：额定功率是指额定条件下的输出功率（W 或 kW）。
(2) 额定电压：额定电压是指外加于线端的电源线电压（V）。
(3) 额定电流：额定电流是指电机额定运行（额定电压、额定输出功率）情况下电枢绕组（或定子绕组）的线电流（A）。
(4) 额定频率：额定频率是指电机额定运行情况下电枢（或定子侧）的频率（Hz）。
(5) 额定转速：额定转速是指额定功率下，电机的最低转速（r/min）。
(6) 温升（或绝缘等级）：指电机超过环境温度的热量。
(7) 防护等级：指防止人体接触电机转动部分、电机内带电体和防止固体异物进入电机内的防护等级。

(五) 电动汽车电机与工业用电机区别

电动汽车的电机与常规的工业电机不同。电动汽车的电机通常要求频繁的启动/停车、加速/减速，低速或爬坡时要求高转矩，高速行驶时要求低转矩，并要求变速范围大。而工业电机通常优化在额定的工作点。因此，电动汽车电机比较独特，应单独归为一类。

(1) 电动汽车电机需要有 4~5 倍的过载以满足短时加速或爬坡的要求，低速的时候具有高转矩，使汽车起步快，低速爬坡性能好；而工业电机只要求有 2 倍的过载就可以了。

(2) 电动汽车的最高转速要求达到在公路上巡航时基本速度的 4~5 倍，高速的时候具有大功率，最高时速高，高速的超车性能好，而工业电机只需要达到恒功率是基本速度的 2 倍即可。

(3) 电动汽车电机需要根据车型和驾驶人的驾驶习惯设计，而工业电机只需根据典型的工作模式设计。

(4) 电动汽车电机要求有高功率密度（一般要求达到 1kW/kg 以内）和好的效率图（在较宽的转速范围和转矩范围内都有较高的效率），从而能降低车重，延长续驶里程；而工业电机通常对功率密度、效率和成本进行综合考虑，在额定工作点附近对效率进行优化。

(5) 电动汽车电机要求工作可控性高、稳态精度高、动态性能好；而工业电机只有某一种特定的性能要求。

(6) 电动汽车电机被装在机动车上，空间小，工作在高温、坏天气及频繁振动等恶劣环境下。而工业电机通常在某一个固定位置工作。

电动汽车电机与普通工业电机比较如表 1-2 所示。

电动汽车电机与普通工业电机对比   表1-2

项 目	工业应用	电动汽车应用
外观		
封装尺寸	空间不受限制,可用标注封装配套各种应用	布置空间有限,必须根据具体产品进行特殊设计
工作环境	环境温度适中(-20~+40℃);静止应用,振动较小	温度变化大(-40~105℃);振动剧烈
可靠性要求	较高,以保证生产效率	很高,以保障乘车安全
冷却方式	通常为风冷(体积大)	通常为水冷(体积小)
控制性能	动态性能较要求不高	需要快速的力矩相应控制,动态性能较好
功率密度	较低(0.2kW/kg)	较高(1~1.5kW/kg)
总体性价比	一般	较高

(六)电动汽车电机的发展趋势

纵观目前国内外主流电动汽车的电机配置情况,欧美产品多采用交流异步电机,而我国、日本企业则多采用永磁同步电机。从综合性能来看,永磁同步电机最具优势,更能代表新能源汽车电机的发展方向。另外,我国是稀土资源大国,相关产业也有很好的发展基础,由此我国新能源汽车电机的主流路线也应是永磁同步电机。

电动汽车的电机最早是采用控制性能好和成本较低的直流电机。随着电子技术、机械制造技术和自动控制技术的发展,交流电机、永磁电机和开关磁阻电机明显比直流电机具有更加优越的性能,未来我国电动汽车用电机系统将朝着永磁化、数字化和集成化方向发展。

(1)永磁化指永磁电机具有功率密度和转矩密度高、效率高、便于维护的优点。目前,电机永磁化趋势正凸显,数据显示,永磁同步电机在我国新能源汽车中的使用占比已超过90%。

(2)数字化包括驱动控制的数字化、驱动到数控系统接口的数字化和测量单元数字化。用软件最大限度地代替硬件,具有保护、故障监控、自诊断等其他功能。

(3)集成化主要体现在两个方面:

①电机方面:电机与发动机总成、电机与变速器总成的集成化;

②控制器方面:电力电子总成(功率器件、驱动、控制、传感器、电源等)的集成化。未来把电机、减速器、控制器一体化,是一种趋势,不仅减小了体积,更使得产品标准化。

二、任务实施

(一)准备工作

(1)防护装备:常规实训着装。

(2)教学设施、台架、总成:电机及控制系统台架、四种类型的电动汽车电机总成。
(3)专用工具:无。
(4)手工工具:无。
(5)仪器仪表:无。
(6)辅助材料:无。
(7)各组进行分工,选出组长、记录员等。
(8)实训场地安全检查。

(二)技术要求与注意事项

(1)操作时,如果没有实训指导教师的允许,实训台架不能移动;
(2)操作时,如果没有实训指导教师的允许,实训台架不能通电测试;
(3)操作时,没有实训指导教师的允许,实训台架上面的部件、线束不能单独取下;
(4)电机识别必须在工作台上进行,不可脱离台架,以确保安全,防止发生安全事故;
(5)在进行电机识别时,不允许取下电机上面的接插件、不允许破坏接插口;
(6)在进行电机识别时,不允许对电机进行拆卸。

(三)操作步骤

1.驱动电机系统

(1)在台架上指出驱动电机系统的各部件;
(2)接通电源;
(3)操作加速踏板;
(4)操作制动踏板;
(5)操作换挡杆进行正转和反转演示;
(6)切断电源、还原台架。

2.电机总成

(1)识别电动汽车直流电机;
(2)识别电动汽车交流异步电机;
(3)识别电动汽车开关磁阻电机;
(4)识别电动汽车永磁同步电机。
(5)恢复识别部件及7S管理。

三、技能考核标准(表1-3)

技能考核标准　　　　　　　　　　表1-3

序号	项目	操作内容	规定分	评分标准	得分
1	实训准备	1.实训手册的准备; 2.实训台架的基本检查	8分	1.能够准备实训手册(2分,无实训手册的扣2分); 2.能够正确检查实训台架的部件数量和工量具、实训台架安全检查,并做好记录(6分,每项检查2分)	

续上表

序号	项目	操作内容	规定分	评分标准	得分
2	电机系统	1. 指出电机系统各部件； 2. 正确操作各按钮，实现电机的各项功能	32 分	1. 能够正确说出台架上的部件名称(20分，一个部件加2分)； 2. 能够正确接通台架的电源(3分)； 3. 能够操作加速按钮实现电机的加速(3分)； 4. 能够操作制动按钮实现电机的减速或停机(3分)； 5. 能够操作换挡杆实现电机的正转和反转(3分)	
3	直流电机	1. 辨别直流电机； 2. 找到电机上的铭牌，描述电机的性能参数	15 分	1. 能够正确辨别出直流电机(5分)； 2. 能够找到电机上的铭牌，并描述电机的性能参数(5分)	
4	交流异步电机	1. 辨别交流异步电机； 2. 找到电机上的铭牌，描述电机的性能参数	15 分	1. 能够正确辨别出交流异步电机(5分)； 2. 能够找到电机上的铭牌，并描述电机的性能参数(5分)	
5	开关磁阻电机	1. 辨别开关磁阻电机； 2. 找到电机上的铭牌，描述电机的性能参数	15 分	1. 能够正确辨别出开关磁阻电机(5分)； 2. 能够找到电机上的铭牌，并描述电机的性能参数(5分)	
6	永磁同步电机	1. 辨别永磁同步电机； 2. 找到电机上的铭牌，描述电机的性能参数	15 分	1. 能够正确辨别出永磁同步电机(10分)； 2. 能够找到电机上的铭牌，并描述电机的性能参数(5分)	
7	部件恢复及7S管理	1. 识别部件的恢复； 2. 7S 管理	10 分	1. 能够正确恢复识别的各部件(3分)； 2. 能够正确进行7S管理(7分，少做一项扣1分)	
	总分		100 分		

四、学习拓展

新能源汽车电机行业竞争力分析

近年来随着新能源汽车的发展，我国在车用电机及其控制系统的研发方面取得了长足进步，已经研制出满足各种动力系统的车用电机及其控制系统产品。随着"十城千辆"新能源汽车示范工程的推进，国内一些车用电机产品已经进行小批量生产并通过装车考核，能够很好地满足整车需求。通过这些产品的应用推广，国内车用电机及其控制系统的现代设计理念与方案得到有效验证，在共性技术研究方面取得重大突破，关键制造工艺成果也有了成功的应用实践，初步建立了可靠性评价的测试规范，规范了产品技术标准。

在新能源汽车电池、电机、电控三大核心部件中，我国最有潜力成为世界新能源汽车电机产业化中心。

我国新能源汽车电机及其控制系统的研发已经基本完成了原理性研发阶段，进入产业化初期阶段，目前还没有经过大规模的产业化验证。

凭借我国在稀土材料、电机和电力电子制造等方面的优势，车用电机系统技术和产业的发展将成为我国新能源汽车推广的强大驱动力之一。中科院电工所电动汽车技术研究发展中心主要从事电机和中低压变流技术研究，包括交流异步/永磁同步电机系统、特种电机系统以及电气系统集成等。"十一五"以来，该中心将科研重点瞄准电动汽车电机系统技术的发展前沿，即永磁电机新结构、高功率密度电力电子集成与机电集成技术。此外，北京理工大学电动车辆国家工程实验室在电机研发及电机测试基地建设方面也取得较大进展。

企业是产业化的绝对主角。由于我国新能源汽车尚未进入批量生产阶段，电机、电池等新能源汽车关键零部件企业仍处于产业化探索阶段。精进电动电机系统产业化核心团队的领军人物曾在国外主持过全球已量产的 10 余款著名品牌混合动力汽车的电机系统设计与制造，能够有效将国际产业化经验注入中国现阶段的产业化进程。该公司目前承担了国内外多款混合动力汽车驱动电机的开发与小批量供货。

2008 年北京奥运会期间，该公司提供的电动客车电机及其控制系统表现良好，实现了"零故障、零抛锚"的运营目标。此外，在大功率异步电机及其控制器以及中小功率永磁电传动系统的研发方面也取得了很好的业绩，产品可靠性和耐久性得到初步验证。

国家 863 计划电动汽车重大专项的多项课题研究，目前均已顺利通过验收。

采用的开关磁阻技术方案具有结构简单、可靠性高、恒功率区和高效区宽、动态响应快等突出优点，并突破了噪声较大的世界性难题，成了我国最早规模最大的新能源汽车示范运行（武汉市 4 年 50 辆车 2000 万 km），获得了 2008 年中国汽车工业科技进步一等奖。

据了解，产品的成本控制和价格在行业内具备优势，产品一致性高，售后服务体系也较为健全。加大了车用电机系统的推广力度和新规格产品的开发力度。

国内车用电机及其控制系统研发与国际同步，性能可满足新能源汽车需求，有些方面甚至超过国外。国内的不足主要体现在量产上，批量生产是短板。

与电机控制系统技术相比，车用电机技术相对较为成熟。国内车用电机仍需要在基础的加工工艺等制造工艺技术方面提高精度，切实提升电机的性能；由于没有车用控制系统的开发经验，国内开发的电机控制系统在安全性、可靠性和一致性方面仍需要大量验证。

车用电机及其控制系统涉及电机学、电力电子、控制软件硬件、控制理论和传感器等综合学科，其产品虽非真正意义上的尖端高科技产品，但也非传统企业所能够掌握，因此目前从事车用电机及其控制系统研发和生产制造的多为科技型中小企业。这类企业大多以技术见长，规范化、规模化生产是其短板，质量控制、成本控制是难点。因此，政府有关部门在选择重点支持的企业时，不仅要看其技术实力，还要特别注重考察其产业化基础实力。选择的企业应有开发经营同类或相近产品的基础，有较规范的管理，有一定的资产规模，有运行良好的市场开拓、生产制造、质量保证、售后服务体系，有稳定的人才队伍，特别是近几年有良好的经营业绩和财务数据。政府有关部门对这类企业应给予政策引导和适当的资金支持，使其适应我国发展新能源汽车的需要，成为合格的车用电机及其控制系统规模化供应商。

五、思考与练习

（一）填空题

1. 驱动电机系统是电动汽车的心脏，其任务是在驾驶人的控制下，高效率地将_____的电能转化为_____的动能，或者将_____的动能反馈到_____中。
2. 新能源汽车的三大核心系统是_____、_____、_____。
3. 电动汽车电机系统主要由_____、_____、_____各种检测传感器和电源（蓄电池）组成。
4. 电机控制器的功能够是按中央控制单元的指令和电机的速度、电流反馈信号，对电机的_____、_____、_____进行控制。
5. 电动汽车上使用的电机主要类型有_____、_____、_____、_____等。
6. 励磁直流电机按励磁方式分为：_____、_____、_____、_____。
7. 永磁同步电机的功率密度_____，控制器成本_____。
8. 电动汽车电机要求瞬时功率_____，过载能够力_____。
9. 早期的电动汽车用电机大多采用_____电机。
10. 电动汽车电机的产品名称代号用大写汉语拼音字母表示_____，以机壳外径（mm）表示产品_____代号。

（二）单项选择题

1. 电动汽车电机在启动低速时为恒转矩输出，在高速时为（　　）输出。
   A. 恒转矩　　　　B. 恒功率　　　　C. 横电流
2. 对于磁阻电机是通过控制（　　）来进行调速。
   A. 脉冲频率　　　B. 方波频率　　　C. 正弦频率
3. 电机控制器与动力蓄电池组电源的电能流向是（　　）的。
   A. 单向　　　　　B. 双向　　　　　C. 多向
4. 电动汽车要求电机的工作电压为（　　）。
   A. 低电压　　　　B. 高电压　　　　C. 高低电压都可以
5. 电动汽车制动再生效率高，再生制动回收能量能够达到总能量的（　　）。
   A. 10%～15%　　 B. 15%～20%　　 C. 20%～30%
6. 电动汽车的最高转速要求达到在公路上巡航时基本速度的（　　）倍。
   A. 1～2　　　　　B. 3～4　　　　　C. 4～5
7. 电动汽车电机的冷却方式为（　　）。
   A. 风冷　　　　　B. 水冷　　　　　C. 油冷
8. 永磁同步电机应用的车型是（　　）。
   A. 荣威550　　　 B. 江淮和悦　　　C. 比亚迪 e6
9. 电机产品名称代号 YX 表示（　　）。
   A. 三相异步电机　B. 开关磁阻电机　C. 永磁同步电机
10. 电动汽车电机工作环境温度为（　　）。
    A. -20～+40℃　　B. -40～80℃　　 C. -40～+105℃

(三)判断题
1. 对电机的选型一定要根据其负载特性来进行。 ( )
2. 异步电机属于直流电机范畴。 ( )
3. 异步电机具备变频调速的能力。 ( )
4. 电动汽车仍保留了加速踏板、制动踏板及有关操纵手柄或按钮等。 ( )
5. 目前对电机的调速只能够采用调压方式。 ( )
6. 功率转换器按所选电机类型只有 DC/DC 功率变换器。 ( )
7. 电机的控制系统主要起到调节电机运行状态,使其满足整车不同运行要求的目的。
 ( )
8. 欧美产品多采用交流异步电机,而我国、日本企业则多采用直流电机。 ( )
9. 我国电动汽车用电机系统将朝着永磁化、数字化和集成化方向发展。 ( )
10. 工业电机冷却方式为水冷。 ( )

(四)名词解释
1. 电机—
2. SXPX—

(五)简答题
1. 简述驱动电机系统的工作原理。
2. 简述电动汽车对电机的要求。

项目二
直流电机及控制系统

本项目的主要内容为电动汽车直流电机的认知和检修、直流电机控制系统的认知,分为3个任务:

任务2　直流电机认知

任务3　直流电机检修

任务4　直流电机控制系统认知

通过3个任务的学习,熟悉电动汽车直流电机的结构、工作原理和特性,掌握直流电机的检修方法,熟悉直流电机控制系统的组成和控制方法。

任务 2　直流电机认知

学习目标

❖ **知识目标**
1. 能够正确叙述直流电机的组成；
2. 能够正确分析直流电机的工作原理；
3. 能够正确叙述直流电机的励磁方式；
4. 能够正确分析直流电机的工作特性。

❖ **能力目标**
能够正确识别直流电机各部件。

建议课时
6 课时。

任务描述
最初一些电动汽车使用的是直流电机，那么直流电机由哪些部件组成？直流电机的工作原理是什么？你能识别直流电机的部件吗？

一、理论知识准备

输出或输入为直流电的旋转电机，称为直流电机，它是能实现直流电能和机械能互相转换的电机。当它作电机运行时是直流电机，将电能转换为机械能；作发电机运行时是直流发电机，将机械能转换为电能。通常所说的直流电机是指磁极极性沿圆周按 N、S 极交替排列，利用换向器和电刷对电枢电路内部电流进行换向的异极直流电机。

（一）直流电机的结构

直流电机的结构如图 2-1 所示。

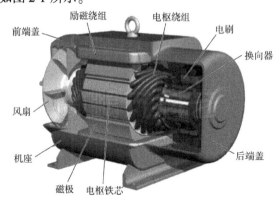

图 2-1　直流电机结构图

直流电机由静止部分定子和旋转部分转子两大部分构成,其剖视图如图 2-2 和图 2-3 所示。

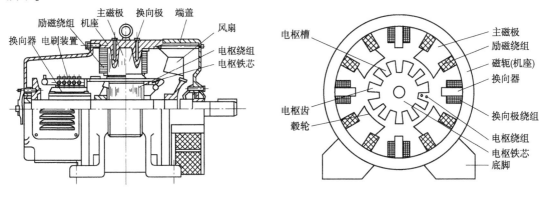

图 2-2　直流电机纵向剖视图　　　　图 2-3　直流电机轴向剖视图

1. 定子部分

定子部分包括主磁极、换向极和电刷装置、机座等。

1) 主磁极

主磁极的作用是产生气隙磁场。在大多数直流电机中,主磁极是磁铁,为了尽可能地减小涡流和磁滞损耗,主磁极铁芯用 1~1.2mm 厚的低碳钢板叠压而成。分为极身和极靴两部分,上面套励磁绕组的部分称为极身,下面扩宽的部分称为极靴,极靴宽于极身,既可以调整气隙中磁场的分布,又便于固定励磁绕组。励磁绕组用绝缘铜线绕制而成,套在主磁极铁芯上。整个主磁极用螺钉固定在机座上。

2) 换向极

换向极又称附加极或间极,换向极的作用是改善换向,减小电机运行时电刷与换向器之间可能产生的换向火花,一般装在两个相邻主磁极之间,由换向极铁芯和换向极绕组组成。换向极绕组用绝缘导线绕制而成,套在换向极铁芯上,换向极的数目与主磁极相等。

3) 电刷装置

电刷的作用是把转动的电枢绕组与静止的外电路相连接,并与换向器相配合,起到整流或逆变器的作用,如图 2-4 所示。电刷装置由电刷、刷握、刷杆和刷杆座等组成。电刷放在刷握内,用弹簧压紧,使电刷与换向器之间有良好的滑动接触,刷握固定在刷杆上,刷杆装在圆环形的刷杆座上,相互之间必须绝缘。刷杆座装在端盖或轴承内盖上,圆周位置可以调整,调好以后加以固定。

4) 机座

一是作为直流电机磁路系统中的一部分,二是用来固定主磁极、换向极及端盖等,起机械支撑的作用。因此要求机座有好的导磁性能和足够的机械强度及刚度。机座通常用铸钢或厚钢板焊接而成。

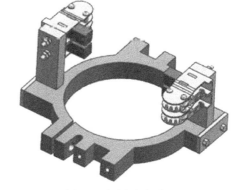

图 2-4　直流电机电刷

2. 转子部分

转子又称为电枢,包括电枢铁芯、电枢绕组、换向器、风扇、转子轴和轴承等,转子结构如图2-5所示。

1) 电枢铁芯

电枢铁芯是直流电机主磁路的一部分,用来嵌放电枢绕组。为了减少电枢旋转时电枢铁芯中因磁通变化而引起的磁滞及涡流损耗,电枢铁芯通常用0.5mm厚的两面涂有绝缘漆的硅钢片叠压而成,以降低电机运行时电枢铁芯中产生的涡流损耗和磁滞损耗。叠成的铁芯固定在转轴或转子支架上。铁芯的外圆开有电枢槽,槽内嵌放电枢绕组。电枢铁芯如图2-6所示。

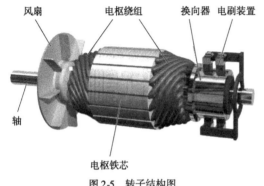

图2-5 转子结构图　　　　　图2-6 直流电机电枢铁芯

2) 电枢绕组

电枢绕组由许多按一定规律连接的线圈组成。它是直流电机的主要电路部分,也是通过电流和感应电动势,从而实现机电能量转换的关键性部件。因此,电枢绕组需要满足以下要求:在能通过规定的电流和产生足够的电动势前提下,尽可能节省有色金属和绝缘材料,并且要结构简单、运行可靠等。

直流电机电枢绕组由若干元件组成,元件一般安放在电枢槽内,并以一定规律与换向器接成闭合回路。由元件组成的闭合回路,通过换向器被正、负电刷截成若干并联支路,再由电刷与外电路相连。每一支路各元件的对应边,一般均应处于相同极性的磁场下,以获得最大的支路电动势和电磁转矩。

直流电机的常规绕组有同槽式叠绕组、波绕组和蛙绕组三类。

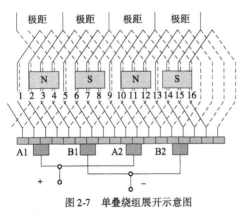

图2-7 单叠绕组展开示意图

(1) 叠绕组:也称并联绕组。组成一条支路的各串联元件的对应边,处在同一主极下,元件前后相叠,槽内元件边按双层布置。按重路数可以将叠绕组分为单叠绕组和复绕组。单叠绕组展开示意图如图2-7所示。

(2) 波绕组:也称串联绕组。组成一条支路的各串联元件的对应边,处在所有相同性的主极下,元件展开呈波浪形,槽内元件边按双层布置。波绕组按重路数也可以分为单叠绕组和复绕组。单波绕组示意图如图2-8所示。

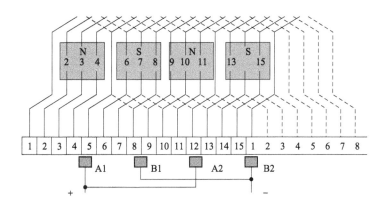

图 2-8 单波绕组展开图

(3)蛙绕组：由单(复)叠绕组与复波绕组组成。蛙绕组的基本绕组是叠绕组，波、叠绕组互起均压作用，不需要另接均压线，结构较为简单，换向性能相对比较好。

3) 换向器

换向器如图 2-9 所示，换向器的作用是实现外电路电流与电枢绕组中交流电之间的相互变换。在直流电机中，换向器配以电刷，能将外加直流电源转换为电枢线圈中的交变电流，使电磁转矩的方向恒定不变；在直流发电机中，换向器配以电刷，能将电枢线圈中感应产生的交变电动势转换为正、负电刷上引出的直流电动势。换向器是由许多换向片组成的圆柱体，换向片之间用云母片绝缘，换向片的下部做成鸽尾形，两端用钢制 V 形套筒和 V 形云母环固定，再用螺母锁紧。

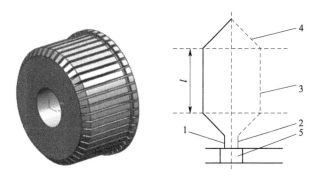

图 2-9 直流电机换向器
1-首端；2-末端；3-元件边；4-端接部分；5-换向片

4) 转子轴

转子轴起到转子旋转的支撑作用，需要有一定的机械强度和刚度，一般用圆钢加工而成。

(二) 直流电机的工作原理

一台直流电机原则上既可以作为电机运行，也可以作为发电机运行，这种原理在电机理论中称为可逆原理。当原动机驱动电枢绕组在主磁极 N、S 之间旋转时，电枢绕组上感生出电动势，经电刷、换向器装置整流为直流后，引向外部负载(或电网)，对外供电，此时电机作直流发电机运行。如用外部直流电源，经电刷换向器装置将直流电流引向电枢绕组，则此电流与主磁极 N、S 产生的磁场互相作用,产生转矩,驱动转子与连接于其上的机械负载工作,此时电机作直流电机运行。图 2-10 所示为电机的可逆原理状态图。

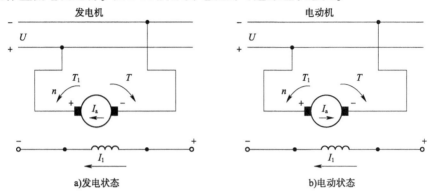

图 2-10 直流电机可逆原理

1. 直流发电机工作原理

在图 2-11 所示瞬间,导体 ab、cd 的感应电动势方向分别由 b 指向 a 和由 d 指向 c。这时电刷 A 呈正极性,电刷 B 呈负极性。

当线圈逆时针方向旋转 180°时,这时导体 cd 位于 N 极下,导体 ab 位于 S 极下,各导体中电动势都分别改变了方向。

从图看出,和电刷 A 接触的导体永远位于 N 极下,同样,和电刷 B 接触的导体永远位于 S 极下。因此,电刷 A 始终有正极性,电刷 B 始终有负极性,所以电刷端能引出方向不变的但大小变化的脉振电动势。如果电枢上线圈数增多,并按照一定的规律把它们连接起来,可减小脉振,获得直流电动势。这就是直流发电机的工作原理。

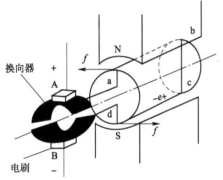

图 2-11 直流发电机原理模型

2. 直流电机工作原理

直流电机是磁极极性沿圆周按 N、S 极交替排列,利用换向器和电刷对电枢电路内部电流进行换向的异极直流电机。导体受力的方向用左手定则确定。这一对电磁力形成了作用于电枢一个力矩,这个力矩在旋转电机里称为电磁转矩,转矩的方向是逆时针方向,企图使电枢逆时针方向转动。如果此电磁转矩能够克服电枢上的阻转矩(例如由摩擦引起的阻转矩以及其他负载转矩),电枢就能按逆时针方向旋转起来。直流电机工作原理如图 2-12 所示。

工作过程如下:

1) 电磁转矩产生

电枢绕组通过电刷接到直流电源上,绕组的旋转轴与机械负载相连。电流从电刷 A 流入电枢绕组,从电刷 B 流出。电枢电流 i 与磁场相互作用产生电磁力 f,其方向可用左手定则判定。这一对电磁力所形成的电磁转矩 T,使电机电枢逆时针方向旋转。电磁转矩与电枢旋转方向关系:同向。

2) 换向

当电枢转到图 2-12b) 所示位置时，ab 边转到了 S 极下，cd 边转到了 N 极下。这时线圈电磁转矩的方向发生了改变，但由于换向器随同一起旋转，使得电刷 A 总是接触 N 极下的导线，而电刷 B 总是接触 S 极下的导线，故电流流动方向发生改变，电磁转矩方向不变。

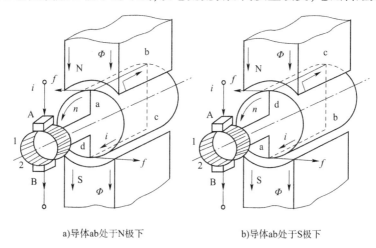

a) 导体ab处于N极下　　　　b) 导体ab处于S极下

图 2-12　直流电机工作原理图

3) 电动势与能量转换分析

电动势：电枢转动时，割切磁力线而产生感应电动势，这个电动势（用右手定则判定）的方向与电枢电流 I 和外加电压 U 的方向总是相反的，称为反电动势 E_a。它与发电机的电动势 E 的作用不同。发电机的电动势是电源电动势，在外电路产生电流。而 E_a 是反电动势，电源只有克服这个反电动势才能向电机输入电流。

（三）直流电机的分类

直流电机分为绕组励磁式直流电机和永磁式直流电机。在电动汽车所采用的直流电机中，小功率电机采用的是永磁式直流电机，大功率电机则采用绕组励磁式直流电机。根据直流电机励磁绕组和电枢绕组与电源连接关系的不同，直流电机可分为他励、并励、串励和复励四种类型，如图 2-13 所示。

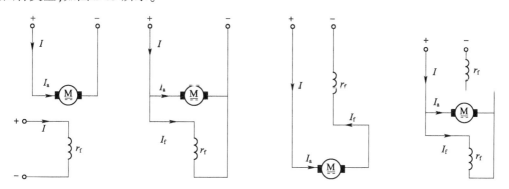

图 2-13　各种励磁方式直流电机的电路图

1. 他励直流电机

励磁电流由其他直流电源单独供给，励磁绕组和电枢绕组相互独立，如 Conceptor G-Van

采用他励直流电机。他励直流电机的励磁绕组与电枢绕组无连接关系,而由其他直流电源对励磁绕组供电,因此励磁电流不受电枢端电压或电枢电流的影响。他励直流电机在运行过程中励磁磁场稳定而且容易控制,容易实现电动汽车的再生制动要求。他励直流电机具有良好的线性特征和稳定的输出特性,能实现在减速和制动时的能量回收,是电动汽车直流驱动的首选电机。

但当采用永磁激励时,虽然电机效率高,质量和体积较小,但由于励磁磁场固定,电机的机械特性不理想,驱动电机产生不了足够大的输出转矩来满足电动汽车起动和加速时的大转矩要求。

2. 并励直流电机

并励直流电机的励磁绕组与电枢绕组相并联,共用同一电源,性能与他励式直流电机基本相同。并励绕组两端电压就是电枢两端电压,但是励磁绕组用细导线绕成,其匝数很多,因此具有较大的电阻,使得通过它的励磁电流较小。

3. 串励直流电机

串励直流电机的励磁绕组与电枢绕组串联后,再接于直流电源,这种直流电机的励磁电流就是电枢电流。这种电机内磁场随着电枢电流的改变有显著的变化。为了使励磁绕组中不致引起大的损耗和电压降,励磁绕组的电阻越小越好,所以串励直流电机通常用较粗的导线绕成,它的匝数较少。

4. 复励直流电机

复励直流电机有并励和串励两个励磁绕组,电机的磁通由两个绕组内的励磁电流产生。若串励绕组产生的磁通势与并励绕组产生的磁通势方向相同,称为积复励。若两个磁通势方向相反,则称为差复励。

复励直流电机的永磁励磁部分采用高磁性材料钕铁硼,运行效率高。由于电机永磁励磁部分有稳定的磁场,因此用该类电机构成驱动系统时易实现再生制动功能。同时由于电机增加了增磁绕组,通过控制励磁绕组的励磁电流或励磁磁场的大小,能克服纯永磁他励直流电机不能产生足够的输出转矩来满足电动汽车低速或爬坡时的大转矩要求,而电机的质量或体积比串励电机的小。

(四) 直流电机的特性

直流电机具有以下特点:可以频繁快速起动、制动和反转;调速平滑、无级、精确、方便和调速范围宽广;过载能力大,能承受频繁的冲击负载;能满足自动化系统的各种特殊运行要求等,所以特别适用于宽速比、精调速的场合及有特殊运行性能要求的自动控制系统。以他励直流电机为例进行说明。

1. 转速特性

如图 2-14 所示为他励电机的转速特性图。

2. 转矩特性

转矩特性指 $U = U_N$ 及 $I_f = I_{fN}$ 时,$T = f(I_a)$ 的关系,转矩特性如图 2-15 所示。

四种不同励磁式直流电机的转速 - 转矩特性如图 2-16 所示:

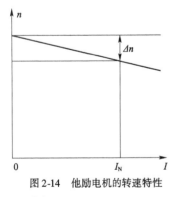

图 2-14 他励电机的转速特性

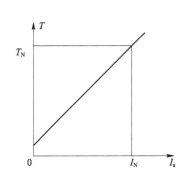

图 2-15　他励电机的转矩特性

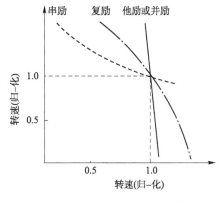

图 2-16　直流电机的转速 – 转矩特性

由图可知,在串励情况下,转矩的增大伴随着电枢电流的增加,因此磁通也增加。由于磁通随转矩增大而增加,则为保持感生电压与电源电压之间的平衡,转速下降。所以,转速—转矩特性呈现为一大幅度下降的曲线。在额定转矩下,标准设计的串励直流电机工期作在磁化曲线的膝点处。在大转矩(大电流)过载运行情况下,磁路饱和,且转速—转矩特性接近为一直线。

更灵活的转速和转矩控制,在电动汽车应用中,最合乎需要的转速 – 转矩特性是在某一转速(基速)以下为恒转矩;而在超过基速的范围内,随着转速增加,转矩呈抛物线形下降(恒功率),如图 2-17 所示。为进一步提高转速,磁场必须随转速增加而增加呈抛物形下降,且其输出功率保持不变。

3. 力学特性

力学特性是指 $U = U_N$ 及 $I_f = I_{fN}$ 时,$n = f(T)$ 的关系。

下图 2-18 所示是四种不同励磁式直流电机力学特性比较图。

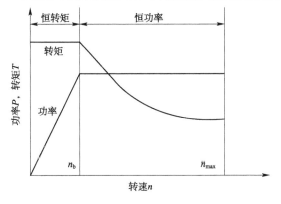

图 2-17　转速 – 功率 – 转矩特性图

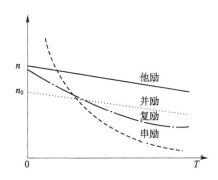

图 2-18　四种不同励磁式直流电机力学特性

通过图示,可以看出他励电机具有很大的优点:首先,通过对电枢电流的控制,可以非常简单地实现对转矩的线性控制;其次,通过改变励磁绕组的电流,可以很容易实现弱磁,从而是高速运行简单可行,并且有着较高的运行效率。

缺点:首先,由于换向器和电刷属于易磨损器件,所以需要定期维护和更换,而这点造成使用上的不便。其次,同等功率下直流电机体积比较大,所以多用于小型汽车,小功率的情况下。

4. 电机的电枢电流和电机轴上的负载转矩的关系

从实践中可知,他励电机在电枢电压及气隙磁通恒定的条件下,电枢电流的大小随电机轴上负载转矩的大小而变化,从而可以根据电枢电流的变化情况知道负载转矩变化的情况。如图 2-19 所示。

5. 电机的正反转切换特性

由直流电机的工作原理可知,要想使电机反转,只要改变电机两端极性电压即可,如图 2-20 所示。

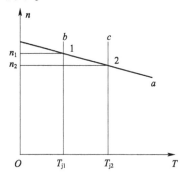

图 2-19 额定工作点工作示意图

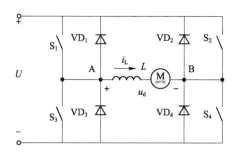

图 2-20 电机的正反转切换特性

(五)直流电机的性能参数

表 2-1 为电动汽车用各种型号的无刷直流电机的性能参数。

各型号直流电机性能参数　　　　表 2-1

序号	型号	额定功率 (kW)	额定转速 (r/min)	最高转速 (r/min)	额定转矩 (N·m)	额定相电流 (A)	额定电压 (V DC)
1	BS120-3000/320	120	3000	3750	382	612	320
2	BS60-3000/320	60	3000	4300	191	334	320
3	BS35-2000/320	35	2000	3720	167	219	320
4	BS15-3000/320	15	3000	4870	47.8	84	320
5	BS13-3000/320	13	3000	4870	41	75	320
6	BS8-2600/320	8	2600	5000	29.4	45	320
7	BS4.5-3000/320	4.5	3000	5000	14.3	18.6	320
8	BS2-2500/320	2	1250	2000	15.28	9.9	320

二、任务实施

(一)准备工作

(1)防护装备:常规实训着装。

(2)教学设施、台架、总成:直流电机总成、直流电机各部件。

(3)专用工具:无。

(4)手工工具:无。

(5)仪器仪表:无。

(6)辅助材料:无。

(7)各组进行分工,选出组长、记录员等。

(8) 实训场地安全检查。

(二) 技术要求与注意事项

(1) 在操作时,没有实训指导教师的允许,不能给直流电机总成通电;
(2) 在操作时,直流电机总成部件不允许拆卸;
(3) 在操作时,没有实训指导教师的允许,实训工作台不允许移动;
(4) 直流电机识别必须在工作台架上进行,不可脱离台架,以确保安全;
(5) 没有实训指导教师的允许,直流电机各部件不允许带出实训教室。

(三) 操作步骤

1. 直流电机总成识别

直流电机总成如图 2-21 所示。

(1) 在台架上识别出直流电机;
(2) 找到直流电机的铭牌;
(3) 描述直流电机的各参数。

2. 直流电机各部件

(1) 识别出直流电机定子励磁绕组、磁极,如图 2-22 所示;

图 2-21　直流电机总成

(2) 识别出直流电机电枢绕组、电枢铁芯,如图 2-23 所示;

图 2-22　直流电机定子励磁绕组

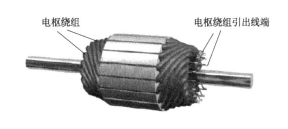

图 2-23　直流电机电枢绕组

(3) 识别出直流电机电刷,如图 2-24 所示;
(4) 识别出直流电机换向器,如图 2-25 所示。

图 2-24　直流电机电刷

图 2-25　直流电机换向器

3. 恢复识别部件及7S管理

三、技能考核标准(表2-2)

技能考核标准 　　　　　　　　　　　　　　　　　　　　表2-2

序号	项目	操作内容	规定分	评分标准	得分
1	实训准备	1. 实训手册的准备； 2. 实训台架的基本检查	8分	1. 能够准备实训手册(2分,无实训手册的扣2分)； 2. 能够正确检查实训台架的部件数量和工具、实训台架安全检查,并做好记录(6分,每项检查2分)	
2	直流电机总成	1. 辨别直流电机； 2. 找到电机上的铭牌,描述电机的性能参数	10分	1. 能够正确识别出直流电机(2分)； 2. 找到电机上的铭牌,并描述电机的性能参数(8分,少叙述一项扣1分)	
3	直流电机各部件	1. 辨别出直流电机的励磁绕组； 2. 描述励磁绕组的作用	12分	1. 能够正确识别出直流电机励磁绕组(7分)； 2. 能正确描述直流电机励磁绕的组作用(5分)	
		1. 辨别出直流电机的磁极； 2. 描述磁极的作用	12分	1. 能够正确识别出直流电机的磁极(7分)； 2. 能正确描述直流电机磁极的作用(5分)	
		1. 辨别出直流电机的电枢绕组； 2. 描述电枢绕组的作用	12分	1. 能够正确识别出直流电机电枢绕组(7分)； 2. 能够正确描述直流电机电枢绕组的作用(5分)	
		1. 辨别出直流电机的电枢铁芯； 2. 描述电枢铁芯的作用	12分	1. 能够正确识别出直流电机电枢铁芯(7分)； 2. 能够正确描述直流电机电枢铁芯的作用(5分)	
		1. 辨别出直流电机的电刷； 2. 描述电刷的作用	12分	1. 能够正确识别出直流电机电刷(7分)； 2. 能够正确描述直流电机电刷的作用(5分)	
		1. 辨别出直流电机的换向器； 2. 描述换向器的作用	12分	1. 能够正确识别出直流电机换向器(7分)； 2. 能够正确描述直流电机换向器的作用(5分)	

续上表

序号	项 目	操作内容	规定分	评分标准	得分
4	部件恢复及7S管理	1.识别部件的恢复； 2.7S管理	10分	1.能够正确恢复识别的各部件(3分)； 2.能够正确进行7S管理(7分,少做一项扣1分)	
	总分		100分		

四、学习拓展

电动汽车的动力来自电机而不是内燃机。存储在电池中的电能为电机供电,而电池则要经常使用市电(120V或240V)为其充电。电动汽车的历史比大多数人想象得要长很多。1830年,Joseph Henry 发明直流电机后不久就出现了电动汽车。目前知道的首个电动轿车是 Stratingh 教授于1835年在荷兰的格罗宁根镇制造的一辆小型样车。第一辆电动汽车由 Thom as Davenport 于1834年在美国制造,随后 Moses Farmer 在1847年制造了第一辆两座电动汽车。在那个年代还没有可充电电池,直到法国人 Gaston Plante 和 Camille Faure 分别发明(1865年)和改进了(1881年)蓄电池,电动汽车才成为了可用的方案。

电动汽车被称为零排放车辆,远比汽油或天然气车辆对环境更友好。由于电动汽车只有较少的运动部件,因此维护也比较简单。由于没有发动机,因此不需要更换润滑油,不需要做正时调整,也没有尾气排放。电动汽车效率远比汽油发动机高,而且运行时非常安静。20世纪以来,很多场合一直在使用电动汽车。除了高尔夫球车,现在其他地方也开始使用这些安静而没有尾气排放的车辆。电池、系统集成、空气动力学等方面都有了新的进展,各主要汽车制造商都开展了电动汽车的研发,已经有电动汽车投入生产,电动汽车将在城市交通中发挥实际作用。电动汽车的动力源是电能,不是内燃机,电能存储在蓄电池或超级电容中,或者用燃料电池将燃料的化学能转变成电能,再或者用飞轮将机械能转化为电能。电能供给电机,驱动车轮提供推进动力。由于电动汽车上不发生燃料燃烧,所以不会像内燃机那样产生污染。

电动汽车并不是新生事物,人类最先制造的汽车都是电动汽车,采用最初的铅酸电池存储电能,采用直流电机驱动车辆。直到1910年,使用汽油的车辆才开始真正占领汽车市场。不幸的是,电动汽车有一个严重的缺点,这也是被内燃机汽车取代的关键因素:行程有限。行程有限指的是电动汽车充一次电的行驶距离较短,还得是在良好的条件下才能做到(低温下铅酸蓄电池的储能容量会降低,所以在寒冷天气里车辆的续驶里程可能减少50%或者更多)。此外,电动汽车的充电时间需要几个小时。相比之下,内燃机汽车加一箱油的续驶里程要远得多,而且加油也非常方便。现在,城市的空气质量问题,以及人们不断认识到世界范围(尤其是美国)对石油大量需求所带来的各种问题,使得电动汽车得到了重视。电力电子技术给电机驱动带来了革命性的变化,极大地提高了电驱动系统的性能。电机本身也得到了改进,在降低成本的同时,提高了性能和可靠性。不幸的是,电动汽车仍然存在薄弱环节,即电化学电池。目前有一些新的化学电池出现,提供了良好的续驶里程。但还没有一种电池能够同时具备所需要的三个特性:闪速充电/放电(高功率密度)、大储能容量(高能量密度)和低成本。这些年来,传统的铅酸蓄电池也有些改进,但它们的能量与功率密度(尤其是与汽油相比)依然低得令人失望。

五、思考与练习

(一)填空题

1. 直流电机作电机运行时是,将_____转换为_____。
2. 直流电机定子部分包括_____、_____、_____、_____。
3. 直流电机转子部分包括_____、_____、_____、轴和轴承等。
4. 直流电机的常规绕组有同槽式_____、_____、_____三类。
5. 直流电机分为_____式直流电机和_____式直流电机。
6. 励磁直流电机按励磁方式分为:_____、_____、_____、_____。
7. 按重路数可以将叠绕组分为_____和_____。
8. 在串励情况下,转矩的增大伴随着电枢电流的_____,且因此磁通也_____。
9. 由直流电机的工作原理可知,要想使电机_____,只要电机两端极性电压_____即可。
10. 直流电机型号 BS35-2000/320 中 35 表示_____。

(二)单项选择题

1. 直流电机主磁极铁芯用(　　)厚的低碳钢板叠压而成。
   A. 0.1~0.5mm　　　　B. 0.5~1mm　　　　C. 1~1.2mm
2. 换向极的数目与主磁极数(　　)。
   A. 相等　　　　　　B. 多余　　　　　　C. 少于
3. 电枢铁芯用的硅钢片的厚度为(　　)。
   A. 0.5mm　　　　　B. 1mm　　　　　　C. 1.5mm
4. 直流电机中导体受力的方向用(　　)确定。
   A. 右手定则　　　　B. 左手定则　　　　C. 左右手定则都可以
5. 电枢转动时产生的反电动势方向用(　　)确定。
   A. 右手定则　　　　B. 左手定则　　　　C. 左右手定则都可以
6. 小功率直流电机采用的是(　　)直流电机。
   A. 励磁式　　　　　　　　　　　　　　B. 永磁式
7. 直流电机的励磁绕组与电枢绕组相并联的电机称为(　　)。
   A. 永磁　　　　　　B. 串励　　　　　　C. 并励
8. 通过改变励磁绕组的(　　),可以很容易实现弱磁。
   A. 通电方向　　　　B. 电流　　　　　　C. 粗细
9. 直流电机产品名称代号 ZH 表示(　　)。
   A. 船用直流电机　　B. 广调速直流电机　C. 永磁直流电机
10. 图(　　)属于并励绕组式直流电机。

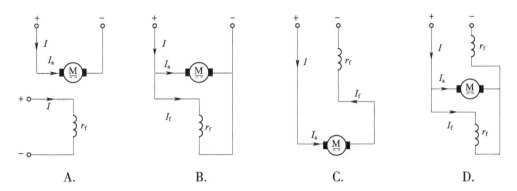

A.   B.   C.   D.

(三)判断题
1.直流电机作发电机运行时是直流发电机,将机械能转换为电能。（ ）
2.直流电机由静止部分定子和旋转部分转子两大部分构成。（ ）
3.换向器是由两片换向片组成的圆柱体。（ ）
4.直流电机机座通常用铸钢或厚钢板焊接而成。（ ）
5.电枢绕组由许多线圈随便组成的。（ ）
6.蛙绕组的基本绕组是波绕组。（ ）
7.直流电机可以作电机运行,也可以作发电机运行。（ ）
8.直流电机换向器和电刷不需要定期维护和更换。（ ）
9.大功率电机则采用绕组励磁式直流电机。（ ）
10.国产电机型号一般采用小写的英文的汉语拼音字母的阿拉伯数字表示。（ ）

(四)名词解释
1.直流电机—
2.可逆原理—

(五)简答题
1.由图分析直流发电机的发电原理。

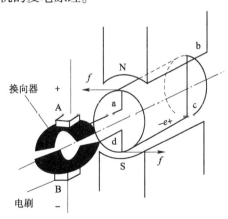

2.简述直流电机的工作原理。

(六)作图
作出四种不同励磁式直流电机的力学特性图。

任务3　直流电机检修

学习目标

❖ **知识目标**
1. 能够正确叙述直流电机的保养内容；
2. 能够正确叙述直流电机的拆装步骤；
3. 能够正确叙述直流电机的检测内容和方法。

❖ **能力目标**
1. 能够正确保养直流电机；
2. 能够按要求进行拆装；
3. 能够正确检测直流电机。

建议课时

4课时。

任务描述

直流电机出现故障时，该如何检修？在检修中，如果需要拆装直流电机，你会吗？

一、理论知识准备

(一)直流电机的维护

(1)直流电机表面应保持清洁，需防止异物进入直流电机内部，经常清理直流电机上的污垢油腻，5000km检查一次炭刷并清理内部由于磨损落下的炭刷粉末，检查炭刷是否磨损严重或虚连，及时更换炭刷，直流电机转子铜头有磨损划痕可用细纱布磨平整干净即可。每2万km检查直流电机轴承和轴头内花键是否缺油，可适当注油维护。

(2)尽量避免在恶劣环境路面行驶，尤其是雨天千万不要涉水行驶，以免雨水超过直流电机高度，造成电机灌水短路烧毁电机，若不慎直流电机进水，应立刻停车关闭电源，让水自动流出或辅助流出，待积水流尽，直流电机干燥时方能行车。

(二)直流电机的拆装

直流电机拆卸前应在刷架处、端盖与机座配合处等做好标记，便于装配。但对需要进行修理的直流电机，在拆卸前要先用仪表和观察法进行整机检查，然后在拆卸电机后查明故障，并采用维护和绕组等修理平行作业法，来缩短修理周期。拆装的工艺步骤按照实训操作步骤来进行。

(三) 直流电机检测

1. 目测

目测检查直流电机接线柱是否完好，刷盒是否摔裂，直流电机有无损伤。

2. 万用表测电阻

1) 测量定子、转子电阻

测量定子和转子的电阻，就是测量 D1、D2 之间，A1、A2 之间的电阻，如图 3-1 所示。如果电阻数值小于 1Ω，说明正常；如果电阻数值较大，说明是线圈故障或电刷故障。

2) 测量绝缘电阻

测量绝缘电阻就是分别测量各个接线柱与机座之间电阻，如果电阻数值较大，一般大于 20MΩ，说明正常；如果电阻数值小于 1Ω 或更小，是绝缘故障。

图 3-1　直流电机

3. 空转试验

根据有关规定，直流串励电机不允许空载或轻载运行(电机容易飞车)，因此，空转试验应在低电压(尽可能小于 30% 额定电压)的情况下进行。

(1) 如果直流电机未从车上拆下，应将汽车架起，使驱动轮悬空。

(2) 如果直流电机已从车上拆下，首先查看直流电机轴伸出端是否有轴承，没有轴承的需要专门工装，建议返厂检测，有轴承的，可以作空转试验。

(3) 直流电机接线柱 A1、D1 外接 12V 电源(应加开关控制)，A2、D2 用铜线连接短路。如果直流电机工作，属于正常；如果直流电机不工作，改用 24V 电源(应加开关控制)，还不工作，则是直流电机故障。如果有可调电源，应将电源从低到高，逐渐缓慢加压。

(4) 空转时间不宜过长，如果直流电机动作，说明直流电机正常，应停机。

4. 说明

(1) 如果可能，应首先在车上检查电源是否给直流电机供电，即在通电情况下，加速器脚踏板踩到底，测量直流电机输入电压，可以测 A1、D1 之间或 A2、D2 之间。

(2) 经过空转实验检测，应能基本判定是否直流电机故障，空转试验应尽可能在专业机构进行。

(3) 测量直流电机应在确保安全情况下进行。

(4) 确保用电安全。

(5) 空转实验时，直流电机转速可能很高，容易出危险，如果感觉直流电机声音异常或者转速太高，应立即断电。

(四) 直流电机的常见故障

直流电机的故障有机械故障与电气故障两大类，机械故障比较容易发现，而电气故障就要通过测量其电压或电流进行分析判断了，以下介绍直流电机常见故障的检测与排除方法。

1. 直流电机的空载电流大

当直流电机的空载电流大于极限数据时,表明直流电机出现了故障。直流电机空载电流大的原因有,直流电机内部机械摩擦大,线圈局部短路,磁钢退磁。我们继续往下做有关的测试与检查项目,可以进一步判断出故障原因或故障部位。

直流电机的空载/负载转速比大于1.5,打开电源,使直流电机高速空载转动10s以上。等直流电机转速稳定以后,测量此时直流电机的空载最高转速 N_1。在标准测试条件下,行驶200m距离以上,开始测量直流电机的负载最高转速 N_2。空载/负载转比 = N_2/N_1。

当直流电机的空载/负载转速比大于1.5时,说明直流电机的磁钢退磁已经相当厉害了,应该更换直流电机里面整套的磁钢,在电动车的实际维修过程中一般是更换整个直流电机。

2. 直流电机发热

直流电机发热的直接原因是由于电流大引起的,直流电机电流 I,直流电机的输入电动势 E_1,直流电机旋转的感生电动势(又叫反电动势)E_2,与直流电机线圈电阻 R 之间的关系是:$I = (E_1 - E_2)/R$,I 增大,说明 R 变小或 E_2 减小了。R 变小一般是线圈短路或开路引起的,E_2 减小一般是磁钢退磁引起的或者是线圈短路,开路引起的。在电动汽车的整车的维修实践中,处理直流电机发热故障的方法,一般是更换直流电机。

3. 直流电机在运行时内部有机械碰撞或机械噪声

无论高速直流电机还是低速直流电机,在负载运行时都不应该出现机械碰撞或不连续不规则的机械噪声。不同形式的直流电机可运用不同的方法进行维修。

4. 整车续驶里程缩短、直流电机乏力

整车续驶里程短与直流电机乏力(俗称电机没劲)的原因比较复杂。但是当我们排除了以上4种直流电机故障之后,一般说来,整车续驶里程短的故障就不是直流电机引起的了,这和电池容量的衰减,充电器充不满电,控制器参数漂移(PWM信号没有达到100%)等有关。

5. 无刷直流电机缺相

无刷直流电机缺相一般是由于无刷直流电机的霍尔元件损坏引起的。我们可以通过测量霍尔元件输出引线相对霍尔地线和相对霍尔电源的引线的电阻,用比较法判断是哪只霍尔元件出现故障。

为保证直流电机换相位置的精确,一般建议同时更换所有的三个霍尔元件。更换霍尔元件之前,必须弄清楚直流电机的相位代数角是120°还是60°,一般60°相角直流电机的三个霍尔元件的摆放位置是平行的。而120°相角直流电机,三个霍尔元件中间的一个霍尔元件是呈翻转180°位置摆放的。

在电动汽车发展的早期,很多电动汽车都是采用直流电机方案。主要是看中了直流电机的产品成熟,控制方式容易,调速优良的特点。但由于直流电机本身的短板非常突出,其自身复杂的机械结构(电刷和机械换向器等),制约了它的瞬时过载能力和电机转速的进一步提高;而且在长时间工作的情况下,直流电机的机械结构会产生损耗,提高了维护成本。此外,直流电机运转时的电刷火花会使转子发热,浪费能量,散热困难,还会造成高频电磁干扰,这些因素都会影响具体整车性能。由于直流电机的缺点非常突出,目前的电动汽车已经将直流电机淘汰。

二、任务实施

(一)准备工作

(1)防护装备:常规实训着装。
(2)教学设施、台架、总成:直流电机总成。
(3)专用工具:拆装工具一套。
(4)手工工具:无。
(5)仪器仪表:数字万用表一只、数字兆欧表一只。
(6)辅助材料:无。
(7)各组进行分工,选出组长、记录员等。
(8)实训场地安全检查。

(二)技术要求与注意事项

(1)操作时,没有教师的允许,台架不能移动;
(2)拆装中零部件的摆放必须规范;
(3)直流电机拆装中不允许碰坏拆卸件;
(4)直流电机拆卸中不允许弄断线圈绕组;
(5)拆风扇时要做好记号;
(6)注意垫片的数量和规格;
(7)连接线要按原样安装;
(8)严禁锤击;
(9)使用万用表检测时要规范操作。

(三)操作步骤

1.直流电机的外观检查

检查的直流电机如图3-2所示。

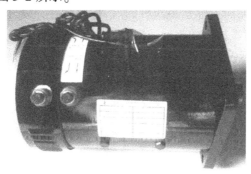

图3-2 直流电机外观检查

(1)检查电机表面是否清洁。
(2)查外观是否变形或裂纹。
(3)检查电机连接线是否断开。

2.直流电机的拆装

直流电机的拆卸按下图3-3的结构进行。

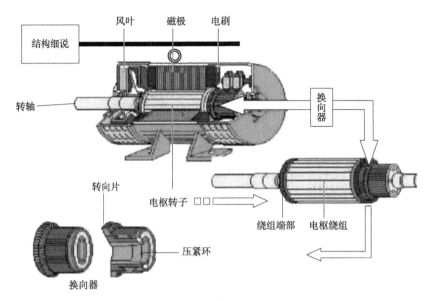

图 3-3　直流电机拆卸

(1) 把直流电机放到拆卸台上。

(2) 除直流电机换向器端的防护罩,拆下端盖螺钉和轴承盖,并取下轴承外盖。

(3) 开端盖的通风窗,先取出所有电刷,再拆下接到刷杆上的连接线。

(4) 用纸包好换向器表面。以保持清洁及防止磕碰划伤。

(5) 拧下轴伸端端盖螺栓,此时可将电枢连端盖一块取出,在取出电枢过程中,应注意不要碰伤换向器表面,不要将定子绕组连接线碰断。

(6) 做好刷架的定位标记,拆除定子绕组与刷架连接线,拧下换向器端端盖螺栓,取下端盖。

(7) 拧下轴伸端轴承盖螺栓,取下轴承盖和端盖。

(8) 拆下电枢上的风扇时,要做好定位标记。

在整个拆卸的过程中,时刻注意每次拆卸后,都要做好记录,以防安装时记不起拆卸的顺序。直流电机的装配可按拆卸的相反顺序进行。

3. 直流电机的检测

检测使用的数字万用表及数字兆欧表如图 3-4 所示。

a) 数字万用表

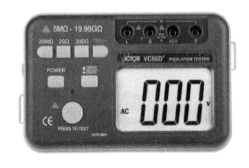
b) 数字兆欧表

图 3-4　检测仪表

1)测量定子励磁绕组电阻

使用数字万用测量时,先校表,把数字万用表打到欧姆挡200Ω挡位,数字万用表红表笔与直流电机 D1 连接,黑表笔与直流电机 D2 连接之间的电阻。如果电阻数值小于0.5Ω,说明正常;如果电阻数值较大,说明是定子绕组故障或电刷故障。

2)测量转子绕组电阻

(1)使用数字万用测量时,先校表,把数字万用表打到欧姆挡200Ω挡位。

(2)把数字万用表红表笔与直流电机 A1 连接,黑表笔与直流电机 A2 连接之间的电阻。如果电阻数值小于0.5Ω,说明正常;如果电阻数值较大,说明是转子绕组故障或电刷故障。

3)测绝缘电阻

(1)使用数字兆欧表测量时,把数字兆欧表电阻挡位打到200MΩ挡位,电压挡位打到1000V挡位,按下数字兆欧表电源键POWER。

(2)把红表笔分别与各接线柱连接,黑表笔与壳体连接,然后按下数字兆欧表测试键PRESS TO TEST,数字兆欧表显示的读书即为绝缘电阻值。

4.恢复检修部件及7S管理

三、技能考核标准(表3-1)

技能考核标准　　　　　　　　表3-1

序号	项目	操作内容	规定分	评分标准	得分
1	实训准备	1.实训手册的准备; 2.实训台架的基本检查	8分	1.能够准备实训手册(2分,无实训手册的扣2分); 2.能够正确检查实训台架的部件数量和工量具、实训台架安全检查,并做好记录(6分,每项检查2分)	
2	直流电机的维护	1.检查直流电机表面清洁度; 2.检查直流电机是否裂纹或变形; 3.检查直流电机连接线是否断开	9分	1.能正确检查直流电机的表面清洁度(2分); 2.能正确检查直流电机的外观变形或裂纹(2分); 3.能正确检查直流电机连接线(2分)	
3	直流电机的拆装	拆卸前的准备工作	9分	1.端盖与机座间记号是否标记(3分); 2.前后轴承记号是否标记(3分); 3.刷架位置是否标记(3分)	
		拆卸顺序	21分	1.按顺序拆卸(16分,每一步2分); 2.能正确规范拆卸(5分)	
		装配顺序	21分	1.按顺序拆卸(16分,每一步2分); 2.能正确规范拆卸(5分)	

续上表

序号	项 目	操 作 内 容	规定分	评 分 标 准	得分
4	直流电机的检测	定子电阻的检测	8 分	1.正确使用万用表(2分); 2.能正确测量 D1、D2 之间的电阻,并作出判断(6分)	
		转子电阻检测	7 分	1.正确使用万用表(2分); 2.能正确测量 A1、A2 之间的电阻,并作出判断(5分)	
		测绝缘电阻	6 分	分别测量各个接线柱与机座之间电阻	
5	部件恢复及7S 管理	1.识别部件的恢复; 2.7S 管理	10 分	1.能够正确恢复识别的各部件(3分); 2.能够正确进行 7S 管理(7分,少做一项扣1分)	
		总分	100 分		

四、思考与练习

(一)填空题

1. 直流电机拆卸前应在_____、_____与_____配合处做好标记,便于装配。
2. 直流电机目检的内容有_____、_____、_____。
3. 直流电机使用万用表检测的内容有_____电阻、_____电阻、_____电阻。
4. 直流电机常见的故障有_____、_____、直流驱动电机在运行时内部有机械碰撞或机械噪声、整车续驶里程缩短、直流驱动电机乏力_____等。

(二)单项选择题

1. 直流电机电刷的检查是车辆行驶(　　)km 进行一次。
   A.5000　　　　　　B.10000　　　　　　C.15000
2. 直流电机空转试验应尽可能在小于额定电压(　　)的电压下进行。
   A.10%　　　　　　B.20%　　　　　　C.30%
3. 直流电机发热的直接原因是由于(　　)引起的。
   A.电流大　　　　　B.电机转速快　　　　C.电机太重

(三)判断题

1. 直流电机不需要维护。　　　　　　　　　　　　　　　　　　　　(　　)
2. 直流电机进水不影响行车。　　　　　　　　　　　　　　　　　　(　　)
3. 直流电机空转试验应在低电压(尽可能小于30%额定电压)的情况下进行。(　　)
4. 直流电机在高速运转时出现机械碰撞噪声是正常的。　　　　　　　(　　)
5. 在电动车的整车的维修实践中,处理直流电机发热故障的方法,一般是更换电机。(　　)
6. 空转时间不宜过长,如果电机动作,说明直流电机异常,应停机。　　(　　)

(四)简答题
1. 写出直流电机的拆装步骤。
2. 写出直流电机定子、转子的检测及好坏判断方法。

任务4　直流电机控制系统认知

学习目标

❖ **知识目标**
1. 能够正确叙述直流电机控制器的定义;
2. 能够简单叙述直流电机控制器的工作原理;
3. 能够正确叙述直流电机控制器的特点。

❖ **能力目标**
能够正确识别直流电机控制系统各部件。

建议课时

2课时。

任务描述

安装直流电机的电动汽车的前行和后退靠直流电机驱动来完成,那直流电机又是靠谁控制的呢?直流电机控制系统由哪些部件组成?

一、理论知识准备

根据 GB/T 19596—2017《电动汽车术语》对电机控制器的定义,电机控制器就是控制动力电源与电机之间能量传输的装置,由控制信号接口电路、电机控制电路和驱动电路组成。电机控制器是电机系统的控制中心,它对所有的输入信号进行处理,并将电机控制系统运行状态的信息发送给整车控制器。电机控制器主要由以 IGBT 功率模块为核心的功率电路和以单片机为核心的微电子控制电路组成,具有诊断功能,当诊断出异常时,它将会激活一个错误代码,发送给整车控制器。

电机、电机控制器作为电动汽车的主要部件,在电动汽车整车系统中起着非常重要的作用,其相关领域的研究具有重要的理论意义和现实意义。

(一)电机控制器的基本原理

电机控制器由逆变器和控制器两部分组成,如图 4-1 所示。逆变器接收电池输送过来的直流电电能,逆变成三相交流电给汽车电机提供电源。控制器接受电机转速等信号反馈到仪表,当发生制动或者加速行为时,电机控制器控制变频器频率的升降,从而达到加速或者减速的目的。

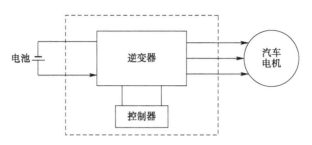

图 4-1　汽车电机控制器原理图

电机控制器的外形如图 4-2 所示。

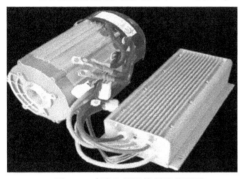

图 4-2　直流电机及控制器外形图

(二) 电机控制器的特点

(1) 采用高智能软件控制,以最优越的算法及硬件设计使控制器发热最低化,使控制器与电机的匹配达到最优化。

(2) 使用强大智能的微处理器,电机转速高达 80000r/min。

(3) 采用大容量设计及高质量汽车级电子元器件,使电机控制器可靠性更高。

(4) 抗电子干扰及抗振动性能强。

(5) 起步电流大,无抖动,使电机获取超大起动力矩。

(6) 在电机整个运行过程中,振动小,噪声小。

(7) 多级过流保护。

(8) 堵转保护,电机长期堵转时,控制器进入堵转保护,有效防止烧毁电机和控制器。

(9) 防飞车功能,电机控制器实时检测加速踏板或因线路故障引起的飞车现象,提高了系统的安全性。

(10) 过温保护功能。

(11) 制动断电功能/制动能量回馈功能。

(12) 速度信号线,主要向仪表盘实时输送速度信号。

(13) 485 通讯/CAN 总线通讯功能,可与上位机进行通讯。

(三) 直流电机的控制方法

直流电机转速控制方法主要有电枢调压控制、磁场控制和电枢回路电阻控制。

1. 电枢电压控制

电枢调压控制是指通过改变电枢的端电压来控制电机的转速。这种控制只适合电机低速以下的转速控制,它可保持电机的负载转矩不变,电机转速近似与电枢端电压成比例变化,所以称为恒转矩调速。直流电机采用电枢调压控制可实现在宽广范围内的连续平滑的速度控制,调速比一般可达 1:10,如果与磁场控制配合使用,调速的连续平滑的速度控制,调速比一般可达 1:10,如果与磁场控制配合使用,调速比可达 1:30。

电枢调压控制的调速过程:电枢调压控制的调速过程主要是采用 PWM 斩波器和 PI 调节器来实现调速控制。不同类型的斩波器适用于不同的模式,单象限型适用于电动模式;二象限型适用于电动或再生制动模式;四象限型适用于通过电子控制的正向电动和反向制动模式。

周期 T 固定,导通时间 T_{on} 改变,称为脉波宽度调变(Pulse-width Modulation,PWM)。

导通时间 T_{on} 固定,周期 T 改变,称为频率调变(Frequency Modulation,FM)。

周期 T 及导通时间 T_{on} 同时改变,即波宽调变及频率调变混合使用。

直流电机采用 PWM 斩波器驱动电路原理图。

1)单象限直流斩波器

直流斩波器驱动电路原理图如图 4-3 所示,直流斩波器驱动电路稳态波形如图 4-4 所示。

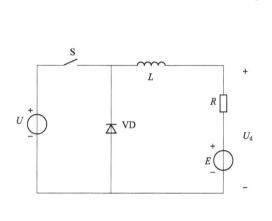

图 4-3 单象限直流斩波器驱动电路原理图

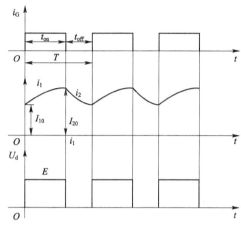

图 4-4 单象限直流斩波器驱动电路稳态波形

2)二象限直流斩波器

二象限直流斩波器驱动电路原理图如图 4-5 所示,二象限直流斩波器的力学特性如图 4-6 所示。

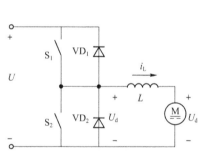

图 4-5 二象限直流斩波器驱动电路原理图

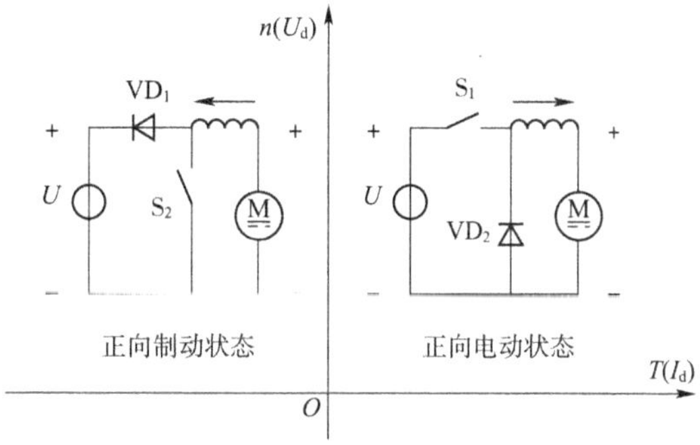

图 4-6 二象限直流斩波器的机械特性

3)四象限直流斩波器

四象限直流斩波器驱动电路原理图如图 4-7 所示,四象限直流斩波器的力学特性如图 4-8 所示。

2. 磁场控制

磁场控制是指通过调节直流电机的励磁电流改变每极磁通量,从而调节电机的转速,这种控制只适合电机基数以上的控制。当电枢电流不变时,具有恒功率调速特性。磁场控制效率高,但调速范围小,一般不超

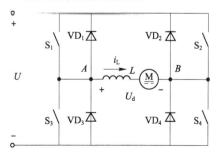

图 4-7 四象限直流斩波器驱动电路原理图

过1:3,而且响应速度较慢。磁场控制可采用可变电阻器,也可采用可控整流电源作为励磁电源。

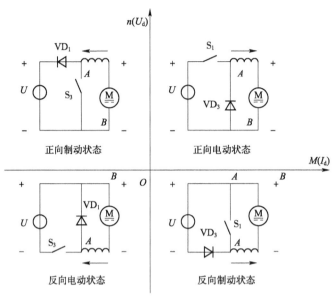

图4-8 四象限直流斩波器的机械特性

磁场控制的调速过程:当电压保持恒定时,减小磁通,由于机械惯性,转速不立即发生变化,于是反电动势减小,电枢电流随之增加。由于电枢电流增加的影响超过磁通减小的影响,所以转矩也就增加。如果阻转矩不变,则转速上升。随着转速的升高,反电动势增大,电枢电流和转矩也随着减小,直到转矩和阻转矩再次平衡为止,但这时转速已经较原来升高了。

3. 电枢回路串电阻控制

电枢回路串电阻控制是指当电机的励磁电流不变时,通过改变电枢回路电阻来调节电机的转速。这种控制方法的力学特性较软,而且电机运行不稳定,一般很少应用。对于小型串励电机,常采用电枢回路串电阻控制方式。

二、任务实施

(一)准备工作

(1)防护装备:常规实训着装。

(2)教学设施、台架、总成:直流电机控制系统台架。

(3)专用工具:无。

(4)手工工具:无。

(5)仪器仪表:无。

(6)辅助材料:无。

(7)各组进行分工,选出组长、记录员等。

(8)实训场地安全检查。

(二)技术要求与注意事项

(1)操作时,没有实训指导教师的允许,实训台架不能移动;

(2)操作时,没有实训指导教师的允许,实训台架不能通电;
(3)操作时,台架上面的线束及部件不允许取下;
(4)电机控制器识别必须在工作台上进行,不可脱离工作台,以防发生安全事故;
(5)识别电机控制器时,不允许拆卸电机控制器。

(三)操作步骤
(1)直流电机控制系统台架固定、电源检查。
(2)直流电机控制系统。
①在台架上指出直流电机控制系统的各部件。
②接通电源。
③操作加速踏板。
④操作制动踏板。
⑤操作换挡杆进行正转和反转演示。
⑥切断电源、还原台架。
(3)直流电机控制器总成。
①指出直流电机控制器。
②识别出直流电机控制器低压接插件。
③识别出直流电机控制器高压接插件。
④识别出直流电机控制器外部零件。
(4)各操作台架恢复及7S管理。

三、技能考核标准(表4-1)

技能考核标准　　　　　　　　　　　　表4-1

序号	项目	操作内容	规定分	评分标准	得分
1	实训准备	1.实训手册的准备; 2.实训台架的基本检查	8分	1.能够准备实训手册(2分,无实训手册的扣2分); 2.能够正确检查实训台架的部件数量和工量具、实训台架安全检查,并做好记录(6分,每项检查2分)	
2	台架安全检查	1.固定检查; 2.电源检查	10分	1.能正确检查或固定台架(5分); 2.能正确检查台架电源(5分)	
3	直流电机控制系统	1.指出直流电机控制系统各部件; 2.正确操作各按钮,实现直流电机的各项功能	40分	1.正确说出台架上的一个部件加2分(20分); 2.能正确接通台架的电源(5分); 3.能操作加速按钮实现直流电机的加速(5分); 4.能操作制动按钮实现直流电机的减速或停机(5分); 5.能操作换挡杆实现直流电机的正转和反转(5分)	

续上表

序号	项目	操作内容	规定分	评分标准	得分
4	直流电机控制器	1. 直流电机控制器识别； 2. 直流电机控制器低压线束识别； 3. 直流电机控制器高压线束识别； 4. 直流电机控制器外部元件识别	32分	1. 辨别出直流电机控制器(5分)； 2. 识别直流电机控制器低压线束(10分)； 3. 识别直流电机控制器高压线束(12分)； 4. 识别直流电机控制器外部元件(5分)	
5	实训台架恢复及7S管理	1. 实训台架的恢复； 2. 7S管理	10分	1. 能够正确恢复实训台架(3分)； 2. 能够正确进行7S管理(7分,少做一项扣1分)	
		总分	100分		

四、思考与练习

(一) 填空题

1. 电机控制器由_____、_____组成。
2. 直流电机的控制方法有_____、_____、_____。
3. 磁场控制是指通过直流电机的_____改变每极_____。
4. 电枢回路串电阻控制是指当电机的不变时,通过改变电枢回路来调节电机的_____。
5. 电枢调压控制的调速过程主要是采用_____和_____来实现调速控制。

(二) 单项选择题

1. 适合直流电机低速以下转速控制的方法是(　　)。
 A. 磁场控制　　　　B. 电枢回路电阻控制　　　　C. 电枢调压控制
2. 单象限直流斩波器适用于(　　)模式。
 A. 电动　　　　B. 再生制动模式　　　　C. 正向电动和反向制动模式
3. 磁场控制效率高,但调速范围小,一般不超过(　　)。
 A. 1:3　　　　B. 1:5　　　　C. 1:10
4. 当直流电机的空载/负载转速比大于(　　)时,说明直流电机的磁钢退磁已经相当厉害了。
 A. 1　　　　B. 1.5　　　　C. 2
5. 无刷直流电机缺相一般是由于无刷直流电机的(　　)引起的。
 A. 霍尔元件损坏　　　　B. 定子损坏　　　　C. 转子损坏
6. 在电动汽车发展的早期,很多电动汽车都是采用(　　)方案
 A. 直流电机　　　　B. 交流异步　　　　C. 永磁同步
7. 直流电机采用电枢调压控制的调速比一般为(　　)。
 A. 1:1　　　　B. 1:5　　　　C. 1:10

8. 直流电机控制器使用强大智能的微处理器,电机转速高达( )r/min。
   A. 10000 B. 80000 C. 100000

(三)判断题
1. 直流电机控制器是电机控制系统的控制中心,它对所有的输入信号进行处理。
                                                              (   )
2. 不同类型的斩波器适用于不同的模式。   (   )
3. 磁场控制只可采用可变电阻器。   (   )
4. 电枢回路串电阻控制的机械特性较软,而且电机运行不稳定,一般很少应用。(   )

(四)名词解释
1. 电机控制器—
2. 电枢调压控制—

(五)简答题
1. 分析电机控制器的基本原理。
2. 简述电枢调压控制的调速过程。

项目三
交流异步电机及控制系统

本项目的主要内容为电动汽车交流异步电机的认知和检修、交流异步电机控制系统的认知,分为3个任务:

任务5　交流异步电机认知

任务6　交流异步电机检修

任务7　交流异步电机控制系统认知

通过3个任务的学习,熟悉电动汽车交流异步电机的结构和工作原理、特性,掌握交流异步电机的检修方法,熟悉交流异步电机控制系统的组成和控制方法。

任务5　交流异步电机认知

学习目标

❖ 知识目标
1. 正确说出交流异步电机的结构组成；
2. 正确分析交流异步电机的工作原理；
3. 正确分析交流异步电机的工作特性。

❖ 能力目标
能够正确识别交流异步电机各部件。

建议课时
8课时。

任务描述
交流异步电机由哪些部件组成？你能够正确识别交流异步电机的各部件吗？

一、理论知识准备

交流电机可分为同步电机和异步电机两大类，交流异步电机又称感应电机，是由气隙旋转磁场与转子绕组感应电流相互作用产生电子转矩，从而实现电能转换为机械能的一种交流电机。异步电机的种类很多，常按转子结构和定子绕组相数进行分类。按转子结构来分，可分为笼型异步电机和绕线型异步电机；按照定子绕组相数来分，则有单相异步电机、两相异步电机和三相交流异步电机。

交流异步电机性能优越、结构简单、成本较低，目前在电动客车上已经得到很广泛的应用，如宇通电动客车 ZK6125EGAA、福田欧辉 BJ6123 串联混合动力客车使用的就是交流异步电机上。本文主要介绍三相交流异步电机。

（一）交流异步电机的结构

交流异步电机主要定子和转子两大部分组成，定子和转子之间存在气隙，此外，还有前后端盖、轴承、速度传感器、温度传感器等部件。笼型交流异步电机的结构如图 5-1 所示，图 5-2 为特斯拉 MODEL S 交流异步电机的结构图。

交流异步电机的外形如图 5-3 所示。

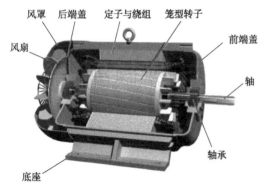

图 5-1　笼型交流异步电机结构图

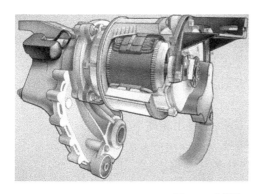
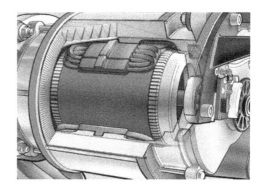

图 5-2 特斯拉 MODEL S 交流异步电机

图 5-3 交流异步电机外形图

1. 定子

交流异步电机定子由定子铁芯、定子绕组和外壳构成,其功能够是在定子绕组通入交流电,产生旋转磁场。如图 5-4 所示。

1) 定子铁芯

作用:电机磁路的一部分,并在其上放置定子绕组。

构造:定子铁芯一般由 0.35~0.5mm 厚表面具有绝缘层的硅钢片冲制、叠压而成,在铁芯的内圆冲有均匀分布的槽,用以嵌放定子绕组,如图 5-5 所示,图 5-6 为特斯拉电机定子铁芯。

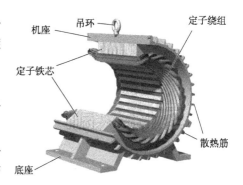

图 5-4 定子的结构图

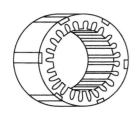
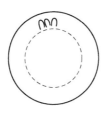

a) 定子铁芯　　b) 硅钢片

图 5-5 定子铁芯

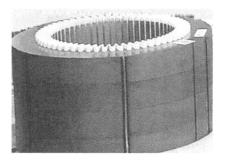

图 5-6 特斯拉电机定子铁芯

定子铁芯槽型有以下几种:
(1)半闭口型槽:电机的效率和功率因数较高,但绕组嵌线和绝缘都较困难。一般用于小型低压电机中。
(2)半开口型槽:可嵌放成型绕组,一般用于大型、中型低压电机。所谓成型绕组即绕组可事先经过绝缘处理后再放入槽内。
(3)开口型槽:用以嵌放成型绕组,绝缘方法方便,主要用在高压电机中。

2)定子绕组

作用:是电机的电路部分,通入三相交流电,产生旋转磁场。

构造:由三个在空间互隔120°电角度、对称排列的结构完全相同绕组连接而成,这些绕组的各个线圈按一定规律分别嵌放在定子各槽内,如图5-7所示。图5-8是特斯拉轿车的定子总成。

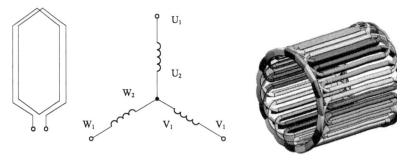

图5-7 定子三相绕组

定子绕组的主要绝缘项目有以下三种(保证绕组的各导电部分与铁芯间的可靠绝缘以及绕组本身间的可靠绝缘)。

(1)对地绝缘:定子绕组整体与定子铁芯间的绝缘。

(2)相间绝缘:各相定子绕组间的绝缘。

(3)匝间绝缘:每相定子绕组各线匝间的绝缘。

电机接线盒内的接线:

电机接线盒内都有一块接线板,三相绕组的六个线头排成上下两排,并规定上排三个接线桩自左至右排列的编号为1(U1)、2(V1)、3(W1),下排三个接线桩自左至右排列的编号为6(W2)、4(U2)、5(V2),将三相绕组接成星形接法或三角形接法。凡制造和维修时均应按这个序号排列。

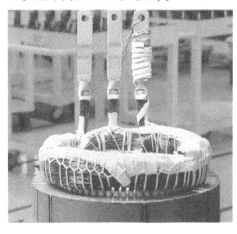

图5-8 特斯拉电机的定子绕组

3)机座

作用:固定定子铁芯与前后端盖以支撑转子,并起防护、散热等作用。

构造:机座通常为铸铁件,大型异步电机机座一般用钢板焊成,微型电机的机座采用铸铝件。封闭式电机的机座外面有散热筋以增加散热面积,防护式电机的机座两端端盖开有通风孔,使电机内外的空气可直接对流,以利于散热。

2. 转子

转子与轴连接,与定子耦合共同作用产生电磁转矩。异步电机的转子由转子铁芯、转子绕组和转轴组成。转子绕组是自成闭路的短路线圈。转子绕组不需外接电源供电,其电流是由电磁感应作用产生的。

1) 转子铁芯

作用:作为电机磁路的一部分以及在铁芯槽内放置转子绕组。

构造:所用材料与定子一样,由 0.5mm 厚的硅钢片冲制、叠压而成,硅钢片外圆冲有均匀分布的孔,用来安置转子绕组。通常用定子铁芯冲落后的硅钢片内圆来冲制转子铁芯。一般小型异步电机的转子铁芯直接压装在转轴上,大、中型异步电机(转子直径在 300～400mm 以上)的转子铁芯则借助与转子支架压在转轴上,如图 5-9 所示。

2) 转子绕组

作用:切割定子旋转磁场产生感应电动势及电流,并形成电磁转矩而使电机旋转。

构造:分为笼型转子和绕线型转子。

(1) 笼型转子:转子绕组由插入转子槽中的多根导条和两个环行的端环组成。若去掉转子铁芯,整个绕组

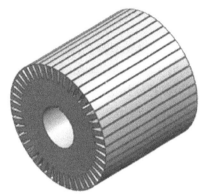

图 5-9 转子铁芯结构

的外形像一个鼠笼,故称笼型绕组。小型笼型电机采用铜条或铸铝转子绕组,如图 5-10 所示。

 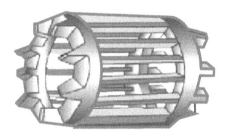

a) 铜条转子　　　　　　　　　b) 铸铝转子

图 5-10 笼型异步电机的转子

对于 100kW 以上的电机采用铜条和铜端环焊接而成,如图 5-11 所示是特斯拉电机转子。

a) 铜条连接前　　　　　　　　　b) 铜条连接后

图 5-11 特斯拉电机转子

笼型转子结构如图 5-12 所示。

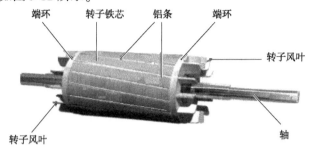

图 5-12　笼型转子结构图

（2）绕线型转子：绕线转子绕组与定子绕组相似，也是一个对称的三相绕组，一般接成星形，转子绕组的三个出线头分别接到转轴的三个集流环上，再通过电刷与外电路联接，这样就可以把外接电阻串联到转子绕组回路里去，以改善电机的启动性能够或调节电机的转速，如图 5-13 所示。

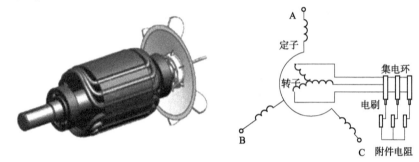

图 5-13　绕线式转子结构图

特点：结构较复杂，价格比笼型的贵，故绕线式电机的应用不如笼型电机广泛。但通过集流环和电刷在转子绕组回路中串入附加电阻等元件，用以改善异步电机的启动性能、制动性能及调速性能，因此只在要求启动电流小，启动转矩大，或需平滑调速的场合使用。

3）转轴

转轴与减速器输入轴连接，输出动力，一般为花键结构。转轴固定和支撑转子铁芯，转轴一般使用中碳钢制成。

4）气隙

异步电机定子与转子之间有一个小间隙，称为电机气隙。气隙的大小对异步电机的运行性能够有很大影响。中小型异步电机的气隙一般为 0.2～2mm；功率越大、转速越高，则气隙尺寸越大。

5）速度传感器

电机旋转时，输出脉冲信号，与控制器形成闭环控制，通过控制回路控制电机转速。

传感器的工作电压范围应该为 5～20V 内，否则会击穿传感器的霍尔元件。所以电动汽车厂家在供电系统设计时需要特别注意传感器工作电压范围，同时供电电压是否稳定成为传感器能够否避免被击穿的关键。这也是为什么有些电动汽车传感器从来不会损坏，而有的电动汽车经常出现传感器被击穿的关键原因。所以请特别注意如何保证传感器的工作电压是否能够稳定在 5～20V 内。

6)温度传感器

温度传感器的作用是实时监控电机内部温度。

3. 三相交流异步电机的其他附件

1)端盖

端盖主要是用来支撑转子并对电机形成防护,达到相应的防护要求,并实现与减速器连接的功能。

2)轴承

轴承起到连接转动部分与不动部分的作用,如图5-14所示是特斯拉电机的轴承。

3)轴承端盖

轴承端盖主要用来保护轴承。

4)风扇

风扇的作用就是冷却电机。

4. 电机的安装位置

为了进一步将电机转矩放大,一般都采用减速装置和电机配套使用。利用减速装置可以将电机转矩进一步放大,如果传动比大,放大的倍数就大。这样可以减小电机体积,降低成本,所以,现有的中低速电动汽车基本都是电机加减速装置作为动力输出装置,图5-15是特斯拉轿车使用的交流异步电机在车上的安装简图。

图5-14 特斯拉电机轴承

a)总体布局图

b)电机具体位置图

图5-15 交流异步电机的安装位置

特斯拉轿车采用三相交流异步电机,转速范围12000~20000r/min,在减速器配合下,可轻易产生930N·m的转矩,所以可以这样说,交流异步电机加速快,其实是由电机本身的物理特性决定的。

(二)交流异步电机的工作原理

1. 旋转磁场的建立

交流异步电机的定子绕组嵌放在定子铁芯槽内,按一定规律连接成三相对称结构。三相绕组 AX、BY、CZ 在空间互成 120°，它可以联接成星形，也可以联接成三角形。当三相绕组接至三相对称电源时，则三相绕组中便通入三相对称电流 i_A、i_B、i_C：

$$i_A = I_m \sin \omega_t$$

$$i_B = I_m \sin(\omega_t - 120°)$$

$$i_C = I_m \sin(\omega_t + 120°)$$

电流 i 随时间变化的关系如图 5-16 所示。

i_A、i_B、i_C 所对应的就是三相电 U、V、W，图 5-17 是单个线圈三相绕组建立的磁场。

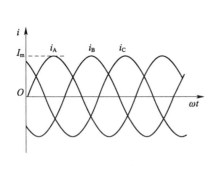

图 5-16　i 随 ω_t 变化的关系图　　图 5-17　三相对称绕组建立的磁场

由于每相绕组由两个线圈串联组成，如图 5-18 所示，图 5-19 所示为三相绕组建立的磁场。

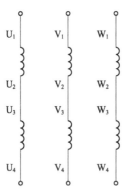
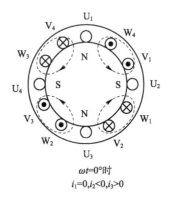

图 5-18　两个线圈串联　　图 5-19　磁场的建立

定子三相绕组通入三相交流电即可产生旋转磁场。当三相电流不断地随时间变化时，所建立的合成磁场也不断地在空间旋转，旋转磁场的旋转方向是与通入绕组的电流相序是一致的，即旋转磁场的转向与三相电流的相序一致。如果将与三相电源相连接的电机三根导线中的任意两根对调一下，则定子电流的相序随之改变，旋转磁场的旋转方向也发生改变。电机就会反转，如图 5-20 所示。

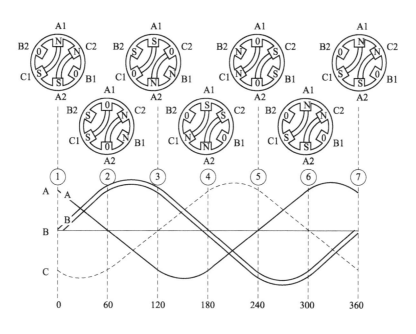

图 5-20 不同时刻三相合成旋转磁场的位置

2. 基本原理

三相笼型异步电机的基本原理如图 5-21 所示、图 5-22 所示,当转动手柄,磁铁开始旋转,此时与磁铁无任何机械连接的笼型转子也跟着旋转。且摇得快,转子转的也快;摇得慢,转子转的也慢;反摇,转子马上反转。

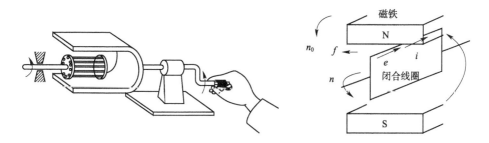

图 5-21 三相笼型异步电机转子转动演示图　　图 5-22 交流异步电机基本原理图

对于实际中的三相笼型异步电机,当定子绕组中通入三相交流电后,它们共同产生的合成磁场随电流的交变而在空间中不断地旋转着,称为旋转磁场,这个旋转磁场同磁铁在空间旋转所起的作用是一样的。

3. 工作原理

电机中的定子和转子并不接触,为什么给定子绕组通上交流电后,转子就会旋转呢?其工作原理应用到两大电磁定律:法拉第定律和楞次定律,工作原理如图 5-23 所示。

这样,在电机中就有了两个电磁场:一个是接通外部交流电后而产生的定子电磁场;另一个是因切割定子电磁感应线而产生电流后形成的转子电磁场。根据楞次定律,感应电流的磁场总要反抗引起感应电流的原因(转子绕组切割定子电磁场的磁感应线),也就是尽力使转子上的导体不再切割定子磁场的磁感应线,这样的结果就是:转子上的导体会"追赶"定子的旋转电磁场,也就是使转子跟着定子旋转电磁场旋转,最终使电机开始旋转。

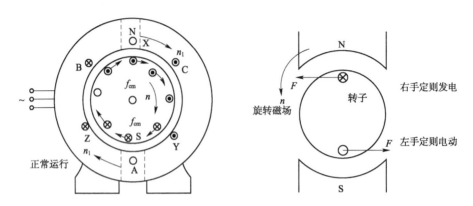

图5-23 交流异步电机工作原理图

由于转子总是在"追赶"定子电磁场的旋转速度,并且为了能够切割磁感应线而产生感应电流,转子的转速总要比定子电磁场的转速慢一点(为2%~5%),也就是异步运行,所以才将这种产生感应电流的电机称为交流异步电机。

电机旋转方向取决于三相电流的相序。将与电源的任意两相互换(改变相序),就可以实现反转。

4. 极对数的概念

电动汽车交流异步电机通常都是4极,也有6极、8极,在50Hz运行时,4极同步转速是1500r/min,6极同步转速是1000r/min,8极同步转速是750r/min,所以,所以,极数愈多,相同转速下,需要的频率就越高。

交流异步电机的整个工作过程可以用图5-24所示的框架图来表示。

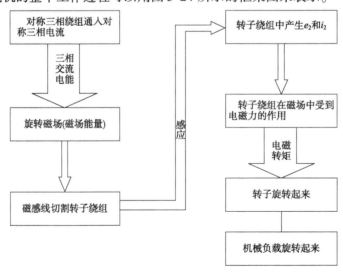

图5-24 交流异步电机工作过程框架图

5. 异步电机的工作情况

如图 5-25 所示是异步电机的三种运行情况图。

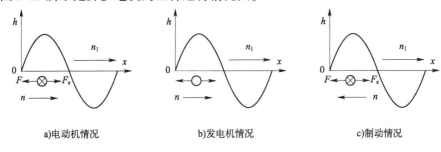

a)电动机情况　　　　　b)发电机情况　　　　　c)制动情况

图 5-25　交流异步电机的三种运行情况

(三) 三相交流异步电机的特性

1. 工作特性

三相交流异步电机的工作特性是指电机在保持额度电压和额定频率不变的情况下，电机的转速 n、电磁转矩 T_2、定子电流 I_1、效率 η 和功率因数 $\cos\psi$ 随输出功率 P_2 变化的特性。工作特性是异步电机的重要特性，一般通过负载试验来测取。下面以图 5-26 所示三相异步电机的工作特性曲线为例，定性分析三相交流异步电机的工作特性。

(1) 转速特性，$n = f(P_2)$ 电机空载时，转速 n 接近同步转速 n_1，随着负载增加，n 略有降低，此时转子电动势 $E_a = sE_2$ 增大，转子电流增大，电磁转矩增加。所以，随着 P_2 的增加，n 将下降，s 增大，转速显示"硬"特性。

(2) 转矩特性，$T_2 = f(P_2)$ 空载时，$P_2 = 0$，$T_2 = T_0$，随着 P_2 的增加，由 $T_2 = 9.55 P_2/n$，如果 n 基本保持不变，则 T_2 与 P_2

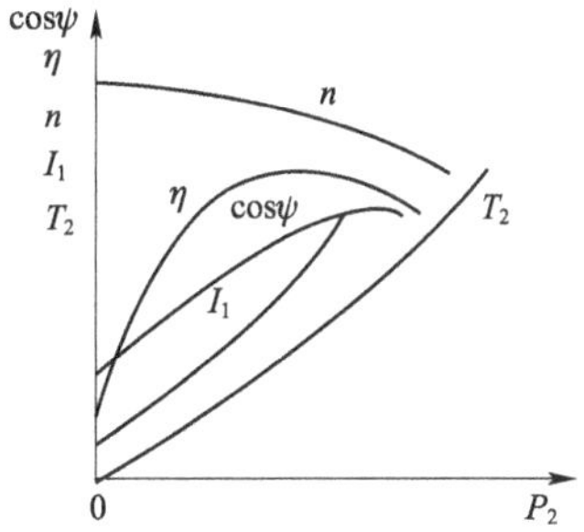

图 5-26　三相交流异步电机的工作特性

正相关，n 为过坐标原点的一条直线，当 P_2 增加到一定程度时，曲线略向上偏。

(3) 定子电流特性，$I_1 = f(P_2)$ 当 $P_2 = 0$ 时，定子电流等于励磁电流 I_0。随着负载的增加，s 增大，转子电流增加。

(4) 功率因数特性，$\cos\psi = f(P_2)$ 当 $P_2 = 0$ 时，$\cos\psi$ 很低。当负载增加，功率因数提高至接近额定值时，功率因数达到最高值，超过额定负载时，n 下降，s 增大，$\cos\psi$ 下降。

(5) 效率特性 $\eta = f(P_2)$ 根据 $\eta = P_2/P_1$，当 $P_2 = 0$ 时，$\eta = 0$。P_2 增加时，η 提高，当 P_2 增加到某一临界值时，η 又下降。这是因为铜损与电流的平方成正比。

通过分析可知，效率曲线与功率曲线在额定负荷附近时达到最高值。所以，在选用电机时，其容量值应与负载相匹配，若选得过小，电机会长期过载运行而缩短使用寿命；若选得过大，则效率和功率因数 $\cos\psi$ 会很低，能量利用不合理。

转速特性和转矩特性关系到电机与机械负载匹配的合理性；定子电流特性可以表明电机的发热情况，关系到电机运行的可靠性和使用寿命；效率特性和功率因数特性关系到电机运行的经济性。

2. 力学特性

异步电机的力学特性分为自然力学特性和人为力学特性。

在电源电压和电源频率恒定且定、转子回路不接入任何附加设备时的力学特性称为自然力学特性,如图 5-27 所示。图中,T_{st} 为异步电机的起动转矩;$T{min}$ 为启动过程的最小转矩;$T{max}$ 为最大转矩;T_N 为额定转矩;n_1 为同步转速;n_N 为额定转速。

电源电压、电源频率、电机极对数、定子或转子回路接入其他附属设备,其中任意一项改变得到的力学特性称为人为力学特性。图 5-28 所示为电源电压改变时的人为力学特性。由于电源频率不变,所以同步转速点不变,电磁转矩与电源电压的平方成比例变化,但各条曲线的最大转矩点对应的转差率基本保持不变。

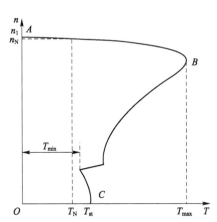

图 5-27 交流异步电机的自然力学特性   图 5-28 电源电压改变时的人为力学特性

在三相交流异步电机的力学特性图中,存在两个工作区:稳定运行区和不稳定运行区。在力学特性曲线图 5-27 所示的 AB 段,当作用在电机轴上的负载转矩发生变化时,电机能够适应负载的变化而自动调节达到稳定运行,故为稳定区。机械特性曲线的 BC 段,因电机工作在该区段时其电磁转矩不能够自动适应负载转矩的变化,故为不稳定区。

3. 制动特性

1) 电动运转状态

在三相交流异步电机处于电动运转状态时,供电系统向三相交流异步电机供给电能够,产生正向旋转的驱动转矩。

2) 制动运转状态

三相交流异步电机有三种制动运转状态:反馈制动、反接制动和能耗制动。图 5-29 为三相交流异步电机运转状态和反馈制动状态的力学特性曲线图。

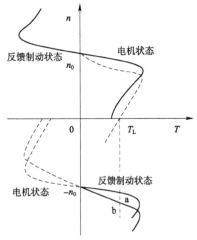

图 5-29 异步电机运转状态和制动状态的力学特性

(四)三相交流异步电机的技术参数

1. 三相交流异步电机的性能参数

额定值:正常运行时的主要数据指标;

绕组联结方式:△接法或 Y 接法;

额定电压 U_N(V):额定运行时,规定加在定子绕组上的线电压;

额定电流 I_N(A):额定运行时,规定加在定子绕组上

的线电流;

额定功率 $P_N(kW)$:额定运行时,电机轴上输出的机械功率;

额定转速 $n(r/min)$:额定运行时,电机的转子转速;

额定频率 $f_N(Hz)$:规定的电源频率(50Hz);

额定效率、额定功率因数等。

2. 实例

以广汽牌 GZ6120EV1 电动城市客车所使用的交流异步电机为例说明。

电机型号:JD132A

额定功率:100kW

峰值功率:150kW

额定转矩:478N·m

峰值转矩:850N·m

额定转速:2000r/min

最高转速:4500r/min

额定效率:0.94

绝缘等级:H(180℃)

电机质量:400kg

二、任务实施

(一)准备工作

(1)防护装备:常规实训着装。

(2)教学设施、台架、总成:交流异步电机总成、交流异步电机各部件。

(3)专用工具:无。

(4)手工工具:无。

(5)仪器仪表:无。

(6)辅助材料:无。

(7)各组进行分工,选出组长、记录员等。

(8)实训场地安全检查。

(二)技术要求与注意事项

(1)在操作时,没有实训指导教师的允许,实训室的操作台架不能移动;

(2)交流异步电机识别必须在台架上进行,不可脱离台架,以免出现安全事故;

(3)在识别过程中,没有经过实训指导教师的允许,不能够擅自进行拆解;

(4)没有实训指导教师的允许,实训教室的各识别部件不允许带离实训教室。

(三)操作步骤

1. 交流异步电机总成识别

(1)在台架上指出交流异步电机。交流异步电机如图 5-30 所示。

(2)找到交流异步电机的铭牌。如图 5-31 所示。

图5-30 交流异步电机总成　　　　　图5-31 交流异步电机的铭牌

(3) 描述交流异步电机的各参数。

2. 交流异步电机各部件识别

(1) 指出交流异步电机定子绕组。如图5-32所示。

图5-32 定子及绕组

(2) 指出交流异步电机定子铁芯。如图5-33所示。

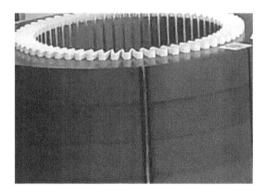

图5-33 交流异步电机定子铁芯

(3) 指出交流异步电机转子绕组。交流异步电机的转子如图5-34所示。

(4) 指出交流异步电机转子铁芯。转子铁芯如图5-35所示。

(5) 指出交流异步电机轴承。轴承如图5-36所示。

项目三 交流异步电机及控制系统

图 5-34 交流异步电机转子　　　图 5-35 转子铁芯

3. 交流异步电机的安装位置

交流异步电机的安装位置(特斯拉轿车)如图 5-37 所示。

图 5-36 交流异步电机轴承　　　图 5-37 交流异步电机的安装位置

4. 部件复位及 7S 管理

三、技能考核标准（表 5-1）

技能考核标准　　　　　　　　　　表 5-1

序号	项 目	操 作 内 容	规定分	评 分 标 准	得分
1	实训准备	1. 实训手册的准备； 2. 交流异步电机实训台的基本检查	8分	1. 能够准备实训手册(2分,无实训手册的扣2分)； 2. 能够正确检查交流异步电机实训台的部件数量和工量具、实训台安全检查,并做好记录(6分,每项检查2分)	
2	交流异步电机性能参数	1. 辨别出交流异步电机； 2. 找到电机上的铭牌,描述电机的性能参数	15分	1. 能够辨别出交流异步电机(3分)； 2. 能够找到交流异步电机上的铭牌(3分)； 3. 能够正确描述电机的性能参数(9分,少一项扣1分)	
3	交流异步电机各部件识别	1. 辨别出交流异步电机的定子绕组； 2. 描述定子绕组的作用	10分	1. 能够识别出交流异步电机定子绕组(5分)； 2. 能够正确描述交流异步电机定子绕组作用(5分)	

续上表

序号	项目	操作内容	规定分	评分标准	得分
3	交流异步电机各部件识别	1. 辨别出交流异步电机的定子铁芯； 2. 描述定子铁芯的作用	10分	1. 能够识别出交流异步电机定子铁芯(5分)； 2. 能够正确描述交流异步电机定子铁芯作用(5分)	
		1. 辨别出交流异步电机的转子绕组； 2. 描述转子绕组的作用	10分	1. 能够识别出交流异步电机转子绕组(5分)； 2. 能够正确描述交流异步电机转子绕组作用(5分)	
		1. 辨别出交流异步电机的转子铁芯； 2. 描述转子铁芯的作用	10分	1. 能够识别出交流异步电机转子铁芯(5分)； 2. 能够正确描述交流异步电机转子铁芯的作用(5分)	
		1. 辨别出交流异步电机的转轴； 2. 描述转轴的作用	10分	1. 能够识别出交流异步电机转轴(5分)； 2. 能够正确描述交流异步电机转轴的作用(5分)	
		1. 辨别出交流异步电机的轴承； 2. 描述轴承的作用	10分	1. 能够识别出交流异步电机轴承(5分)； 2. 能够正确描述交流异步电机轴承的作用(5分)	
4	交流异步电机安装位置	识别交流异步电机的安装位置	5分	能够正确识别交流异步电机在特斯拉轿车上的安装位置(5分)	
5	部件恢复及7S管理	1. 识别部件的恢复； 2. 7S管理	12分	1. 能够正确恢复识别的各部件(5分)； 2. 能够正确进行7S管理(7分,少做一项扣1分)	
		总分	100分		

四、学习拓展

1. 为什么要以"特斯拉"作为公司的名字？

特斯拉刚刚推出了采用鸥翼门的电动SUV——MODEL X,CEO 伊隆·马斯克再次站在聚光灯前。在2013年荣登《财富》年度人物后,有外界人士就认为,马斯克是目前科技圈最伟大的先锋人物,成就或将超越盖茨、乔布斯等前辈。

当年公司创始人都有一个梦,结束人类对石油的依赖。创始人伊隆、马丁、伊隆·马斯克,他们目睹了石油战争带给人类的灾难。他们想用电动车结束这场百年噩梦。2004年2月,他们用尼古拉·特斯拉的名字,命名电动汽车公司,纪念他们眼中伟大的物理学家尼古拉·特斯拉。特斯拉电动汽车公司,结束了汽车业数十年来没有新公司成立的状态。这也是硅谷第一家汽车公司。特斯拉的颠覆性意义隐藏在"特斯拉"这个名字里,他是伊隆·马斯克的终极梦想。

尼古拉·特斯拉或许不如爱因斯坦有名,但是其在科学上做出贡献至今让我们受益。当年为了和爱迪生的直流电系统对抗,特斯拉发明了三相交流电(动力电),还发明了应用交流电的三相交流异步电机,也就是特斯拉汽车的动力心脏的鼻祖。还有广为人知的特斯拉线圈、特斯拉效应、特斯拉变压器(交变压远程送电技术)、特斯拉无线远程控制系统以及著名的尼亚加拉水电站等都是出自他的研究。他的一生获得了大约1000项发明,分布在科学和工程学各个领域。

2. 特斯拉电机技术

不少人把特斯拉轿车誉为"汽车界的苹果",而特斯拉轿车所搭载的电机更是标志着发动机新纪元的开始。

2014年,一款电动的"发动机"突然出现在大家的视线中,如一匹黑马勇夺了年度绿色发动机大奖,这款发动机,正是特斯拉Model S所搭载的特斯拉电机。在此之前,这一奖项从来都是传统发动机及混合动力的天下。这是国际发动机大奖上的第一次。一直以来,电动汽车一直被认为技术尚未成熟,但随着特斯拉的问鼎,新的玩法已经初现端倪。

特斯拉汽车的出现绝对是颠覆性的,无论是销售模式还是驱动形式都彰显着它的独一无二。与传统燃油汽车不同,特斯拉汽车的动力系统主要由储能系统、功率电子模块、电机、顺序变速器四部分组成。其中储能系统由锂离子动力蓄电池成,也就是特斯拉的动力源泉。

特斯拉汽车Model S P85D所搭载的电机绝对可以吸引众多的目光,特斯拉体内的那颗三相感应电机最大功率可达515kW(700Ps),加上双电机四驱设计,百公里时速加速在3.4s内便可完成,电机的转矩也更让众多燃油汽车不可企及,且其自身还可以在一定范围内对转矩输出进行调节,使其不必在任何情况下都拼尽全力,进一步提升性能。

Model S P85D的前后两款电机的方案与P85相同,依然采用三相感应电机,转速范围12000～20000r/min,在减速机配合下,可轻易产生930N·m,所以可以这样说,电机加速快,其实是由电机本身的物理特性决定的。电机可容易达到额定转速,然而电机的超速控制就比较困难了,因为电机超速后,转矩会迅速地下降,这也就是为什么特斯拉从不宣传大于100km/h加速时间的原因,因为与时速小于100km/h的加速时间比起来,简直不堪入目。

虽然电动车追求于采用电机直接驱动轮毂,但限于成本、重量和实现难度,这样的配置依然很少见,只有奔驰SLS AMG Electric Drive直接使用了四个永磁同步电机。而特斯拉Model S上的感应电机由于电机本身的特性,能量密度要比永磁电机小很多,故体积并不小。但如果要在提升马力和降低车重之间选择,工程师更愿意选择降低车重,毕竟相对功率效果提升更容易事半功倍。

P85D在性能上虽然有吸引眼球的嫌疑,但3.4s破百速度,他的性能无可挑剔,前后置双电机配置依靠特斯拉优化过的算法,特斯拉在动力分配上十分优秀。特斯拉无论是动力还是在节能、续驶里程方面都有很大优势,426km电动模式超长续驶里程让它领先了其他电动车型一大截。更长的一次充电行驶里程使人们可以更从容地规划自己的旅途。

双电机四驱方案可以将其看成一台电脑的"双核"处理过程。在加速过程中,前后两个电机根据控制命令,产生不同的动力交错输出,从而实现更快的加速,而这一切将全部归功于特斯拉本身对电机控制命令的优化。通过优化的算法,不仅可以更快地加速,还能适应不同的行驶状况,在不同的状况下,都能保持汽车的高效运行。也就是说,优异的控制算法,结合高效的电机,两者相得益彰,是特斯拉汽车完美运行的保证。

当然,电动汽车行业想要发展,仍需考虑诸多的因素,如大多数电动车充电时间长、基础配套设施仍有待完善等,都制约着电动汽车成为人们日常出行的首选。但随着时间的推移,这些制约或许会逐步消除,零排放及更低出行成本的优势将会进一步凸显,人们也在期待那一天的来临。这一次,特斯拉电机以零排放问鼎"绿色发动机"大奖,实至名归,反映着人们对新能源汽车的向往,随着充电效能及配套设备的提高,汽车行业乃至电机行业新的游戏规则即将出现。

五、思考与练习

(一)填空题

1. 交流电机可分为_____和_____两大类。
2. 按转子结构来分,交流异步电机分为_____异步电机和_____型异步电机。
3. 交流异步电机定子部分由_____、_____、_____构成。
4. 定子铁芯槽型有_____、_____、_____三种。
5. 交流异步电机的转子由_____、_____、_____组成。
6. 转子绕组的作用是切割产生感_____,并形成_____而使电机_____。
7. 根据楞次定律,感应电流的_____总要反抗引起感应电流的原因。
8. 交流异步电机的机械特性分为_____和_____。
9. 在交流异步电机的机械特性图中的两个工作区是_____运行区和_____运行区。

(二)单项选择题

1. 定子铁芯由(　　)厚的硅钢片冲制、叠压而成。
   A. 0.1~0.15mm　　　B. 0.2~0.3mm　　　C. 0.35~0.5mm
2. 定子绕组在空间互隔(　　)电角度。
   A. 90°　　　　　　B. 120°　　　　　　C. 180°
3. 转子铁芯用的硅钢片的厚度为(　　)。
   A. 0.5mm　　　　　B. 1mm　　　　　　C. 1.5mm
4. 中小型异步电机的气隙一般为(　　)。
   A. 0.1~0.2mm　　　B. 0.2~2mm　　　　C. 2~5mm
5. 异步电机的转差率是很重要的,它不但与转速有关,而且与(　　)有关。
   A. 电压　　　　　　B. 电流　　　　　　C. 功率
6. 转子的转速总要比定子电磁场的转速大约慢(　　)。
   A. 1%~2%　　　　　B. 2%~5%　　　　　C. 5%~10%
7. 在三相交流异步电机的机械特性图中,存在(　　)工作区。
   A. 一个　　　　　　B. 两个　　　　　　C. 多个
8. 在三相交流异步电机处于电动状态时,供电系统向三相交流异步电机供给(　　)。
   A. 电能　　　　　　B. 机械能
9. 三相交流异步电机有(　　)制动运转状态。
   A. 一种　　　　　　B. 两种　　　　　　C. 三种

(三)判断题

1. 异步电机是各类电机中应用最广、需求量最大的一种。　　　　　　　　　　(　　)

2. 旋转磁场的旋转方向与三相电流的相序一致。　　　　　　　（　）
3. 在交流异步电机中只有一个电磁场。　　　　　　　　　　　（　）
4. 小型笼型电机采用铸铝转子绕组,对于100kW以上的电机采用铜条和铜端环焊接而成。　　　　　　　　　　　　　　　　　　　　　　　　　　　　　（　）
5. 功率越大、转速越高,则气隙尺寸越小。　　　　　　　　　（　）
6. 交流异步电机旋转方向取决于三相电流的大小。　　　　　　（　）
7. 由于电源频率不变,所以同步转速点不变。　　　　　　　　（　）
8. 交流异步电机换向器和电刷不需要定期维护和更换。　　　　（　）
9. 电机工作在该区段时其电磁转矩不能够自动适应负载转矩的变化,称为不稳定区。
　　　　　　　　　　　　　　　　　　　　　　　　　　　　（　）

(四) 名词解释
1. 交流电机—
2. 自然力学特性—

(五) 简答题
1. 简述交流异步电机的工作原理。
2. 交流异步电机的工作特性是什么?

(六) 作图
作出交流异步电机的工作原理示意图。

任务6　交流异步电机检修

学习目标

❖ **知识目标**
1. 正确说出交流异步电机的拆装步骤;
2. 正确说出交流异步电机的检测内容和检测方法。

❖ **能力目标**
1. 能够正确拆装交流异步电机;
2. 能够正确检测交流异步电机。

建议课时

4课时。

任务描述

使用交流异步电机的电动汽车,如果驱动系统出现故障,我们要对交流异步电机进行检测,那么,你会检测交流异步电机吗?要检测哪些内容,如何检测呢?

一、理论知识准备

(一)维护

1. 日常维护

交流异步电机几乎不需要维护的,要做的只是定期检查电机高压线、电机紧固件的紧固情况。为了电机的散热,须定期清除电机表面的尘土、纤维物。还要观察电机有无异常。但是与电机连接的减速器需要维护,减速器的机油一般首保最好在3000km左右更换,以后和传统汽车差不多,5000~8000km更换机油。

2. 轴承的维护

电机轴伸端轴承在半年补充油脂,一次20g。1个大修周期(两年)内,一般不需要更换轴承。大修时,更换非轴伸端的轴承,给轴伸端轴承补充油脂20g。两个大修周期更换轴伸端轴承。当轴承发生故障时,须对电机解体,更换相应的轴承。

(二)交流异步电机的检测

使用数字万用表可以检查交流异步电机定子绕组电阻,使用数字兆欧表可以检测定子绕组绝缘电阻,检测方法如下:

1. 检测绕组电阻

用数字万用表低阻挡分别测试定子各组绕组,电阻值小于0.5Ω,且三相绕组的阻值都一样大小。电阻值随功率不同阻值不同,但是三相绕组的阻值必须相等,如不相等,阻值小的那一组可以怀疑有匝间短路。

2. 检测绕组绝缘电阻

检测时要使用数字兆欧表进行测量,万用表不能正确检测出相间和相对壳体的绝缘电阻,检测的绝缘电阻值应该大于$20M\Omega$。

(三)交流异步电机常见故障及处理

交流异步电机的故障现象比较复杂,同一故障可能出现不同的现象,而同一现象又可能由不同的原因引起。在分析故障时要透过现象,抓住本质,用理论知识和实践经验相结合,才能够及时准确地查出故障原因。

电动汽车交流异步电机故障一般可分为机械故障和电气故障两大类,以下就两种故障类型做说明。

1. 机械故障

1)轴承异响

判定方法:在电机运行时候,一般用耳听可以判定,这个声音是轴承声音还是其他异常机械声音。

2)转子扫膛(转子外圆与定子内壁摩擦)

判定方法:会听到明显的金属摩擦声音,并且很快会感知电机温升异常,凭手就可以判断出来。

处理方式:如果出现机械故障,一般需要更换电机或者拆卸维修。

2. 电气故障

1）电流加大、声音沉闷、运转不平稳

如果出现这种现象，一般判定绕组出现了问题。

判定方法：检查绕组是否内部出现匝间短路。

2）电机抖动、声音异常、出力不够

判定方法：转子是否出现断条或者转子里边存在问题。

有关电机噪声的问题，分为电池噪声、机械噪声、风噪这几种。电池噪声是由电机的控制器与电机性能匹配的程度决定的，噪声的音色分为啸叫、类似知了的叫声等等；机械噪声主要是轴承或者齿轮发出的嗒嗒嗒的声音，这种声音可以对比出来；风噪实际上是风搅动空气产生的，可以判断出来。

3）电机局部温度高、加速绝缘件老化、工作可靠性降低

判定方法：看接线柱是否松动，手摸一下，是不是烫、松动。

电机温度过高，只能风冷或自然冷却，千万不要水冲洗降温，否则，易损坏电机，如果经常出现过温保护，要看是平路过温还是爬坡过温，如果爬坡过温，电机功率和体积需要加大，如果爬坡没有问题，经常高速过温，说明电机高效区需要改变。

在确定是电机温度过高还是温度传感器故障时，可以主观判定：车是不是高速运行了很久？爬坡度很长？用手摸摸电机？如果电机确实很热，可以判定温度传感器没有问题，反之，车辆运行时间很短，又没有爬坡，出现温度保护，估计是传感器存在问题。

4）电机车辆抖动、不能起动

如果出现这种现象，一般是传感器存在问题。

判定方法：转速传感器是否插接不良。

注意： 传感器进水会引起运行故障，为避免水进入传感器插针位置，引线要固定，且接插件头朝下，可以更好地防止水进入端子。如果进水，就不能运行了。

5）车辆运行不平稳或控制器报故障

判定方法：检查转速传感器端部是否有铁屑，这个时候要拆卸检查。

3. 易损件更换

传感器是电动汽车电机的易损件，也是最易出现故障的元件，以下就传感器安装及拆卸作简单介绍。

（1）用扳手拧开安装传感器的螺钉，如图 6-1 所示。

（2）松开传感器固定螺钉后，将旋转传感器左右转动一定角度。因为传感器与孔配合较紧，需要反复转动拔出，新装更换传感器也需要转动压入。

在拆卸接插件时，不能直接使劲拔，否则会拉松端子或引线，造成高速行驶时 A/B 信号异常。

二、任务实施

（一）准备工作

（1）防护装备：常规实训着装。

图 6-1 传感器螺钉拆卸

(2)教学设施、台架、总成:特斯拉 MODEL S 电机总成。

(3)专用工具:轴承拉具。

(4)手工工具:拆装工具一套、风动扳手一只。

(5)仪器仪表:数字万用表一只、数字兆欧表一只。

(6)辅助材料:无。

(7)各组进行分工,选出组长、记录员等。

(8)实训场地安全检查。

(二)技术要求与注意事项

(1)操作时,没有实训指导教师的允许,台架不能移动。

(2)拆装中零部件的摆放必须规范。

(3)电机拆装中不允许破坏拆卸件。

(4)电机拆卸中不允许弄断线圈绕组。

(5)拆卸前做好冷却液管路的密封保护,防止异物进入冷却管路。

(6)注意垫片的数量和规格。

(7)连接线要按原样安装。

(8)严禁锤击。

(9)安装与拆卸顺序相反,安装时,螺栓的拧紧力矩按要求进行紧固。

(三)操作步骤

1. 交流异步电机的外观检查

检查的电机如图 6-2 所示,检查的内容有:

(1)检查交流异步电机表面是否清洁。

(2)查外观是否变形或裂纹。

(3)检查电机连接线是否松动或断开。

2. 交流异步电机(特斯拉电机)的拆装

(1)找到实训室特斯拉电机总成,如图 6-3 所示。

图 6-2 交流异步电机外观检查　　　　图 6-3 特斯拉电机总成

(2)取下主控制器连接的接插件,并做好接口的密封防护,如图 6-4 所示。

(3)把交流异步电机放到拆卸盘上,并支撑好,以确保安全和稳定,如图 6-5 所示。

项目三 交流异步电机及控制系统

图6-4 接插件的拆卸

图6-5 固定电机总成

（4）使用风动扳手取下电机端盖，取下的端盖如图6-6所示。

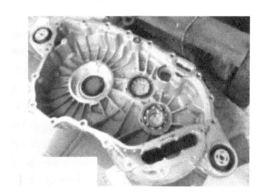

图6-6 电机端盖

（5）取下传动齿轮，如图6-7所示。
（6）取下轴承，如图6-8所示。

图6-7 传动齿轮

图6-8 电机轴承

（7）如图6-9所示为定子和转子，拔出转子，转子如图6-10所示。
（8）拔出转子后，就剩下定子，如图6-11所示。

在整个拆卸的过程中，时刻注意每次拆卸后，都要做好记录，以防安装时记不起拆卸的顺序。交流异步电机的装配可按拆卸的相反顺序进行。

图 6-9　电机转子和定子

图 6-10　拔出的转子轴

图 6-11　电机定子

3. 交流异步电机的检测

1）测量定子三相绕组电阻

（1）测量前，先校表，把万用表打到欧姆挡 200Ω 挡位。

（2）测量时，把红表笔与三相绕组分别连接，黑表笔与壳体连接，如果电阻数值小于 0.5Ω，说明正常；如果电阻数值较大，说明是线圈故障。

2）测绝缘电阻

（1）把数字兆欧表电压选择 1000V，电阻选择 200MΩ，按下数字兆欧表电源键 POWER。

(2)把数字兆欧表的红表笔分别与交流异步电机三相高压线连接,黑表笔与交流异步电机壳体连接,然后按下数字兆欧表测试键 PRESS TO TEST,数字兆欧表显示的数字就是各相高压线绝缘电阻值。

4. 恢复部件及7S管理

三、技能考核标准(表6-1)

技 能 考 核 标 准　　　　　　　　表6-1

序号	项目	操作内容	规定分	评分标准	得分
1	实训准备	1.实训手册的准备; 2.交流异步电机实训台的基本检查	8分	1.能够准备实训手册(2分,无实训手册的扣2分); 2.能够正确检查交流异步电机实训台的部件数量和工量具、实训台安全检查,并做好记录(6分,每项检查2分)	
2	交流异步电机识别	交流异步电机总成	2分	能够找到交流异步电机总成(2分)	
3	交流异步电机外观检查	1.检查交流异步电机表面清洁度; 2.检查交流异步电机外形; 3.检查交流异步电机连接线	9分	1.能够正确检查交流异步电机的表面清洁度(3分); 2.能够正确检查交流异步电机的外观变形或裂纹(3分); 3.能够正确检查交流异步电机连接线(3分)	
4	交流异步电机的拆装	拆卸前的准备工作	9分	1.能够正确选用拆装工具(3分); 2.能够正确选用工具盘(3分); 3.能够正确固定交流异步电机总成(3分)	
		拆卸顺序	19分	1.按顺序拆卸(16分,每一步2分); 2.能够正确规范拆卸(3分)	
		装配顺序	19分	1.按顺序安装(16分,每一步2分); 2.能够正确规范安装(3分)	
5	交流异步电机的检测	定子电阻的检测	14分	1.能够正确使用数字万用表(2分); 2.能够正确测量A、B相之间的电阻,并作出判断(4分); 3.能够正确测量B、C相之间的电阻,并作出判断(4分); 4.能够正确测量A、C相之间的电阻,并作出判断(4分)	
		测绝缘电阻	8分	1.能够正确使用数字兆欧表(2分); 2.能够正确测量A相与壳体之间的电阻,并作出判断(2分); 3.能够正确测量B相与壳体之间的电阻,并作出判断(2分); 4.能够正确测量C相与壳体之间的电阻,并作出判断(2分)	

续上表

序号	项 目	操作内容	规定分	评分标准	得分
6	部件恢复及 7S 管理	1.检测部件的恢复; 2.7S 管理	12 分	1.能够正确恢复识别的各部件(5分); 2.能够正确进行 7S 管理(7分,少做一项扣1分)	
	总分		100 分		

四、思考与练习

(一) 填空题

1. 电机需要定期检查_____、_____。
2. 交流异步电机定子线圈电阻值随功率不同阻值_____,但是三相绕组的阻值必须_____。
3. 电动汽车交流异步电机故障一般可分为_____故障和_____故障两大类。
4. 电机的噪声分为_____噪声、_____噪声、_____。

(二) 单项选择题

1. 用万用表低阻挡分别测试定子各组线圈,两两之间应该( )。
   A. 全部导通   B. 全部断开   C. 有 20Ω 的电阻
2. 在测量交流异步电机的三相绕组通断时,选用万用表( )。
   A. 电压挡位   B. 电流挡位   C. 电阻挡位
3. 在测量交流异步电机的三相绕组绝缘电阻时,严格来说,要选用( )。
   A. 电流表   B. 兆欧表   C. 万用表
4. 在拆卸接插件时,不能直接使劲拔,否则会拉松端子或引线,造成高速行驶时( )信号异常。
   A. A/B   B. EBD   C. ABS
5. 与电机连接的减速器的机油一般首保最好( )km 左右更换。
   A. 500   B. 1500   C. 3000

(三) 判断题

1. 电机轴伸端轴承在半年补充油脂,一次 20g。 ( )
2. 用数字万用表低阻挡分别测试定子各组绕组,电阻值大于 0.5Ω。 ( )
3. 检测交流异步电机绝缘电阻时要使用数字兆欧表。 ( )
4. 在电机运行时候,一般用耳听可以判定是轴承声音还是其他异常机械声音。 ( )
5. 传感器是电动汽车电机的易损件,但不易出现故障。 ( )

(四) 简答题

1. 如何使用万用表检测交流异步电机的三相绕组?
2. 交流异步驱电机的机械故障有哪些,如何判定?
3. 交流异步电机的电气故障有哪些,如何判定?
4. 如何判定交流异步电机温度过高还是温度传感器故障?

任务 7　交流异步电机控制系统认知

学习目标

❖ **知识目标**

1. 能够正确叙述交流异步电机控制器的结构；
2. 能够简单分析矢量控制的内容和特点；
3. 能够简单分析直接转矩控制的内容和特点。

❖ **能力目标**

能够正确识别交流异步电机控制器各部件。

建议课时

4 课时。

任务描述

交流异步电机控制器的组成有哪些？交流异步电机控制方法有哪些？你能识别出交流异步电机控制器的各部件吗？

一、理论知识准备

由于在电动汽车上，交流异步电机不能直接使用蓄电池或发电机发出的电能（因为频率一定）。交流异步电机的转速与所供交流电的频率近成正比，因此在采用交流异步电机时，需应用变频器，将直流电或电机发出的固定频率的交流电转换成频率和电压均可调的三相交流电，实现对笼型交流异步电机的控制。

虽然异步电机有天生的"转速差"，但转速差同样是可控的，只要控制到合理范围，并不影响大局。而且，这在一定程度上跟 IGBT 的 PWM 控制程序有很大关系。也就是说，即使 EV200 也用特斯拉的三相异步电机，但是由于控制程序的不同，是无法获得特斯拉大转矩、稳定性好和转速可控性强的优点的。

在电动汽车上，对交流异步电机的控制主要是靠交流异步电机控制器来完成的，下面就以特斯拉的交流异步电机控制器结构来进行介绍。

（一）交流异步电机控制器的结构

1. 电机控制器的外形

交流异步电机控制器整体外形如图 7-1 所示。

图 7-1　电机控制器整体外形

2. 电机控制器的内部结构

当把电机控制器(特斯拉控制器)的外壳拆开后,其内部呈三角形,如图 7-2 所示。其实三角形的每一边就是三相电机驱动的一个相。顶部的三块电路板即为每相的高压隔离预驱控制板。通过侧面的电驱控制器可以看到每一相对应的驱动电路。其包括电机逻辑控制板,高压直流 DC 电容(凸起的黑色长方体)以及电容下方的功率板。由于逻辑板和电容的遮挡,只能看到功率板的一部分。不过可以看到一排共 7 个塑封的 IGBT 芯片,如图 7-3 所示。其通过导热硅脂被散热夹片固定在导热背板上。

图 7-2　电机控制器内部结构

图 7-3　电机控制器内部 IGBT 芯片

电机控制器大体分为三层,下面对这三层进行简单介绍。

1) 电机控制器主板

第一层为主控制部分,简称控制主板,MCU 采用 TI 公司的 TMS320F2611P8KO 芯片,为了达到高速运行时快速强大的运算和处理能力,还使用了一颗 ACTE 的 LA3P125VQG100 芯片配合使用,确保系统的稳定可靠性。主板正反面如图 7-4 所示。

图 7-4　电机控制器主板正反面

2) 电机控制器驱动板

第二层为驱动电路部分,简称驱动板,如图 7-5 所示。驱动板上电路包括电源转换及驱动电路,电源部分采用TDK变压器,输入电压为DC/DC电压12V;输出三路+15V和-8V电压,供三相驱动IBGT芯片使用。驱动电路部分,驱动IGBT模块采用INFIEON的1ED020I12F/A2芯片,驱动电流可达+2A/-2A,一共使用6颗芯片。

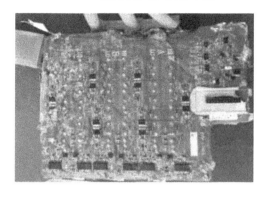

图7-5 电机控制器驱动板

3)电机控制器IGBT模块

第三层为IGBT模块,它采用的是INFIEON的单IGBT,AUIRGPS4067D1,单个电流可达160A,一共采用36颗芯片,采用水冷装置,左右6个孔为水冷的进出口,如图7-6所示。

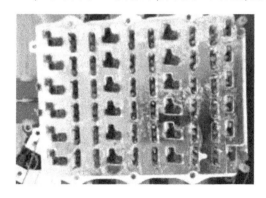
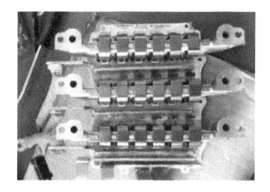

图7-6 电机控制器IGBT模块

再下面部分就是薄膜电容部分,如图7-7所示,其实也可以算在第三层,因为它倒扣着与IGBT板焊接在一起的,薄膜电容为TDK的220U/650V的订制电容。

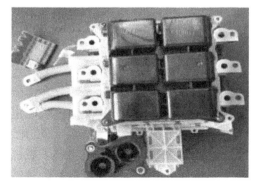

图7-7 电机控制器薄膜电容

图7-8 交流异步电机驱控制器交流输出母线

3. 交流异步电机控制器交流输出母线

交流异步驱动电驱控制器最终通过底部的交流输出母线来将驱动电流输出至大功率交流感应电机,如图7-8所示。其交流输出母线上还集成了电流传感模块。交流输出母线直接对接电机交流母线接口,省去了高压线束,这样节省成本的同时提高了可靠性。

4. 电机控制器壳体

电机控制器的壳体如图7-9所示。

 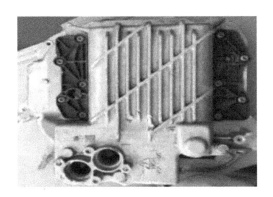

图7-9 电机控制器的壳体

(二)交流异步电机的控制

异步电机是一个多变量(多输入输出)系统,其中变量电压(电流)、频率、磁通、转速之间又相互影响,所以其又是强耦合的多变量系统。

目前对异步电机的调速控制主要有恒压频比开环控制(VVVF)、转差控制、矢量控制(VC)以及直接转矩控制(DTC)等。

恒压频比开环控制实际上只控制了电机磁通而没有控制电机的转矩,采用这样的控制系统对异步电机来讲根本谈不上控制性能,通常只用于对调速性能要求一般的通用变频器上。

转差控制是根据异步电机电磁转矩和转差频率的关系来直接控制电机的转矩的,可以在一定的转差频率范围内、一定程度上通过调节转差来控制电机的电磁转矩,从而改善调速系统的控制性能,但其控制理论是建立在异步电机的稳态数学模型基础上的,它适合于电机转速变化缓慢或者对动态性能要求不高的场合。

这里主要介绍异步电机的矢量控制和直接转矩控制。

1. 交流异步电机的矢量控制

矢量控制理论采用矢量分析的方法来分析交流电机内部的电磁过程,是建立在交流电机的动态数学模型基础上的控制方法。它模仿对直流电机的控制技术,将交流电机的定子电流解耦成互相独立的产生磁链的分量和产生转矩的分量。如图7-10所示,经3/2变化、旋转变换后,异步电机变成了直流电机模型。将 $M-T$ 坐标的 M 轴定在异步电机转子磁链的方向上,可得到最简单的方程形式。分别控制这两个分量就可以实现对交流电机的磁链控制和转矩控制的完全解耦,从而达到理想的动态性能。

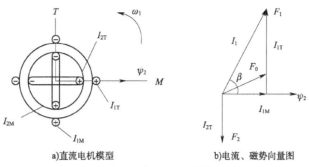

a) 直流电机模型　　　　　b) 电流、磁势向量图

图 7-10　交流异步电机矢量控制原理图

1) 异步电机矢量控制方式的选择

异步电机矢量控制是基于磁场定向的方法,其调速控制系统的方式比较复杂,常用的控制策略有以下四种:转子磁场定向矢量控制原理;转差率矢量控制原理;气隙磁场定向矢量控制原理;定子磁场定向矢量控制原理。

(1) 转子磁场定向矢量控制原理。

交流电机的转矩与定转子旋转磁场及其夹角有关,要控制好转矩,必须精确检测和控制磁通,在此种控制方式中,检测出定子电流的 d 轴分量,就可以观测出转子磁链的幅值,当转子磁链恒定时,电磁转矩和电流的 q 轴分量成正比,忽略反电动势引起的交叉耦合,可以由电压方程 d 轴分量控制转子磁通,q 轴分量控制转矩,目前大多数变频系统是使用此种控制方法的,它实现了系统的完全解耦,但是其最大的缺点是转子磁通的观测受转子时间常数的影响。

(2) 转差率矢量控制原理。

如果使电机的定子、转子或气隙磁场中一个保持不变,电机的转矩就由转差率主要决定。因此,此方法主要考虑转子磁通的稳态方程式,从转子磁通直接得到定子电流 d 轴分量,通过对定子电流的有效控制,形成了转差矢量控制,避免了磁通的闭环控制,不需要实际计算转子的磁链,用转差率和量测的转速相加后积分来计算磁通相对于定子的位置,但此种方法主要应用在低速系统中,而且系统性能同样受转子参数变化影响。

(3) 气隙磁场定向矢量控制原理。

除了转子磁场的定向控制以外,还有一些控制系统使用的是气隙磁场的定向控制,此种方法比转子磁通的控制方式要复杂,但其利用了气隙磁通易于观测的优点,保持气隙磁通的恒定,从而使转矩与 q 轴电流成正比,直接对 q 轴电流控制,达到控制电机的目的。

(4) 定子磁场定向矢量控制原理。

由于转子磁通的检测容易受电机参数影响,气隙磁通的检测需要附加一些额外的检测器件等弊端,国内外兴起了定子磁场定向的矢量控制方法,此种方法是通过保持定子磁通不变,控制与转矩成正比的 q 轴电流,从而控制电机,但是,此种方法和气隙磁场定向的矢量控制一样,需要对电流进行解耦,而且以定子电压作为测量量,容易受到电机转速的影响。

2) 异步电机矢量控制的特点

矢量控制变频器可以分别对异步电机的磁通和转矩电流进行检测和控制,自动改变电压和频率,使指令值和检测实际值达到一致,从而实现了变频调速,大大提高了电机控制静态精度和动态品质。转速精度约等于 0.5%,转速响应也较快。采用矢量变频器异步电机变频调速是可以达到控制结构简单,可靠性高的效果。其主要表现在:可以从零转速起进行速度控制,因此调速范围很宽广;可以对转矩实行较为精确控制;系统的动态响应速度很快;电机的加速度特性很好。

带速度传感器矢量控制变频器的异步电机闭环变频调速技术性能虽较好,但是毕竟它需要在异步电机轴上安装速度传感器,已经降低了异步电机结构坚固、可靠性高的特点。况且,在某些情况下,由于电机本身或环境的因素无法安装速度传感器。系统增加了反馈电路和其他辅助环节,也增加了出故障的概率。因此,对于调速范围、转速精度和动态品质要求不是特别高的条件场合,往往采用无速度传感器矢量变频开环控制异步机变频调速系统。

2. 交流异步电机直接转矩控制

直接转矩控制是将电机输出转矩作为直接控制对象,通过控制定子磁场向量控制电机转速。它不需要复杂的坐标变换,也不需要依赖转子数学模型,只是通过控制 PWM 型逆变器的导通和切换方式,控制电机的瞬时输入电压,改变磁链的旋转速度来控制瞬时转矩,使系统性能对转子参数呈现鲁棒性。并且这种方法被推广到弱磁调速范围。逆变器的 PWM 采用电压空间向量控制方式,性能优越。但同时不可避免地产生转矩脉动,调速性能降低的问题。该方法对逆变器开关频率提高的限制较大,定子电阻对电机低速性能也有较大影响,如在低速区,定子电阻变化引起的定子电流和磁链的畸变,以及转矩脉动、死区效应和开关频率等问题。

1) 异步电机直接转矩控制系统的结构与原理

直接转矩控制系统框图如图 7-11 所示。它主要包括磁链调节器、转矩调节器、磁链和转矩观测器、转速调节器等。其中磁链观测器对磁链的观测是否准确对整个控制系统的稳定性有着举足轻重的作用,而开关策略和磁链、转矩调节是先进控制算法的核心部分。

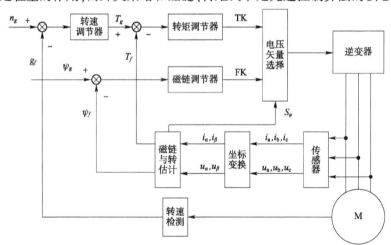

图 7-11 交流异步电机直接转矩控制框图

(1) 磁链调节器。

控制定子磁链在给定值的附近变化,输出磁链控制信号。

(2) 转矩调节器。

转矩调节的任务是实现对转矩的直接控制。直接转矩控制的名称由此而来。为了控制转矩,转矩调节必须具备两个功能:一个功能是转矩调节器直接调节转矩,另外一个功能是在调节转矩的同时,控制定子磁链的旋转方向,以加强转矩的调节。

(3)磁链观测器。

定子磁链观测器的准确性,可以说是直接转矩控制技术实现的关键。定子磁链无论是幅值还是相位,若出现较大的误差,控制性能都会变坏,或者出现不稳定。解决磁链问题的较为通用的方法为间接测量的方法,即通过测量的定子电压、定子电流和转速等建立定子磁链的观测模型,在控制中实时准确地算出定子磁链的幅值和相位,常用的磁链观测模型有基于定子电压和电流的磁链观测模型、基于定子电流和转速的磁链观测模型和基于定子电压和转速的磁链观测模型。

(4)转矩观测器。

转矩观测器的任务是用状态检测量经转矩模型,完成电磁转矩的计算。

(5)转速调节器。

在直接转矩控制系统中,主要的是通过控制电压空间矢量来控制转速,从而控制转矩。而转矩的控制又成为转速控制的基础,故在系统中应用闭环控制。闭环控制系统具有简洁、直观、有效的性能。从传感器中引出转速反馈信号与转速给定信号作比较后送入 PI 调节器,调节器的输出直接作为转矩的给定值,便可以实现转速的闭环控制。

2)直接转矩控制的特点

(1)直接转矩控制直接在定子坐标系下分析交流电机的数字模型,控制电机的磁链和转矩。它不需要将交流电机与直流电机作比较、等效和转化;既不需要模仿直流电机的控制,也不需要为解耦而简化交流电机的数学模型。它省掉了矢量旋转变换等复杂的变换和计算。因此,它所需要的信号处理工作特别简单,所用的控制信号使观察者对于交流电机的物理过程能够做出直接和明确的判断。

(2)直接转矩控制磁通估算所用的是定子磁链,只要知道定子电阻就可以把它观测出来。而磁场定向矢量控制所用的是转子磁链,观测转子磁链需要知道电机转子电阻和电感。因此直接转矩控制大大减少了矢量控制技术中控制性能易受参数变化影响的问题。

(3)直接转矩控制采用空间矢量的概念来分析三相交流电机的数学模型和控制其各物理量,使问题变得特别简单明了。与矢量控制的方法不同,它不是通过控制电流、磁链等量来间接控制转矩,而是把转矩直接作为被控量,直接控制转矩。因此它并非极力获得理想的正弦波波形,也不专门强调磁链完全理想圆形轨迹。相反,从控制转矩的角度出发,它强调的是转矩的直接控制效果,因而它采用离散的电压状态和六边形磁链轨迹或近似圆形磁链轨迹的概念。

(4)直接转矩控制技术对转矩实行直接控制。它的控制效果不取决于电机的数学模型是否能够简化,而是取决于转矩的实际状况,它的控制既直接又简化。

因此,从理论上看,直接转矩控制有矢量控制所不及的转子参数鲁棒性和结构上的简单性。然而在技术实现上,直接转矩控制往往很难体现出优越性来,调速范围不及矢量控制宽,其根源主要在于其低速转矩特性差、稳态转矩脉动的存在及带负载能力的下降,这些问题制约了直接转矩控制进入实用化的进程。

二、任务实施

(一)准备工作

(1)防护装备:常规实训着装。

(2)教学设施、台架、总成:特斯拉交流异步电机控制器各部件。

(3)专用工具:无。

(4)手工工具:无。

(5)仪器仪表:无。

(6)辅助材料:无。

(7)各组进行分工,选出组长、记录员等。

(8)实训场地安全检查。

(二)技术要求与注意事项

(1)在操作时,没有实训指导教师的允许,实训室的操作台架不能移动。

(2)交流异步电机控制器总成及各部件必须在工作台上进行,不可脱离工作台,以免出现安全事故。

(3)在识别过程中,没有经过实训指导教师的允许,不能够擅自进行交流异步电机控制器的拆解。

(4)交流异步电机控制系统各部件不允许通电测试。

(5)没有实训指导教师的允许,实训教室的各识别部件不允许带离实训教室。

(三)操作步骤

1.交流异步电机控制器总成识别

(1)在工作台上识别交流异步电机控制器总成。

(2)识别交流异步电机控制器外部接口。

2.交流异步电机控制器部件识别

(1)识别出交流异步电机控制器主板。

(2)识别出交流异步电机控制器驱动板。

(3)识别出交流异步电机控制器 IGBT。

(4)识别出交流异步电机控制器薄膜电容。

(5)识别出交流异步电机控制器交流输出母线。

(6)识别出交流异步电机控制器壳体。

3.部件恢复及7S管理

三、技能考核标准(表7-1)

技 能 考 核 标 准　　　　表7-1

序号	项 目	操 作 内 容	规定分	评 分 标 准	得分
1	实训准备	1.实训手册的准备; 2.交流异步电机控制器实训台的基本检查	12分	1.能够准备实训手册(2分,无实训手册的扣3分); 2.能够正确检查交流异步电机控制器实训台的部件数量和工量具、实训台安全检查,并做好记录(9分,每项检查3分)	
2	交流异步电机控制器总成	1.辨别交流异步电机控制器总成; 2.找到交流异步电机控制器上的铭牌,描述控制器的性能参数	18分	1.能够辨别出交流异步电机控制器(5分); 2.能够找到交流异步电机上的铭牌(3分); 3.能够正确描述交流异步电机控制器的性能够参数(10分,少一项扣1分)	

续上表

序号	项 目	操 作 内 容	规定分	评分标准	得分
3	交流异步电机控制器各部件识别	1. 辨别交流异步电机控制器主板； 2. 描述交流异步电机控制器主板组成	10分	1. 能够识别出交流异步电机控制器主板(5分)； 2. 能够正确描述交流异步电机控制器主板的组成(5分)	
		1. 辨别交流异步电机控制器驱动板； 2. 描述交流异步电机控制器驱动板组成	10分	1. 能够识别出交流异步电机控制器驱动板(5分)； 2. 能够正确描述交流异步电机控制器驱动板的组成(5分)	
		1. 辨别交流异步电机控制器IGBT模块； 2. 描述交流异步电机控制器IGBT模块的组成	10分	1. 能够识别出交流异步电机控制器IGBT模块(5分)； 2. 能够正确描述交流异步电机控制器IGBT模块的组成(5分)	
		1. 辨别交流异步电机控制器薄膜电容； 2. 描述交流异步电机控制器薄膜电容的组成	10分	1. 能够识别出交流异步电机控制器薄膜电容(5分)； 2. 能够正确描述交流异步电机控制器薄膜电容的组成(5分)	
		1. 辨别交流异步电机控制器交流输出母线； 2. 描述交流异步电机控制器交流输出母线连接情况	10分	1. 能够识别出交流异步电机控制器交流输出母线(5分)； 2. 能够正确描述交流异步电机控制器交流输出母线的连接情况(5分)	
		1. 辨别交流异步电机控制器壳体； 2. 描述交流异步电机控制器壳体作用	10分	1. 能够识别出交流异步电机控制器壳体(5分)； 2. 能够正确描述交流异步电机控制器壳体作用(5分)	
4	部件恢复及7S管理	1. 识别部件的恢复； 2. 7S管理	10分	1. 能够正确恢复识别的各部件(3分)； 2. 能够正确进行7S管理(7分，少做一项扣1分)	
		总分	100分		

四、思考与练习

(一) 填空题

1. 交流异步电机的_____与所供交流电的_____近成正比。

2. 特斯拉交流异步电机控制器主要由_____、_____、_____、_____、_____、_____等部件组成。

3. 电机控制器的三层是_____、_____、_____。

4. 驱动板上电路包括_____和_____。

5. 交流异步驱动电驱控制器最终通过底部的_____来将驱动电流输出至大功率交流感应电机。

6. 目前对交流异步电机的调速控制主要有_____、转差控制、_____以及直接转矩控制(DTC)等。

7. 异步电机矢量控制策略有转子磁场定向矢量控制原理、转差率矢量控制原理、_____、_____。

8. 直接转矩控制是将电机输出作为直接控制对象,通过控制_____控制电机。

9. 在直接转矩控制系统中,主要的是通过控制_____来控制_____,从而控制_____。

(二) 单项选择题

1. 驱动IGBT模块采用INFIEON的1ED020I12F/A2芯片,驱动电流可达(   )。
   A. +2A/−2A B. +5A/−5A C. +12A/−12A

2. 驱动IGBT模块采用(   )颗芯片。
   A. 3 B. 6 C. 9

3. 只用于对调速性能要求一般的通用变频器上的控制策略是(   )。
   A. 矢量控制 B. 转差控制 C. 恒压频比开环控制

4. 目前大多数变频系统使用的矢量控制原理是(   )。
   A. 转子磁场定向矢量控制 B. 转差率矢量控制 C. 气隙磁场定向矢量控制

5. 交流异步电机矢量控制的转速精度约为(   )。
   A. 0.1% B. 0.5% C. 1%

6. 控制定子磁链在给定值的附近变化,输出磁链控制信号的部件是(   )。
   A. 磁链调节器 B. 转矩调节器
   C. 磁链和转矩观测器 D. 转速调节器

7. 直接转矩控制磁通估算所用的是(   )。
   A. 转子磁链 B. 定子磁链

(三) 判断题

1. 恒压频比开环控制实际上只控制了电机磁通而没有控制电机的转矩。(   )
2. 异步电机矢量控制是基于磁场定向的方法,其调速控制系统的方式比较简单。
   (   )
3. 转差率矢量控制原理主要用在高速系统中。(   )
4. 转子磁通的检测容易受电机参数影响。(   )
5. 异步电机矢量控制调速范围很小。(   )
6. 直接转矩控制不需要复杂的坐标变换,也不需要依赖转子数学模型。(   )
7. 直接转矩控制有矢量控制所不及的转子参数鲁棒性和结构上的简单性。(   )
8. 磁链观测器对磁链的观测是否准确对整个控制系统的稳定性没有关系。(   )

(四) 简答题

1. 在电动汽车上交流异步电机为什么要使用变频器?
2. 简述气隙磁场定向矢量控制原理的控制过程。
3. 交流异步电机转速的闭环控制如何实现?

项目四 开关磁阻电机及控制系统

本项目的主要内容为电动汽车开关磁阻电机的认知和检修、开关磁阻电机控制系统的认知,分为3个任务:

任务8　开关磁阻电机认知

任务9　开关磁阻电机检修

任务10　开关磁阻电机控制系统认知

通过3个任务的学习,熟悉电动汽车开关磁阻电机的结构和工作原理、特性,掌握开关磁阻电机的检修方法,熟悉开关磁阻电机控制系统的组成和控制方法。

任务8 开关磁阻电机认知

学习目标

❖ **知识目标**
1. 能正确叙述开关磁阻电机的结构；
2. 能正确分析开关磁阻电机的工作原理；
3. 能正确分析开关磁阻电机的工作特性。

❖ **能力目标**
能够正确识别开关磁阻电机各部件。

建议课时
4课时。

任务描述
开关磁阻电机由哪些部件组成？你能正确区分出开关磁阻电机的各部件吗？

一、理论知识准备

开关磁阻电机作为一种新型电机，相比其他类型的电机而言，开关磁阻电机的结构最为简单，具有结构简单坚固、可靠性高、质量轻、成本低、效率高、温升低、易于维修等诸多优点。而且它具有直流调速系统的可控性好的优良特性，同时适用于恶劣环境，非常适合作为电动汽车的电机使用。

(一) 开关磁阻电机的结构

开关磁阻电机由双凸极的定子和转子组成，其定子、转子的凸极均由普通的硅钢片叠压而成。定子极上绕有集中绕组，把沿径向相对的两个绕组串联成一个两级磁极，称为"一相"；转子既无绕组又无永磁体，仅由硅钢片叠成。开关磁阻电机有多种不同的相数结构，如单相、二相、四相及多相等，且定子和转子的极数有多种不同的搭配。

开关磁阻电机的外形如图 8-1 所示。

电动汽车开关磁阻电机的主要部件是转子和定子。

1. 转子

开关磁阻电机的转子由导磁性能良好的硅钢片叠压而成，转子的凸极上无绕组，如图 8-2 所示。

图 8-1 开关磁阻电机外形

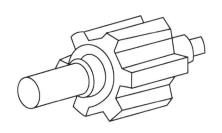

图 8-2 开关磁阻电机转子

开关磁阻电机转子的作用是构成定子磁场磁通路,并在磁场力的作用下转动,产生电磁转矩。转子的凸极个数为偶数。实际应用的开关磁阻电机的转子凸极最少有 4 个(2 对),最多有 16 个(8 对),如图 8-3 所示。

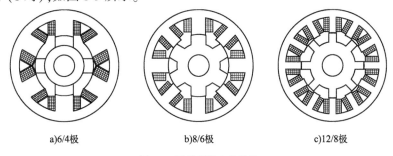

a)6/4极　　　　　　b)8/6极　　　　　　c)12/8极

图 8-3 开关磁阻电机磁极

2.定子

电动汽车开关磁阻电机的定子铁芯也是由硅钢片叠压而成的,成对的凸极上绕有两个互相串联的绕组,如图 8-4 所示。定子的作用是定子绕组按顺序通电,产生的电磁力牵引转子转动。定子凸极的个数也是偶数,最少的有 6 个,最多的有 18 个。

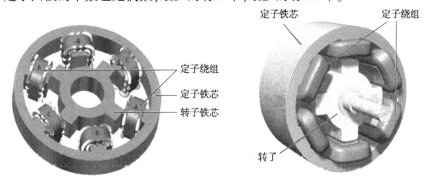

图 8-4 定子结构图

定子和转子的极数组合见表 8-1 所示,目前应用较多的四相 8/6 极结构和三相 6/4 极结构。

开关磁阻电机的极数组合　　　　　　表 8-1

相数	3	4	5	6	7	8	9
定子极数	6	8	10	12	14	16	18
转子极数	4	6	8	10	12	14	16
步进角(°)	30	15	9	9	4.25	3.21	2.5

(二)开关磁阻电机的工作原理

开关磁阻电机定、转子均由普通硅钢片叠压而成的双凸极结构,转子中没有绕组,定子中装有简单的集中绕组,一般径向相对的两个绕组串联成一相。由于定子和转子极是凸极结构,所以每相绕组的电感 L 随转子位置的变化而变化,开关磁阻电机的工作原理遵循磁阻最小的原则,当定、转子齿中心线不重合、磁阻不为最大时,磁场就会产生磁拉力,形成磁阻转矩,使转子转到磁导最大的位置,如图 8-5 所示。

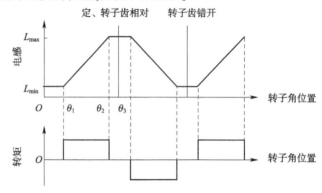

图 8-5 转子角位置与定、转子齿之间的关系图

根据转子位置传感器的反馈信号,相绕组顺序导通,转子为减小磁路的磁阻而旋转。图 8-6 为四相(8/6)SR 电机的工作原理,(1)定子绕组按照 D→A→B→C 的顺序通电,转子逆着励磁顺序以逆时针方向连续旋转。(2)若按 B→A→D→C 的顺序通电,则转子会沿着顺时针方向转动。

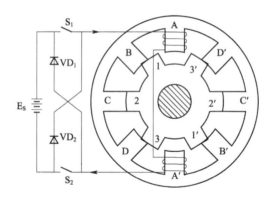

图 8-6 四相(8/6)SR 电机的工作原理图

开关磁阻电机工作原理:开关磁阻电机的运行遵循"磁阻最小原理",即磁通总要沿磁阻最小的路径闭合,利用磁引力拉动转子旋转。而具有一定形状的铁芯在移动到最小磁阻位置时,必使自己的主轴线与磁场的轴线重合,如图 8-7 所示。

A - A′通电→1 - 1′与 A - A′重合;

B - B′通电→2 - 2′与 B - B′重合;

C - C′通电→3 - 3′与 C - C′重合;

D - D′通电→1 - 1′与 D - D′重合。

下面通过图示来说明转子的工作原理,下图 8-8 所示是磁阻电机的正视图,定子六个齿极上绕有线圈,径向相对的两个线圈是连接在一起的,组成一"相",该电机有 3 相,结合定子与转子的极数就称该电机为三相 6/4 结构。在图中标注的 A、B、C 相线圈仅为后面分析磁路带来方便,并不是连接三相交流电。

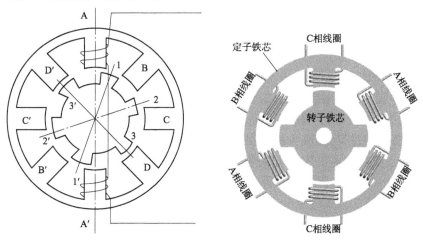

图 8-7 磁阻最小原理应用　　　　图 8-8 磁阻电机的正视图

图 8-9 所示是一组磁阻电机运转原理动画的截图,从中我们将看到磁阻电机是如何转动起来的,图中红色的线圈是通电线圈,黄色的线圈没有电流通过;通过定子与转子的深蓝色线是磁力线;把转子起动前的转角定为 0°。

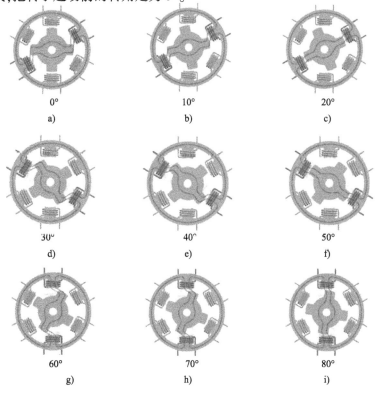

图 8-9 开关磁阻电机运转原理图

从 a)图起，A 相线圈接通电源产生磁通，磁力线从最近的转子齿极通过转子铁芯，磁力线可看成极有弹力的线，在磁力的牵引下转子开始逆时针转动；b)图是转子转了 10°的图，c)图是转到 20°的图，磁力一直牵引转子转到 30°为止，到了 30°转子不再转动，此时磁路最短。

为了使转子继续转动，在转子转到 30°前已切断 A 相电源，在 30°接通 B 相电源，磁通从最近的转子齿极通过转子铁芯，见 d)图，于是转子继续转动。e)图是转子转到 40°的图，f)图是转到 50°的图，磁力一直牵引转子转到 60°为止。

在转子转到 60°前切断 B 相电源，在 60°时接通 C 相电源，磁通从最近的转子齿极通过转子铁芯，见 j)图。转子继续转动，h)图是转子转到 70°的图，i)图是转到 80°的图，磁力一直牵引转子转到 90°为止。当转子转到 90°前切断 C 相电源，转子在 90°的状态与前面 0°开始时一样，重复前面过程，接通 A 相电源，转子继续转动，这样不停地重复下去，转子就会不停地旋转。这就是磁阻电机的工作原理。

由于是运用了利用磁阻最小原理，故称为磁阻电机，又由于线圈电流通断、磁通状态直接受开关控制，故称为开关磁阻电机。

向线圈供电的开关是用开关晶体管进行的，图 8-10 就是三相线圈与开关晶体管的连接示意图，BG1、BG2、BG3 是三个开关晶体管，分别控制三相线圈 A、B、C 的电流通断，三极管旁边并联的二极管是用来续流的。

由于电机靠磁阻工作，跟磁通方向无关，即跟电流方向无关，故在上面运行图中没有标明磁力线的方向。

A、B、C 各相线圈轮流通电似乎简单，实际情况要复杂些，线圈切断电源后产生的自感电流不会立即消失，要提前关断电源进行续流；为加大力矩相邻

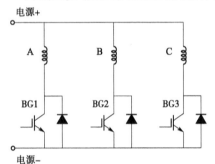

图 8-10 三相线圈与开关晶体管的连接示意图

相线圈有电流的时间会有部分重合；调节电机的转速、转矩也要调整开关时间，各相线圈开通与关断时间与转子定子间的相对位置直接相关，故电机还装有转子位置检测装置为准时开关各相线圈电流提供依据，各相线圈何时通断必须根据转子转到的位置与控制参数决定。

(三) 开关磁阻电机的性能特点

1. 调速范围宽、控制灵活

开关磁阻电机的调速范围宽、控制灵活，易于实现各种特殊要求的转矩 - 速度特性。

在所有的调速范围内，保持整体效率高达 80% 以上。控制开关磁阻电机的主要运行参数和常用方法至少有四种：相开通角、相关断角、相电流幅值和相绕组电压。可控参数多，意味着控制灵活方便，可以根据对电机的运行要求和电机的情况，采用不同控制方法和参数值，使之运行于最佳状态，还可使之实现各种不同的功能和特定的特性曲线，如使电机具有完全相同的四象限运行（正转、反转、电动和制动）能力，并具有高起动转矩和串激电机的负载能力曲线。

2. 电机结构简单、制造和维护方便、成本低、适用于高速

开关磁阻电机的结构比通常认为最简单的笼型感应电机还要简单，定子线圈为集中绕

组,嵌放容易,端部短而牢固,工作可靠,能适用于各种恶劣、高温甚至强振动环境;转子仅有硅钢片叠成,因此不会有笼型感应电机制造过程中鼠笼铸造不良和使用中的断条等问题,转子机械强度极高,可工作于极高转速,转速可达每分钟10万转。

3. 功率电路简单、可靠

电机转矩方向与绕组电流方向无关,即只需单方向绕组电流,相绕组串在主电路两功率管之间,不会发生桥臂直通短路故障,绕组相间耦合弱,缺相故障运行能力强,系统的容错能力强,可靠性高,可以适用于宇航等特殊场合。

4. 高起动转矩、低起动电流

很多公司的产品可达到如下性能:起动电流为15%额定电流时,获得起动转矩为100%的额定转矩;起动电流为额定值的30%时,起动转矩可达其额定值的150%。对比其他调速系统的起动特性,如直流电机为100%的起动电流,获得100%转矩;交流异步电机为300%的起动电流,获得100%的转矩。可见开关磁阻电机具有软起动性能,起动过程中电流冲击小,电机和控制器发热较连续额定运行时还小,因此特别适用于频繁起停及正反向转换运行的场合。

5. 运转效率高

由于开关磁阻电机控制灵活,易在很宽转速范围内实现高效节能控制。在额定转速和额定负载时运行效率高达92%以上。

6. 可四象限运行,具有较强的再生制动能力

开关磁阻电机的控制参数多,很容易通过适当的控制策略和系统设计满足电动汽车的四象限运行的要求,并且在高速运行区域也能保持优秀的制动能力。开关磁阻电机不仅效率高,而且在很宽的调速范围内都可以保持高效率,这是其他类型的电机驱动系统难以媲美的。这种性能十分适合应用于电动汽车的运行情况,非常有利于提高电动汽车的续行里程。

7. 开关磁阻电机的电感应曲线

开关磁阻电机的电感应曲线如图8-11所示。

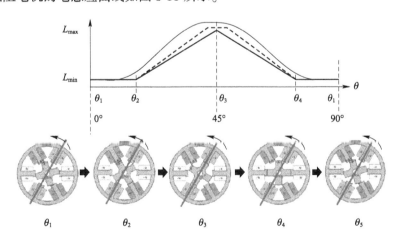

图8-11 开关磁阻电机的电感应曲线图

8. 开关磁阻电机的机械特性

开关磁阻电机低速运行时通电周期比较长,通常采用斩波(PWM)控制,通过改变设定

电流的大小来控制输出转矩,实现恒转矩运行。当电机进入较高速度后,功率开关导通时间缩短,电机达不到限流值,此时主要靠控制 α_1 角实现恒功率特性。当电机转速进一步升高后 α_1 和 α_2 已达到极限值,电机就进入恒定 α_1 和 α_2 的运行方式,电机的转矩与转速平方成反比,呈现出串励电机的机械特性。开关磁阻电机的机械特性如图8-12所示,可分为3个区域:恒转矩区、恒功率区、串励特性区。

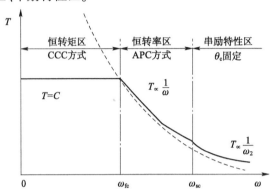

图8-12 开关磁阻电机的机械特性

开关磁阻电机实际运行时与动力蓄电池供电电压 U 一般保持恒定,对几何尺寸一定的开关磁阻电机。在功率器件最大允许电流 I_{MAX} 的限制下,有一个临界转速 ω_{fc},此转速是SR电机能得到最大转矩的最高转速,此工作点称之为"第一临界运行点",对应的转速称之为"第一临界转速"。电机转速低于第一临界转速时,绕组电流将大于 I_{MAX},必须将绕组电流控制在等于 I_{MAX},此时电机具有恒转矩特性。在恒转矩区,电机转速较低,电机反电动势小,因此需采用电流斩波控制(CCC)方式。

开关磁阻电机转速高于 ω_{fc} 时,在一定的条件下,随着电机转速的增加,电磁转矩将随电机转速的平方下降,通过优化开通角和关断角,可减缓电磁转矩随电机转速的下降速度,使电磁转矩将随电机转速的一次方下降,实现恒功率特性。当外加电压和开关角一定的条件下,随着角速度的增加,转矩急剧下降,此时可采用角度位置控制(APC)方式,通过按比例地增大导通角来补偿,延缓转矩的下降速度。

随着电机转速的进一步增高,控制开关管开通角和关断角达到调整的极限,开关磁阻电机呈现串激特性,对应的转速为恒功率特性的速度上限,称之为"第二临界转速" ω_{sc}。电动汽车开关磁阻电机一般运行在恒转矩区和恒功率区。在这两个区域内,电机的实际运行特性可控。通过控制条件,可以实现在实线以下的任意实际运行特性。

在串励特性区,开关磁阻电机的可控条件都已达极限,运行特性不再可控,呈现自然串励运行特性,因此电机一般不运行在此区域。

开关磁阻电机作为一种新型电机,相比其他类型的电机而言,开关磁阻电机的结构最为简单,定、转子均为普通硅钢片叠压而成的双凸极结构,转子上没有绕组,定子装有简单的集中绕组,具有结构简单坚固、可靠性高、质量轻、成本低、效率高、温升低、易于维修等诸多优点。而且它具有直流调速系统的可控性好的优良特性,同时适用于恶劣环境,非常适合作为电动汽车的电机使用。

但开关磁阻电机有转矩波动大、需要位置检测器、系统非线性特性、磁场为跳跃性旋转,控制系统复杂;对直流电源会产生很大的脉冲电流等缺点。另外开关磁阻电机为双凸极结构,不可避免地存在转矩波动,噪声是开关磁阻电机最主要的缺点。

开关磁阻电机是一个很具发展潜力的电机,在同样具备结构简单、坚固耐用、工作可靠、效率高等优势外,它的调速系统可控参数多和经济指标比上述电机都要好。功率密度也更高,这意味着电机在重量更轻且功率大,当电流达到额定电流的15%时即可实现100%的起动转矩。另外,更小的体积也使得电动车的整车设计更为灵活,可以将更大的空间贡献给车内,更为重要的是,这种电机的成本也不高。

二、任务实施

(一)准备工作

(1)防护装备:常规实训着装。

(2)教学设施、台架、总成:开关磁阻电机总成、开关磁阻电机各部件。

(3)专用工具:无。

(4)手工工具:无。

(5)仪器仪表:无。

(6)辅助材料:无。

(7)各组进行分工,选出组长、记录员等。

(8)实训场地安全检查。

(二)技术要求与注意事项

(1)操作时,没有实训指导教师的允许,实训台架不能够移动。

(2)在进行开关磁阻电机总成识别时,不允许拆卸总成。

(3)在进行开关磁阻电机总成识别时,不允许弄断各接线。

(4)在进行部件识别时,不能够脱落台架,以免掉落伤到人。

(5)没有实训指导教师的允许,各识别的部件不允许带出实训教室。

(三)操作步骤

1. 开关磁阻电机总成

开关磁阻电机实训台如图8-13所示。

图8-13 开关磁阻电机实训台

(1)在台架上指出开关磁阻电机。

(2)找到开关磁阻电机的铭牌。

(3)描述开关磁阻电机的各参数。

2. 开关磁阻电机各部件识别

(1) 指出开关磁阻电机定子绕组。
(2) 指出开关磁阻电机定子铁芯。
(3) 指出开关磁阻电机转子。
(4) 指出开关磁阻电机转子的凸极数。
(5) 指出开关磁阻电机转轴。
(6) 指出开关磁阻电机轴承。

3. 部件恢复及7S管理

三、技能考核标准(表8-2)

技能考核标准　　　　　　　　　　表8-2

序号	项目	操作内容	规定分	评分标准	得分
1	开关磁阻电机性能参数	1. 辨别出开关磁阻电机； 2. 找到电机上的铭牌，描述电机的性能参数	10分	1. 辨别出开关磁阻电机(10分)； 2. 找到电机上的铭牌，并描述电机的性能参数(5分)	
2	开关磁阻电机各部件	1. 辨别出开关磁阻电机的定子绕组； 2. 描述定子绕组的作用	15分	1. 辨别出开关磁阻电机定子绕组(10分)； 2. 能正确描述开关磁阻电机定子绕组作用(5分)	
		1. 辨别出开关磁阻电机的定子铁芯； 2. 描述定子铁芯的作用	15分	1. 辨别出开关磁阻电机定子铁芯(10分)； 2. 能正确描述开关磁阻电机定子铁芯作用(5分)	
		1. 辨别出开关磁阻电机的转子； 2. 描述转子的作用	15分	1. 辨别出开关磁阻电机转子(10分)； 2. 能正确描述开关磁阻电机转子作用(5分)	
		1. 辨别出开关磁阻电机的转子凸极； 2. 描述转子凸极的作用	15分	1. 辨别出开关磁阻电机转子凸极(10分)； 2. 能正确描述开关磁阻电机转子凸极作用(5分)	
		1. 辨别出开关磁阻电机的转轴； 2. 描述转轴的作用	10分	1. 辨别出开关磁阻电机转轴(5分)； 2. 能正确描述开关磁阻电机转轴的作用(5分)	
		1. 辨别出开关磁阻电机的轴承； 2. 描述轴承的作用	10分	1. 辨别出开关磁阻电机轴承(5分)； 2. 能正确描述开关磁阻电机轴承的作用(5分)	
3	部件恢复及7S管理	1. 部件恢复； 2. 7S管理	10分	1. 能够正确恢复识别的各部件(3分)； 2. 能够正确进行7S管理(7分,少做一项扣1分)	
		总分	100分		

四、学习拓展

(一)开关磁阻电机国内外研究现状

19世纪中期当时人们利用顺序磁拉力的办法设计出一种"电磁制动机",并留下了关于磁阻式电机基本结构和基本原理的最早文献记载,这为后来开关磁阻电机的发展奠定了理论基础。随后1842年,英国Aberdeen和Davidson两位学者用两块形状相似U形电磁铁制造了由蓄电池供电的电动车,其原理与现在的SR(SwitchedReluctanceMotor)电机十分相似,但由于受当时技术水平和条件的限制,采用频率较低的机械开关,电机的运行特性、可靠性和机电能量转换效率都十分低下,因此开关磁阻电机在当时那个年代没有得到应有的重视。随着交直流电机相继诞生并逐步走向成熟,在很长一段时间内传动调速系统主要以直流机组为主。直到20世纪60年代,随着电力电子器件大功率晶闸管的研制成功和电磁场技术的快速发展,为开关磁阻电机的发展和研究奠定了物质基础。国外于20世纪60年代开始加大对开关磁阻电机研究和论证工作,美国学者S. A. Nasar在1969年所撰写的文章中首次提出SRM一词,文中详细地介绍了开关磁阻电机的两个基本特征:①开关性:电机必须工作在一种连续的开关模式下,这也是各种新型功率半导体器件使电机能够迅速发展起来的关键;②磁阻性:它是一种双凸极电机,定、转子具有可变磁阻回路。20世纪70年代初,美国福特公司Unnewehr和Koch等学者采用轴向气隙、晶闸管功率电路控制的开关磁阻电机具有电机、发电机两种运行状态和较宽的调速范围。随后英国学者P. J. Lawrenson及其同事研制出最早开关磁阻电机调速系统,从而使开关磁阻电机研究进入一个新的发展阶段,并发表业内非常著名的文章"Variable-Speed Switched Reluctance Motors",文中详细描述了开关磁阻电机的原理及其设计特点,从而奠定了SRM在国际上的地位。

20世纪70年代中期,英国Leeds大学和Nottingham大学联合起来在对SRM进行研究并取得重要结论:SRM可在单相电流下四象限运行且成本明显低于同功率的交流异步电机,并共同将SRD应用在电动汽车上其样机容量最小为10W最大能达到50kW,转速范围在750~10000r/min。1983年,英国TascDrives公司推出世界上第一台商品化SRD-Oulron传动装置(7.5kW,1500r/min);1984年又推出4个规格系列产品。在进一步研究过程中各国学者将开关磁阻电机调速系统与其他各类传动调速系统各项综合性能进行对比分析,尤其重视与已经得到推广的异步电机变频调速系统进行比较。

开关磁阻电机的最早文献记载可追溯到1838年,英格兰学者Davidson制造了一台用以推动蓄电池机车的驱动系统。据SRD LTD.的FULTON博士在英国磁学一次研讨会上指出,Davidson的蓄电池机车重数吨,而最高速度却达不到一个人推动时所能获得的速度。由于当时采用的是机械开关,其运行特性、可靠性和机电能量转换效率都是很低的,从而难以引起人们的关注。后来,英国学者C. L. Walker发明并取得步进电机的专利,初具了现代VR步进电机和开关磁阻电机的许多特征。随着电力电子器件和电磁场计算技术的发展,开关磁阻电机又逐步吸引了人们的注意力。

从1984年开始,我国许多单位先后开展了SR电机的研究工作,如北京纺织机械研究所(即中国纺织总会纺织机电研究所)、华中理工大学、南京航空航天大学、东南大学、福州大学、华南理工大学及浙江大学等,且SR电机被列入中小型电机"七五"科研规划项目。在借鉴国外经验的基础上,我国 SR 电机的研究进展很快,对 SR 电机的控制、仿真、设计理论和电磁场数值分析等都做了许多工作,在国际、国内刊物和会议上发表了许多篇论文。1988 年 11 月首届研讨会在南京航空航天大学召开。1991 年 9 月,第二届 SRD 研讨会在华南理工大学召开。参加人员来自全国高校、研究所和工厂等 25 家单位,大会上成果交流表明,我国 SRD 的理论研究和应用已经取得了较大的进展,参加研制的单位有了显著的增加。1993 年 12 月北京开关磁阻电机调速系统工业应用研讨会上,在中国电工技术学会中小型电机专业委员会领导下,正式成立了开关磁阻电机学组。10 多年来,我国已研制了 50W～30kW、20 多个规格的工业成品样机,在纺织机械、毛巾印花机、泽尔浆纱机、多功能蒸煮联合机以及轻型龙门刨床和食品加工机械等方面的应用中取得了良好的效果。但应该看到,目前我国 SR 电机的理论研究和实际应用都存在较大的不足和差距。

近 20 年来,SR 电机的研究在国内外取得了很大的发展,但作为一种新型调速驱动系统,研究的历史还较短,其技术涉及电机学、微电子、电力电子、控制理论等众多学科领域,加之其复杂的非线性特性,导致研究的困难性,在电机理论、性能分析和设计等方面都还不够成熟、完善,存在大量的工作要做,如铁芯损耗、转矩波动和噪声的理论研究,SR 电机磁场的三维有限元分析,电机设计优化及控制参数的优化,SR 电机的测试,无位置传感器的 SR 电机,新结构 SR 电机的开发等。

(二) 开关磁阻电机的主要研究方向

开关磁阻电机作为一种新型调速系统涉及众多学科领域,而对 SRM 的研究时间还比较短暂需要对电机理论、性能、设计等加大研究力度。目前,国内外对开关磁阻电机的研究主要有以下几个方向:

1. 电机建模与性能分析

合理的数学模型即影响电机运行特性而且也决定电机的工作效率,目前国内外已有的资料就如何建立开关磁阻电机高精度的模型进行深入研究。由于 SRM 的双凸极结构特点和电机绕组通电后电流、电感、磁链波形随转子呈周期性变化且为不规则形状;再加上 SRM 电磁关系复杂、控制策略多样等都给 SRM 建立模型造成了一定的困难。目前采用描述东莞环球电机电压方程、磁链方程和机械运动方程构建 SRM 数学模型来分析开关磁阻电机运行特性有一定的局限性,为精确建立 SRM 数学模型,仍需加大对开关磁阻电机模型和静态性能研究力度。同时随着 SRM 应用领域不断扩大,对电机建模的要求将会更高也会更严格,研究人员将更加注重电机性能的分析,使其满足应用中的不同要求。

2. 完善开关磁阻电机设计理论

由于 SRM 双凸极结构和开关形式的供电方式,导致电机工作时必然存在转矩脉动和噪声,同时开关磁阻电机运行时相电流非正弦和磁链非线性增加了对其性能准确分析的难度。为达到降低损耗、减小转矩脉动和噪声的目的,必须优化电机定、转子的结构和几何尺寸。目前普遍采用二维非线性有限元法来分析开关磁阻电机内部饱和磁场,这种分析方法有明显的局限性,因此需要完善现有的设计理论,加强开关磁阻电机三维场设计研究。

3. 优化 SRD 中控制器、电机本体和功率变换器的协调设计

SRD 是典型的机电一体化装置,电机本体、功率变换器及控制器之间联系非常紧密,合

理的设计可达到系统整体效果最优。其中电机本体是 SRD 中最核心部分,功率变换器是 SRD 的重要组成部分,控制器是 SRD 系统的核心。由于 SRM 存在严重非线性,且控制参数多,虽然其控制系统结构简单,但实施控制却十分复杂。随着电机控制技术的不断深入研究,科研工作者将更先进的控制算法引入到开关磁阻电机调速系统中,比如采用模糊控制、模糊 PI 控制的混合式调节、滑模变结构控制、自适应控制、线性回馈控制以及人工神经网络控制等。为使系统整体最优,必须借助计算机辅助设计和多目标优化理论将 SRD 作为一个整体进行优化设计。

4. 加强实用无位置传感器技术研究

开关磁阻电机调速系统是关于电机位置的闭环系统,其转子位置信号是各相绕组导通和关断的依据。为保证电机能可靠运行,目前调速系统多用位置传感器来检测电机转子位置,但位置传感器的存在即增加系统设计成本及结构的复杂性,同时传感器应用于 SRD,其坚固性不佳的缺陷将影响系统工作的可靠性,尤其是在比较恶劣的应用环境下,位置传感器故障将会导致整个系统无法运行。鉴于以上各种原因,SRM 的应用领域受到一定限制,因此 SRD 无位置传感器是现阶段研究的热点。

5. 加强开关磁阻电机振动、噪声分析及控制研究

开关磁阻电机运行时磁路结构复杂,这就加大了在减小电机振动、噪声及优化控制等方面的难度,现阶段通过减小作用在定子上的径向力是控制上述问题的主要途径。而合理设计电机定子磁轭强度和定转子形状、优选电机的开通角和关断角及新的控制方法也是减小开关磁阻电机振动、噪声的方法。因此加强开关磁阻电机非线性振动理论研究(包括建立开关磁阻电机定子非线性系统数学模型和近似方法分析);并开展包括主动控制、半主动控制在内的开关磁阻电机定子振动、噪声新型控制策略研究。

五、思考与练习

(一)填空题

1. 开关磁阻电机由_____和_____组成。
2. 开关磁阻电机转子的作用是产生_____。
3. 开关磁阻电机定子由_____、_____组成。
4. 开关磁阻电机的工作原理遵循_____的原则。
5. 开关磁阻电机定子线圈供电的开关是用_____进行的。
6. 控制开关磁阻电机的常用方法有_____、_____、_____、_____。
7. 开关磁阻电机工作特性可分为 3 个区域:_____、_____、_____。

(二)单项选择题

1. 开关磁阻电机转子的凸极个数为(   )。
   A. 奇数　　　　B. 偶数　　　　C. 奇数或者偶数都可以
2. 开关磁阻电机工作于极高转速,转速可达每分钟(   )转。
   A. 1 万　　　　B. 5 万　　　　C. 10 万
3. 开关磁阻电机在额定转速和额定负载时运行效率高达(   )以上。
   A. 70%　　　　B. 80%　　　　C. 92%

4.（　　）是开关磁阻电机最主要的缺点。
   A.噪声　　　　B.重量　　　　C.转速低

(三)判断题

1.开关磁阻电机定子和转子的极数有多种不同的搭配。（　　）
2.开关磁阻电机定子凸极的个数是奇数、也可以是偶数。（　　）
3.开关磁阻电机靠磁阻工作,跟磁通方向无关,即跟电流方向有关。（　　）
4.开关磁阻电机结构简单、制造和维护方便、成本低、适用于高速。（　　）
5.开关磁阻电机的转子上有转子绕组。（　　）

(四)简答题

1.简述开关磁阻电机的工作原理。
2.开关磁阻电机的缺点有哪些?
3.分析开关磁阻电机的机械特性。

任务9　开关磁阻电机检修

学习目标

❖ 知识目标
1.能够正确叙述开关磁阻电机的保养内容;
2.能够正确叙述开关磁阻电机的检测内容和方法。

❖ 能力目标
1.能够正确保养开关磁阻电机;
2.能够正确检测开关磁阻电机。

建议课时

2课时。

任务描述

开关磁阻电机的日常保养你会吗?如果出现故障,需要进行检修,要检修哪些内容呢?你会检修吗?

一、理论知识准备

(一)开关磁阻电机的保养

1.外观检查

检查外观有无油污,壳体有无破损。

2. 线路的检查

检查外部线路有无脱落,线路漆包线有没有破损。

(二) 开关磁阻电机的检修

1. 部件的直观检查

1) 转子的检查

电动汽车开关磁阻电机的转子由导磁性能良好的硅钢片叠压而成,转子的凸极上无绕组。因此只需要检查转子有无变形、硅钢片有无脱落。

2) 定子的检查

检查绕组线路有无脱落、线路漆包线有无破损、线路有无断开。

2. 仪表检测定子

电动汽车开关磁阻电机的定子铁芯也是由硅钢片叠压而成的,成对的凸极上绕有两个互相串联的绕组,检测时需要测量绕组的电阻。

1) 测量定子绕组电阻

测量时,使用万用表测量六根导线,两根为一组,每组绕组的电阻值都小于 0.5Ω,且三相线圈电阻值一样大。

2) 测量绝缘电阻

测量时,使用兆欧表进行测量,测量的绝缘电阻值应大于 $20M\Omega$,如果小于 $20M\Omega$,说明绝缘性不好,应进行修复或更换定子。

(三) 开关磁阻电机的常见故障

开关磁阻电机运行中由于负载条件、环境条件或其他运行条件改变等原因,会导致电机出现各种故障,这些故障又会以各种不同的征兆表现出来,其关系是十分错综复杂的。开关磁阻电机故障种类繁多,原因复杂,集电气与机械故障于一体,征兆多种多样,既有机械故障的一般性,也有电器部件、磁场等故障特性。

在开关磁阻电机故障中,以轴承类机械故障、绕组类电气故障居多,其中绕组类电气故障最多,下面主要介绍开关磁阻电机的绕组类电气故障。

开关磁阻电机绕组类电气故障主要有四种:绝缘绕组损坏、相绕组短路、相绕组开路、定子绕组匝间短路等。这些故障往往始于开关磁阻电机内部绕组品质的变化。由于长期运行或过载,特别是频繁地启动及反向,过电流产生的热量使绕线绝缘层发生质变,造成初期局部的匝间短路或对地短路,短路严重时,将引起开关磁阻电机烧毁。下面就这几种故障进行分析。

1. 绕组绝缘损坏

绝缘绕组损坏是由于绝缘收缩和电动力的长期作用造成的。长期高温作用,绝缘层内溶剂挥发等原因,使得槽楔、绝缘衬垫、垫块因收缩而尺寸变小,绑扎绳变得松弛,线圈和槽壁、线圈与垫块、线圈与固定端箍之间都产生了间隙,在启动、冲击负载引起的电动力的作用下,将发生相对位移,时间久了就会产生磨损,使绝缘变薄。检查时可发现绝缘电阻降低,泄漏电流增加,耐压水平明显降低。

2. 相绕组短路

正在运行的开关磁阻电机系统,如果某相绕组的正端和负端短接,则导致突然一相短路。突然一相短路有两种情况：一种情况是在正向导通阶段，该相绕组的正端和负端短接，导致突然一相短路；另一种情况是在续流阶段，该相绕组的正端和负端短接，导致突然一相短路。该相逆变器将由于短路而迅速过流，可能导致该相功率开关器件迅速关断，或其中一个甚至两个同时烧毁，这时候短路相绕组由于有反电动势存在而产生短路电流，通过该相绕组回路衰减，如果短路电流较大则有可能烧毁该相绕组。

3. 相绕组开路

如果某相绕组的一端或者两端断开，则导致一相绕组开路。故障发生后，开路相电流和转矩均不能产生，造成总输出转矩减小，故障相对其他正常相影响较小，整个系统效率及性能降低，转速和转矩波动加大，正常相电流和转矩增大，但系统可以缺相运行。

4. 定子绕组匝间短路

高压定子绕组为了减少附加铜耗，通常在股线间需要换位。在制造过程中，线圈的压型和换位工序操作不当时，或者长期运行造成开关磁阻电机绕组线圈绝缘电阻降低和破损都易造成匝间短路。匝间短路使绕组阻抗不相等和电流不对称，使开关磁阻电机振动加大。在短路线圈温升较高时，往往会使线圈表面变色，或线圈局部过热，绝缘在高温下分解，甚至产生局部放电现象。

开关磁阻电机是一个有机整体，其故障往往并不直接表现为纯机械或纯电气的故障，而是多因数多类型故障的耦合，可能存在故障的主从联系和同时发生。如机械故障可能会引发开关磁阻电机绕组的机械振动、位移和绝缘磨损，从而产生电气故障；开关磁阻电机转子和定子绕组出现故障使气隙磁通发生畸变，电磁场分布发生变化，可能导致机械松动、不平衡等机械故障。

二、任务实施

（一）准备工作

(1) 防护装备：常规实训着装。

(2) 教学设施、台架、总成：开关磁阻电机总成、开关磁阻电机转子、定子。

(3) 专用工具：无。

(4) 手工工具：无。

(5) 仪器仪表：数字万用表一只、数字兆欧表一只。

(6) 辅助材料：无。

(7) 各组进行分工，选出组长、记录员等。

(8) 实训场地安全检查。

（二）技术要求与注意事项

(1) 操作时，没有实训指导教师的允许，实训台架不能移动。

(2) 检测时，开关磁阻电机必须放到实训台上进行。

(3) 在检测开关磁阻电机的转子时，不能脱落台架，以免掉落伤到人。

(4) 在对定子绕组测量时，要做好记录，不要检测遗漏或重复。

(5) 在检测开关磁阻电机的绝缘电阻时，直接在开关磁阻电机总成上进行，并且固定好开关磁阻电机。

(6) 检测时，不要破坏部件原样。
(7) 检测线路时，不要弄断线路。
(8) 使用兆欧表检测时要规范操作。

(三) 操作步骤

1. 开关磁阻电机的外观检查

检查的开关磁阻电机如图 9-1 所示。

(1) 检查开关磁阻电机总成表面是否清洁。
(2) 检查开关磁阻电机总成外观是否变形或裂纹。
(3) 检查开关磁阻电机总成连接线是否断开。

2. 开关磁阻电机部件直观检测

1) 检查开关磁阻电机转子

开关磁阻电机的转子如图 9-2 所示。

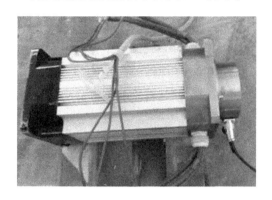

图 9-1 开关磁阻电机　　　　　　　图 9-2 开关磁阻电机转子

2) 检查开关磁阻电机定子绕组

开关磁阻电机的定子如图 9-3 所示。

3. 开关磁阻电机定子绕组电阻的检测

检测所用的开关磁阻电机如图 9-4 所示，检测使用的数字万用表、数字兆欧表如图 9-5 所示。

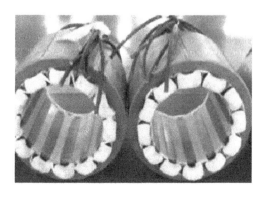

图 9-3 开关磁阻电机定子　　　　　图 9-4 开关磁阻电机

a)数字万用表　　　　　　　　b)数字兆欧表

图9-5　检测仪表

检测时:

(1)把数字万用表打到欧姆挡的200Ω挡位,先校表,测量时,数字万用表红表笔与A相正极连接,黑表笔与A相负极连接,测得的阻值即为A相绕组阻值。

(2)把数字万用表打到欧姆挡的200Ω挡位,先校表,测量时,数字万用表红表笔与B相正极连接,黑表笔与B相负极连接,测得的阻值即为B相绕组阻值。

(3)把数字万用表打到欧姆挡的200Ω挡位,先校表,测量时,数字万用表红表笔与C相正极连接,黑表笔与C相负极连接,测得的阻值即为C相绕组阻值。

4. 开关磁阻电机定子绕组绝缘电阻的检测

(1)把数字兆欧表电压选择1000V,电阻选择2GΩ,按下数字兆欧表电源键POWER。

(2)把数字兆欧表的红表笔与开关磁阻电机A相线连接,黑表笔与开关磁阻电机壳体连接,然后按下数字兆欧表测试键PRESS TO TEST,数字兆欧表显示的数字就是A相线绝缘电阻值。

(3)把数字兆欧表的红表笔与开关磁阻电机B相线连接,黑表笔与开关磁阻电机壳体连接,然后按下数字兆欧表测试键PRESS TO TEST,数字兆欧表显示的数字就是B相线绝缘电阻值。

(4)把数字兆欧表的红表笔与开关磁阻电机C相线连接,黑表笔与开关磁阻电机壳体连接,然后按下数字兆欧表测试键PRESS TO TEST,数字兆欧表显示的数字就是C相线绝缘电阻值。

5. 检测部件恢复及7S管理

三、技能考核标准(表9-1)

技能考核标准　　　　　　　　　　表9-1

序号	项目	操作内容	规定分	评分标准	得分
1	实训准备	1.实训手册的准备; 2.开关磁阻电机实训台的基本检查	8分	1.能够准备实训手册(2分,无实训手册的扣2分); 2.能够正确检查开关磁阻电机实训台的部件数量和工量具、实训台安全检查,并做好记录(6分,每项检查2分)	

续上表

序号	项 目	操作内容	规定分	评分标准	得分
2	开关磁阻电机外观检查	1.检查开关磁阻电机总成表面清洁； 2.检查关磁阻开关磁阻电机总成外观壳体； 3.检查开关磁阻电机总成连接线	15分	1.能够正确检查开关磁阻电机总成表面的清洁(5分)； 2.能够正确检查关磁阻开关磁阻电机总成外观壳体(5分)； 3.能够正确检查开关磁阻电机总成连接线(5分)	
3	开关磁阻电机部件检查	1.检查开关磁阻电机转子； 2.检查开关磁阻电机定子绕组	10分	1.能够正确检查开关磁阻电机转子(5分)； 2.能够正确检查开关磁阻电机定子绕组(5分)	
4	开关磁阻电机定子的检测	检测定子绕组的电阻	20分	1.能够正确使用数字万用表(5分)； 2.能够正确测量A相两根线之间的电阻，并作出判断(5分)； 3.能够正确测量B相两根线之间的电阻，并作出判断(5分)； 4.能够正确测量C相两根线之间的电阻，并作出判断(5分)	
		检测定子的绝缘电阻	35分	1.能够正确使用数字兆欧表(5分)； 2.能够正确测量A相与壳体之间的绝缘电阻，并作出判断(10分)； 3.能够正确测量B相与壳体之间的绝缘电阻，并作出判断(10分)； 4.能够正确测量C相与壳体之间的绝缘电阻，并作出判断(10分)	
5	部件恢复及7S管理	1.检测部件的恢复； 2.7S管理	12分	1.能够正确恢复检测的各部件(5分)； 2.能够正确进行7S管理(7分,少做一项扣1分)	
	总分		100分		

四、思考与练习

(一) 填空题

1. 开关磁阻电机线路的检查内容有_____、_____。
2. 检查定子绕组电阻时,使用万用表测量六根导线,两根为一组,每组线圈的阻值都_____ Ω,且三个阻值_____。
3. 检查绝缘电阻时,使用_____表进行检测,检测的绝缘阻值应_____ Ω。
4. 在开关磁阻电机故障中,_____故障、_____故障居多。
5. 开关磁阻电机绕组类电气故障主要有_____、相绕组短路、_____、_____等。

(二) 单项选择题

1. 用仪表检测开关磁阻电机定子时,需要测量绕组的(　　)。
   A. 电压　　　　　　　B. 电流　　　　　　　C. 电阻

2. 使用兆欧表测量开关磁阻电机定子的绝缘电阻值应( )。
   A. 大于 20MΩ　　　　　　B. 等于 20MΩ　　　　　　C. 小于 20MΩ

(三) 判断题
1. 检查开关磁阻电机的定子绕组时，使用万用表的电压挡位。　　　　　　(　)
2. 检查开关磁阻电机的绝缘电阻时，最好使用数字万用表。　　　　　　　(　)
3. 正在运行的开关磁阻电机系统，如果某相绕组的正端和负端短接，则导致突然一相短路。
　　　　　　　　　　　　　　　　　　　　　　　　　　　　　　　　　　(　)
4. 绝缘绕组损坏是由于绝缘收缩和电动力的长期作用造成的。　　　　　　(　)

(四) 简答题
1. 开关磁阻电机保养的内容有哪些？
2. 写出开关磁阻电机定子线圈电阻的检测方法。
3. 写出开关磁阻电机定子绝缘电阻的检测方法。
4. 分析造成相绕组开路的原因。

任务 10　开关磁阻电机控制系统认知

学习目标

❖ **知识目标**
1. 能正确叙述开关磁阻电机控制系统的组成；
2. 能简单分析开关磁阻电机控制系统的工作原理；
3. 能正确叙述开关磁阻电机的控制策略。

❖ **能力目标**
能够正确识别开关磁阻电机控制系统各部件。

建议课时

4 课时。

任务描述

开关磁阻电机控制系统由哪些部件组成？他们之间是怎么控制的？你能识别开关磁阻电机控制系统的各部件吗？

一、理论知识准备

(一) 开关磁阻电机控制系统概述

开关磁阻电机的控制系统包括功率变换器、控制器、电流检测器和位置检测器等部分。它的组成如图 10-1 所示。

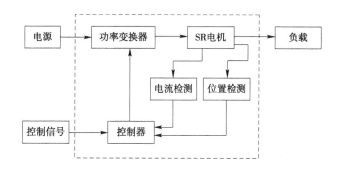

图 10-1 开关磁阻电机控制系统

1. 功率变换器

功率变换器是直流电源和开关磁阻电机的接口,起着将电能分配到开关磁阻电机绕组中的作用,同时接受控制器的控制。开关磁阻电机的励磁绕组,无论通过正向电流还是反向电流,其转矩方向不变。其换向,每相只需要一个容量较小的功率开关管,功率变换器电路较简单,不会出现直通故障,可靠性好,易于实现系统的软启动和四象限运行,具有较强的再生制动能力,成本比交流三相感应电机的逆变器控制系统要低。

由于开关磁阻电机遵循"最小磁阻原理"工作,因此只需要单极性供电的功率变换器。功率变换器应能迅速从电源接受电能,又能迅速向电源回馈能量。

1)功率变换器主电路

功率变换器主电路常见形式有双开关型、双绕组型、电容分压型、H 桥型。

(1)双开关型主电路。

双开关型主电路又称为不对称半桥型主电路,如图 10-2 所示。每相有两只主开关和两只续流二极管。当两只主开关 VT_1 和 VT_2 同时导通时,电源 U_S 向电机相绕组供电;当 VT_1 和 VT_2 同时关断时,将电机的磁场储能以电能形式迅速回馈电源,实现强迫换相。

三相开关磁阻电机 12/8 极电机常采用双开关型主电路,如图 10-3 所示。

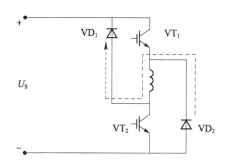

图 10-2 双开关型主电路

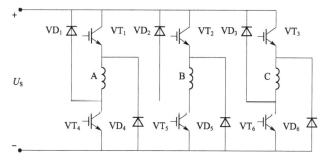

图 10-3 12/8 极电机功率变换器主电路

双开关型电路特点:

①适用于任意相数 SR 电机。

②相控独立性:独立。

③相电压等于电源电压。

④器件数量多。
(2)双绕组型主电路。

双绕组型主电路如图10-4所示,当主开关S1导通时,电源对主绕组A供电;当其关断时,靠磁耦合将主绕组A的电流转移到副绕组,通过二极管D1续流,向电源回馈电能,实现强迫换相。

早期使用的双绕组结构,每相有主、副两个绕组,主、副绕组双线并绕,同名端反接,其匝数比为1:1。

双绕组型缺点:

①由于主、副绕组之间不可能完全耦合,在S1关断的瞬间,因漏磁及漏感作用,其上会形成较高的尖峰电压,故S1需要有良好的吸收回路。

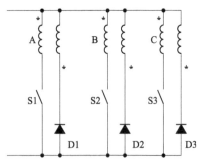

图10-4 双绕组型主电路

②由于采用主、副两个绕组,因而电机槽及铜线利用率低。铜耗增加、体积增大。

优点:适用于任何相数的开关磁阻电机,尤其适宜于低压直流电源供电场合。

(3)电容分压型主电路。

电容分压型主电路如图10-5所示,当S1导通时,上侧电容C1对A相绕组放电,电源对A相供电,经下侧电容C2构成回路;当S1关断时,A相电流经D1续流,向下侧电容C2充电。

两个相串联的电容C1和C2将电源电压一分为二,构成中点电位。每相只有一个主开关S和一只续流二极管D。

电容分压型电路特点:

①适用于偶数相开关磁阻电机。
②相控独立性:不独立。
③电源利用率低,每相电压为电源电压的1/2。
④主开关数较少。

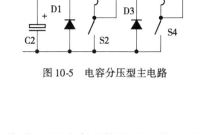

图10-5 电容分压型主电路

(4)H桥型主电路。

H桥型主电路如图10-6所示,该功率变换器比四相电容分压型功率变换器主电路少了两个串联的分压电容,换相的磁能以电能形式一部分回馈电源,另一部分注入导通相绕组,引起中点电位的较大浮动。它要求每一瞬间必须上、下各有一相导通。

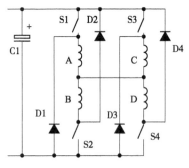

图10-6 H桥型主电路

H桥型电路的特点:

①只适用于4的倍数相开关磁阻电机。
②主开关数较少。
③相控独立性:不独立。
④相绕组电压浮动。
⑤本电路特有的优点:可以实现零电压续流,提高系统的控制性能。

2)功率变换器主电路的技术要求
(1)较少数量的主开关元件。
(2)可将全部电源电压加给电机相绕组。
(3)主开关器件的电压额定值与电机接近。
(4)具备迅速增加相绕组电流的能力。
(5)可通过主开关器件调制,有效地控制相电流。
(6)能将能量回馈给电源。

2.控制器

开关磁阻电机的控制器如图10-7所示,控制器由微处理器、数字逻辑电路等元件组成。微处理器根据驾驶人输入的命令,同时对位置检测器、电流检测器所反馈的电机转子位置,进行分析、处理,并在瞬间做出决策,发出一系列执行命令,来控制开关磁阻电机适应电动汽车不同条件下运行。控制器性能好坏和调节的灵活性,取决于微处理器的软件和硬件的性能配合关系。

图10-7 开关磁阻电机控制器

3.电流检测

为了实现电机低速运行下电流斩波控制与过流保护,必须对绕组中的电流进行检测。本系统采用零磁通霍尔元件电流传感器来检测绕组电流 A 将霍尔元件输出的小电流信号首先变换为电压信号,再经放大滤波后进入 A/D 转换通道。电流斩波控制采用硬件方案实现,其电路如图10-8所示。

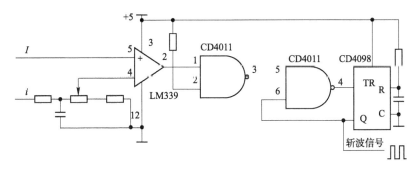

图10-8 电流斩波工作电路

4.速度和位置反馈

进行位置检测是开关磁阻电机工作的一大特点。它由中间开槽的光电传感元件及与开关磁阻电机转子同轴安装、30°间隔的6齿槽转盘构成。两个位置检测器相距15°安装,输出两路相位差15°的方波信号,分别进入控制器的两个捕获单元CAP1和CAP2。当在捕获输入引脚上检测到一个转换时,定时器T2或T3的值被捕获并存储在相应的2级深度FIFO堆栈中。在程序中,位置信号的上、下跳变均引起捕获操作,即每隔15°产生一次捕获操作,由此可以计算出电机运行的实际速度并得到转子位置信息。

开关磁阻电机需要高精度的位置检测器,来为控制系统提供电机转子的位置、转速和电流的变化信号,并要求有较高的开关频率以降低开关磁阻电机的噪声。

转子位置检测器包括霍尔式、电磁式、光电式和磁敏式多种,常设置在开关磁阻电机的非输出端,如图10-9所示为开关磁阻电机位置检测器的位置。

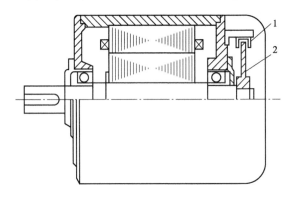

图10-9 开关磁阻电机位置检测器安装位置

1-检测器;2-齿盘

光电式位置检测器由齿盘与光电传感器组成。齿盘截面与转子截面相同,装在转子上,光电传感器装在定子上。当磁盘随转子转动时,光电传感器检测到转子齿的位置信号。

转子位置的检测原理如图10-10所示。其中图10-10a)所示是一个四相8/6极电机的位置检测器的结构,它只设置SP与SQ两个传感器,它们空间相差15°,磁盘上有间隔30°的6个磁槽,检测到的基本信号如图10-10b)所示。

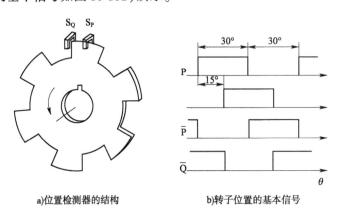

a)位置检测器的结构　　b)转子位置的基本信号

图10-10 转子位置的检测原理

(二)开关磁阻电机的控制原理

开关磁阻电机控制系统的工作原理如图10-11所示。

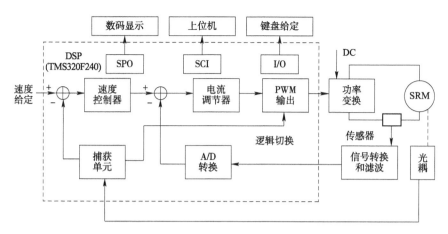

图 10-11　开关磁阻电机控制系统框图

传统的 PID 控制一方面参数的整定没有实现自动化,另一方面这种控制必须精确地确定对象模型。而开关磁阻电机得不到精确的数学模型,控制参数变化和非线性,使得固定参数的 PID 控制不能使开关磁阻电机控制系统在各种工况下保持设计时的性能指标。

模糊控制器是一种近年来发展起来的新型控制器,其优点是不需要掌握受控对象的精确数学模型,而根据人工控制规则组织控制决策表,然后由该表决定控制量的大小。因此采用模糊控制,对开关磁阻电机进行控制是改善系统性能的一种途径。但在实践中发现,常规模糊控制器的设计存在一些不足,如控制表中数据有跳跃,平滑性较差,这对控制效果有影响。

模糊控制和 PID 控制两者结合起来,扬长补短,将是一个优秀的控制策略。其理由是:

第一,由线性控制理论可知,积分控制作用能消除稳态误差,但动态响应慢,比例控制作用动态响应快,而比例积分控制既能获得较高的稳态精度,又能具有较高的动态响应。因此,把 PI 控制策略引入 Fuzzy 控制器,构成 Fuzzy-PI 复合控制,是改善模糊控制器稳态性能的一种途径。

第二,增加模糊量化论域是提高模糊控制器稳态精度的最直接的方法,但这种方法要增大模糊推理的计算量,况且量化论域的增加也不是无止境的。

采用模糊+PI 控制的开关磁阻电机调速系统框图如图 10-12 所示。

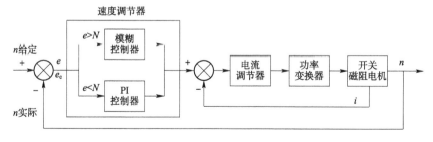

图 10-12　开关磁阻电机调速系统框图

(三) 基本控制策略

1. 低速时的电流斩波控制

低速时的电流斩波控制曲线图如图 10-13 所示,在电感很小时使绕组开通,电流快速上升。为防止电流过大而损坏电机,当电流达到最大值 I_{max} 时,使绕组关断,电流开始衰减,当电流衰减至 I_{min} 时,绕组重新开通。在最大电感出现之前必须将绕组关断,以免电流延续到副转矩区。

2. 高速时的角度位置控制

高速时的角度位置控制曲线图如图 10-14 所示,高速时,由于反电势大,电流受到限制,上升较慢。当到达最大值后,因电感的增加,电流反而下降。同样,为避免电流延续到负转矩区,绕组要在电感到达最大值之前关断。速度越高,要关断的越早。

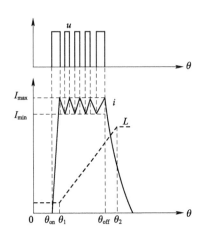
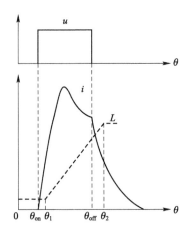

图 10-13 低速时的电流斩波控制曲线图　　图 10-14 高速时的角度位置控制曲线图

3. 电压斩波控制

电压斩波控制曲线图如图 10-15 所示,在导通区间内,使功率开关按 PWM 方式工作。其脉冲周期 T 固定,占空比 T 可调。在 Tt 内,绕组加正电压,T 内加零电压或反电压。改变占空比,则绕组电压的平均值 U 变化,绕组电流也相应变化,从而实现转速和转矩的调节,这就是电压斩波控制。

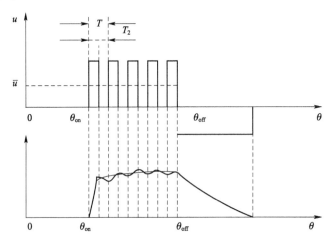

图 10-15 电压斩波控制曲线图

二、任务实施

(一)准备工作

(1)防护装备:常规实训着装。

(2)教学设施、台架、总成:开关磁阻电机控制系统台架。

(3)专用工具:无。

(4)手工工具:无。

(5)仪器仪表:无。

(6)辅助材料:无。

(7)各组进行分工,选出组长、记录员等。

(8)实训场地安全检查。

(二)技术要求与注意事项

(1)操作时,没有实训指导教师的允许,实训台架不能移动。

(2)操作时,没有实训指导教师的允许,实训台架不允许通电测试。

(3)在进行开关磁阻电机控制系统各部件的识别时,没有实训指导教师的允许,不能把识别的部件从台架上取下。

(4)没有实训指导教师的允许,各识别的部件不允许带出实训教室。

(三)操作步骤

(1)在台架上指出控制信号开关。

(2)在台架上指出功率变换器。

(3)在台架上指出控制器。

(4)在台架上指出电流检测器。

(5)在台架上指出位置检测器。

(6)部件恢复及7S管理。

三、技能考核标准(表10-1)

技能考核标准　　　　　　　　　表10-1

序号	项目	操作内容	规定分	评分标准	得分
1	实训准备	1.实训手册的准备; 2.开关磁阻电机控制系统实训台架的基本检查	8分	1.能够准备实训手册(2分,无实训手册的扣2分); 2.能够正确检查开关磁阻电机控制系统实训台的部件数量和工量具、实训台架安全检查,并做好记录(6分,每项检查2分)	
2	开关磁阻电机控制系统	1.辨别出控制信号开关; 2.描述控制信号开关的作用	10分	1.能辨别出控制信号开关(5分); 2.能正确描述控制信号开关的作用(5分)	
		1.辨别出功率变换器; 2.描述功率变换器的作用	17分	1.辨别出功率变换器(7分); 2.能正确描述功率变换器作用(10分)	

续上表

序号	项目	操作内容	规定分	评分标准	得分
2	开关磁阻电机控制系统	1.辨别出控制器； 2.描述控制器的作用	15分	1.辨别出控制器(5分)； 2.能正确描述控制器作用(10分)	
		1.辨别出电流检测器； 2.描述电流检测器的作用	20分	1.辨别出电流检测器(10分)； 2.能正确描述电流检测器作用(10分)	
		1.辨别出位置检测器； 2.描述位置检测器的作用	20分	1.辨别出位置检测器(10分)； 2.能正确描述位置检测器的作用(10分)	
3	部件恢复及7S管理	1.部件恢复； 2.7S管理	10分	1.能够正确恢复识别的各部件(3分)； 2.能够正确进行7S管理(7分，少做一项扣1分)	
		总分	100分		

四、思考与练习

(一)填空题

1.开关磁阻电机控制系统包括_____、_____、_____、_____。

2.功率变换器是_____和_____的接口。

3.开关磁阻电机遵循_____原理工作。

4.率变换器主电路常见形式有_____型、_____型、_____型、_____型。

5.开关磁阻电机的控制器由_____、_____等元件组成。

6.开关磁阻驱动电机需要高精度的位置检测器，来为控制系统提供电机转子的_____、_____和_____的变化信号。

7.转子位置检测器包括_____、_____、_____和_____。

8.光电式位置检测器由_____与_____组成。

9._____和_____两者结合起来，扬长补短，将是一个优秀的控制策略。

(二)单项选择题

1.双开关型主电路每相有(　　)主开关和(　　)续流二极管。
　　A.一只　一只　　　　B.两只　两只　　　　C.三只　三只

2.双绕组型主电路的主、副绕组匝数比为(　　)。
　　A.1:1　　　　　　　B.1:2　　　　　　　　C.1:3

3.H桥型电路只适用于(　　)的倍数相开关磁阻电机。
　　A.2　　　　　　　　B.3　　　　　　　　　C.4

4.为了实现电机低速运行下电流斩波控制与过流保护，必须对绕组中的(　　)进行检测。
　　A.电压　　　　　　　B.电流　　　　　　　　C.电阻

(三)判断题

1.开关磁阻电机的励磁绕组，无论通过正向电流或反向电流，其转矩方向不变。(　　)

2. 三相开关磁阻电机 12/8 极电机常采用双绕组型主电路。（   ）
3. 电容分压型电路适用于偶数相开关磁阻电机。（   ）
4. 开关磁阻电机控制器性能好坏和调节的灵活性,取决于微处理器的软件和硬件的性能配合关系。（   ）
5. 进行位置检测是开关磁阻电机工作的一大特点。（   ）
6. 开关磁阻要求有较高的开关频率以降低开关磁阻电机的重量。（   ）
7. 采用模糊控制,可以改善开关磁阻电机的控制性能。（   ）

(四) 简答题
1. 双开关型电路有哪些特点?
2. 功率变换器主电路的技术要求有哪些?
3. 开关磁阻电机的控制策略有哪些?

项目五
永磁同步电机及控制系统

本项目的主要内容为电动汽车永磁同步电机的认知和检修、永磁同步电机旋转变压器检修、永磁同步电机控制系统的认知、永磁同步电机控制系统检修,分为 5 个任务:

任务 11　永磁同步电机认知

任务 12　永磁同步电机检修

任务 13　电机旋转变压器检修

任务 14　永磁同步电机控制系统认知

任务 15　永磁同步电机控制系统检修

通过 5 个任务的学习,能正确叙述电动汽车永磁同步电机的结构和工作原理、特性以及永磁同步电机控制系统的组成和功能,会正确检修永磁同步电机、电机旋转变压器、永磁同步电机控制系统。

任务11　永磁同步电机认知

学习目标

❖ **知识目标**
1. 能够正确说出永磁同步电机的结构；
2. 能够正确分析永磁同步电机的工作原理；
3. 能够正确分析永磁同步电机的工作特性。

❖ **能力目标**
1. 能够正确识别永磁同步电机的部件；
2. 能够正确识别永磁同步电机在车上的安装位置。

建议课时

10课时。

任务描述

哪些电动汽车使用的是永磁同步电机？永磁同步电机由哪些部件组成？你能区分出永磁同步电机的各个部件吗，你知道永磁同步电机装在车辆的哪个位置吗？

一、理论知识准备

永磁同步电机（permanent magnet synchronous motors，PMSM）具有高转矩/惯量比、高功率密度、高效率、体积小、响应快、运行可靠等优点。与异步电机相比，无需励磁电流，因而功率因数高；主磁场由转子永磁体提供，因而无转子铜耗和铁耗（铁耗很小），效率高。近年来，由于永磁材料性能不断提高，以及PMSM控制技术的不断成熟，PMSM在电动汽车上的应用越来越普及。

所谓永磁，指的是在制造电机转子时加入永磁体，使电机的性能得到进一步的提升。而所谓同步，则指的是转子的转速与定子绕组的电流频率始终保持一致。因此，通过控制电机的定子绕组输入电流频率，电动汽车的车速将最终被控制。而如何调节电流频率，则是电控部分所要解决的问题。永磁同步电机是汽车的动力源，向外输出转矩，驱动汽车前进或后退；同时也可以作为发电机发电（例如，在滑行、制动过程中以及发动机输出的额外转矩的势能或者动能通过电机转化为电能存储）。

（一）电动汽车永磁同步电机的分类

新能源汽车永磁同步电机种类繁多，按照工作主磁场方向的不同，分为径向磁场式电机和轴向磁场式电机；按照电枢绕组位置的不同，分为内转子式电机和外转子式电机；按照转子上有无启动绕组，分为无启动绕组电机和有启动绕组电机；按照供电电流波形的不同，分为矩形波永磁同步电机和正弦波永磁同步电机。本文介绍的主要是正弦波永磁同步电机。

根据转子自生磁场产生方式的不同,又可以将同步电机分为两种:

一是将转子绕组通上外接直流电(励磁电流),然后由励磁电流产生转子磁场,进而使转子与定子磁场同步旋转。这种由励磁电流产生转子磁场的同步电机称为励磁同步电机。

二是干脆在转子上嵌上永久磁体,直接产生磁场,省去了励磁电流或感应电流的环节。这种由永久磁体产生转子磁场的同步电机,就称为永磁同步电机。

(二)永磁同步电机结构

永磁同步电机的外形如图11-1所示。

a)雪铁龙电动轿车用永磁同步电机

b)比亚迪e6轿车用永磁同步电机

图11-1 永磁同步电机实物图

永磁同步电机主要由转子、定子绕组、转速传感器以及外壳、冷却等零部件组成,在定子和转子中间还有一个比较小的空气隙。定子有比较充足的硬度和韧度,可以减少电机运转时产生的铁耗。转子装有永磁材料,由叠片压制而成,材料有硅钢片、铜导条和铝等。如图11-2所示为C33DB永磁同步电机的结构图。

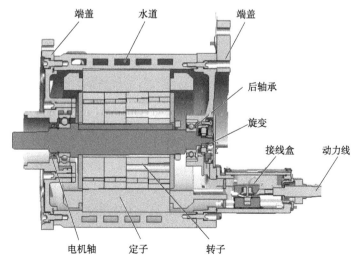

图11-2 永磁同步电机构造

图 11-3 是通用轿车上使用的永磁电机结构图。

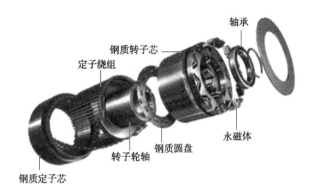

图 11-3　通用轿车永磁同步电机结构

图 11-4 是奥迪轿车上使用的永磁电机结构图。

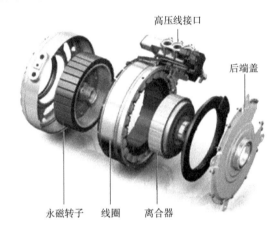

图 11-4　奥迪轿车永磁同步电机结构图

永磁同步电机采用三相 8 极结构,电机的定子铁芯与交流异步机相似,在铁芯内圆周有 48 个嵌线槽,如图 11-5 所示。

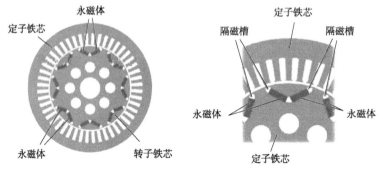

图 11-5　永磁同步电机定子铁芯与转子铁芯

1)转子

转子采用内置永磁体结构,在铁芯内开有插装永磁体的槽,在永磁体两侧有隔磁的空气槽以减小漏磁,如图 11-6 右图所示,转子实物如图 11-6 所示。

图 11-6 转子实物图

转子铁芯插入永磁体后用挡板压紧,压入转轴与轴承,如图 11-7 所示。汽车电机功率一般在 100kW 以下,转子发热量很小,定子通过水冷可很好散热,无需用风扇散热。

按照永磁体在转子上安装位置的不同而形成转子磁路结构的不同,可分为表面式和内置式两种永磁同步电机。

(1)表面式转子磁路结构。

表面式转子磁路结构又分为突出式和插入式,如图 11-8 所示。由于永磁材料的相对恢复磁导率十分接近于 1,表面突出式转子结构属于隐极式转子结构,其纵、横轴电感相同,且与转子位置无关。能使电机气隙磁密度波形趋近于正弦波,表面式结构简单、易于优化设计、制造方便,但易退磁、弱磁能力弱,且不宜高速运行。

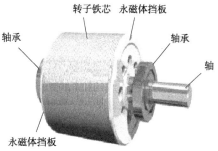

图 11-7 转子总成

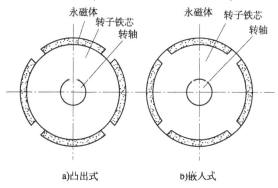

图 11-8 表面式转子磁路结构

表面插入式转子的相邻永磁磁极间有着磁导率很高的铁磁材料,属于凸极转子结构。由于转子磁路结构上的不对称使电机产生磁阻转矩,其大小与电机纵横轴电感间的差值成正比。这种结构的电机功率密度高,动态性能也较好。在转子表面安装永磁体,可以获得足够的磁通密度和高的矫顽力特性,且有较大的转矩/质量比。

(2)内置式转子磁路结构。

按永磁体磁化方向与转子旋转方向的相互关系,内置式转子结构又可分为径向式、切向式和混合式三种,结构如图 11-9 所示。置式永磁体位于转子铁芯内部,凸极率大于 1,能有效利用磁阻转矩提高电动机过载能力和转矩密度,转子结构牢固易于高速运行,恒功率范围宽,抗不可逆退磁能力强,弱磁扩速倍数大,电机动、静态性能好,在动态性能要求高的交流调速传动系统中应用较多,缺点是转子漏磁系数较前两者最大、制造工艺复杂。

图 11-9 内置式转子磁路结构

2)定子

定子由铁芯和三相绕组构成,定子铁芯嵌有三相绕组,按照 8 极 48 槽双层叠式绕制,图 11-10 所示是定子铁芯和嵌好绕组的铁芯,图 11-11 为定子铁芯和绕组实物图。

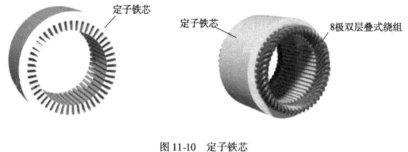

图 11-10 定子铁芯

图 11-11 永磁同步电机定子实物图

3)机座与端盖

定子安装在机座内,机座是整个电机安装的基础,机座壁内有冷却水通道,冷却水通道是螺旋状环绕机座,分两层制作,两个冷却水管接头是冷却水的进出口。在机座两端有端盖,端盖封闭电机并支撑转子,前端盖是传动端的端盖,后端盖是非传动端的端盖,如图 11-12 所示。

图 11-13 是机座装入定子绕组的剖视图。
图 11-14 是永磁同步电机的剖视图。
图 11-15 是永磁同步电机的外观图。

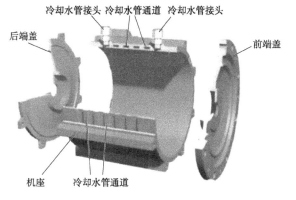

图 11-12　机座与端盖

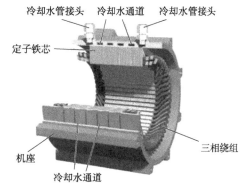

图 11-13　永磁同步电机机座与定子铁芯及绕组

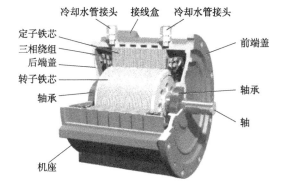

图 11-14　永磁同步电机剖视图

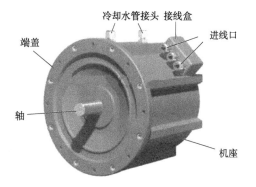

图 11-15　永磁同步电机外观图

4) 电机冷却水道

如图 11-16 所示。比亚迪 e6 车型的冷却系统采用闭式强制水冷循环系统,冷却介质为乙二醇型冷却液。冷却系统由电动水泵提供动力(比亚迪 e6 车型),低温冷却液通过冷却管路由散热器流向待散热元件(电机控制器、DC、电机),冷却液在待散热元件处吸收热量后,再通过冷却管路流经散热器进行散热,之后进行下一个循环。

图 11-16　电机冷却水道

(三) 永磁同步电机工作原理

永磁同步电机原理示意图如图 11-17 所示。在交流异步电机中,转子磁场的形成要分

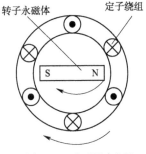

图 11-17 永磁同步电机
原理示意图

两步走:第一步是定子旋转磁场先在转子绕组中感应出电流;第二步是感应电流再产生转子磁场。在楞次定律的作用下,转子跟随定子旋转磁场转动,但又"永远追不上",因此才称其为异步电机。如果转子绕组中的电流不是由定子旋转磁场感应的,而是自己产生的,则转子磁场与定子旋转磁场无关,而且其磁极方向是固定的,那么根据同性相斥、异性相吸的原理,定子的旋转磁场就会拉动转子旋转,并且使转子磁场及转子与定子旋转磁场"同步"旋转。这就是同步电机的工作原理。

整个工作过程是:定子绕组输入三相正弦交流电→产生旋转磁场→与永磁转子磁场作用→转子产生转矩→转子随定子的旋转磁场转动(即转子的转动与旋转磁场同步)。

当三相电流通入永磁同步电机的三相对称绕组中时,电流产生的磁动势合成一个幅值大小不变的旋转磁动势。由于其幅值大小不变,这个旋转的磁动势的轨迹便形成一个圆,被称为圆形旋转被磁动势。其大小正好为单相磁动势最大幅值的1.5倍,即:

$$F = \frac{3}{2}F_{\varphi 1} = \frac{3}{2} \times 0.9k\frac{NI}{p}$$

式中:F——圆形旋转被磁动势(T·m);

$F_{\varphi 1}$——单相磁动势最大幅值(T·m);

k——基波绕组系数;

p——电极极对数;

N——每一线圈的串联匝数;

I——线圈中流过的电流的有效值(A)。

由于永磁同步电机的转速恒为同步转速,转子主磁场和定子圆形旋转磁动势产生的旋转的磁场也保持相对静止。两个磁场相互作用,在定子与转子之间的气隙中形成一个合成磁场,它与转子主磁场发生相互作用便产生了一个推动或者阻碍电机旋转的电磁转矩 T_e。由于气隙合成磁场与转子主磁场位置关系的不同,永磁同步电机既可以运行于电动状态也可以运行于发电状态,永磁同步电机的运行原理如图 11-18 所示。

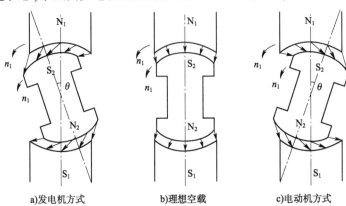

a)发电机方式　　　　b)理想空载　　　　c)电动机方式

图 11-18 永磁同步电机的三种不同运行状态

当气隙合成磁场滞后于转子主磁场时,产生的电磁转矩与转子旋转方向相反,这时电机处于发电状态;相反当气隙合成磁场超前于转子主磁场时,产生的电磁转矩与转子旋转方向相同,这时电机处于电动状态。转子主磁场与气隙合成磁场之间的夹角 θ 称为功率角。

在电动汽车工作时,传感器将加速踏板、制动踏板机械位移的行程量转换为电信号,输入中央控制系统,经中央控制器处理后发出驱动信号,达到对电动汽车工况的控制。当汽车行驶前进时,动力蓄电池输出的直流电经电机控制系统变为交流电后供入电机,电机输出的转矩经传动系统驱动车轮。

当汽车减速时,车轮带动电机转动,通过电机控制系统使感应电机成为交流发电机产生电流,再将交流电变为直流电向动力蓄电池充电(制动再生能量)。同时,EV 控制系统通过各种传感器、电流检测器对动力蓄电池、电机进行监控并及时反馈信息和报警,并通过电流表、电压表、电功率表、转速表和温度表等仪表进行显示。

(四)永磁同步电机特性

1. 永磁同步电机驱动特性

图 11-19 是永磁同步电机的驱动特性曲线。从图中可以看出:永磁同步电机系统具有更高的效率,尤其是低速下有更高的效率,更高的功率密度。

2. 运行特性

永磁同步电机的运行特性主要是力学特性和工作特性。

永磁同步电机稳态正常运行时,转速始终保持同步速不变,因此,其力学特性为平行于横轴的直线,调节电源频率来调节电机转速时,转速将严格地与频率成正比例变化。力学特性曲线图如图 11-20 所示。

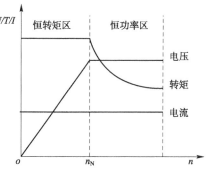

图 11-19 永磁同步电机的驱动特性曲线

永磁同步电机的工作特性是指当电源电压恒定时,电机的输入功率、电枢电流、效率、功率因数等随输出功率变化的关系。如图 11-21 所示为永磁同步电机的工作特性曲线图。

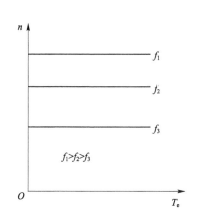

图 11-20 永磁同步电机的力学特性曲线图

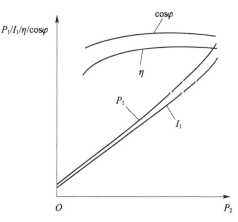

图 11-21 永磁同步电机的工作特性图

永磁同步电机有效率高、结构简单、转矩密度高、体积小、质量小、快速响应能力好、功率因素高等优点。特别是内置式永磁同步电机,其转子交、直轴磁路不对称增加了电机的磁阻转矩,特高了电机的功率密度和过载能力,而且易于弱磁调速,非常适合用作电动汽车的电机。

(五)永磁同步电机性能参数

各车型使用的永磁同步电机型号不同,永磁同步电机的性能参数也不相同。下面介绍比亚迪 e6 和 e5 两种车型使用的永磁同步电机性能参数。

1. 比亚迪 e6 永磁同步电机性能参数

(1)电机类型:型号:TYC,交流永磁同步电机。
(2)工作控制器电源电压:DC312V。
(3)电机额定功率:75kW。
(4)电机最大输出转矩:450N·m。
(5)电机最大输出功率:120kW,电机峰值功率电机具有一定的过载能力,采用峰值功率进行描述,它表示电动汽车行驶的后备功率,与整车的加速、爬坡性能相关。
(6)电机最大输出转速:7500r/min。
(7)动力总成总重量:130kg。
(8)前驱电机油量:2L。

2. 比亚迪 e5 永磁同步电机性能参数

(1)电机型号:BYD-2217TZB。
(2)电机最大输出扭矩:310N·m。
(3)电机最大输出功率:160kW。
(4)电机最大输出转速:12000r/min。
(5)电机散热方式:水冷。
(6)电机质量:65kg。
(7)螺纹胶型号:赛特242。

二、任务实施

(一)准备工作

(1)防护装备:常规实训着装。
(2)教学设施、台架、总成:比亚迪 BYD-TYC110A 永磁同步电机总成、比亚迪 BYD-TYC110A 永磁同步电机各部件、比亚迪 e6 整车一辆、比亚迪秦整车一辆。
(3)专用工具:拆卸工具一套。
(4)手工工具:无。
(5)仪器仪表:无。
(6)辅助材料:无。
(7)各组进行分工,选出组长、记录员等。
(8)实训场地安全检查。

(二)技术要求与注意事项

(1)实训中没有实训指导教师的允许,车辆不能通电试车;
(2)实训中车辆维修开关必须取下;
(3)实训中车辆上电机外部连线不允许拆卸;
(4)实训中电机总成移动按要求进行;
(5)实训中电机各部件必须按规定位置摆放。

(三)操作步骤

1. 比亚迪 BYD-TYC110A 永磁同步电机结构识别

在电动汽车中,永磁同步电机不是独立安装的,它与减速器箱体装在一起,下面介绍 BYD-TYC110A 电机的具体结构和零部件,BYD-TYC110A 电机主要配备比亚迪 HA 的电动车型。

1)识别 BYD-TYC110A 电机外形

在电机总成台架上识别 BYD-TYC110A 电机外形尺寸(包括后箱体和减速器前箱体):$A \times B \times C = 403\text{mm} \times 361\text{mm} \times 664\text{mm}$(图 11-22)。

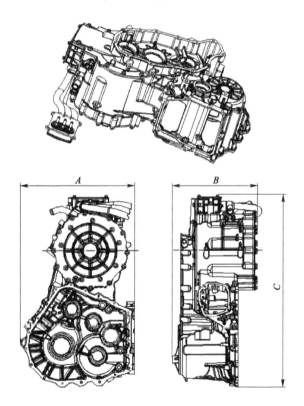

图 11-22 BYD-TYC110A 电机外形尺寸

2)识别 BYD-TYC110A 电机结构

BYD-TYC110A 电机结构图如图 11-23 所示,各零部件的名称、数量、规格如表 11-1 所示。

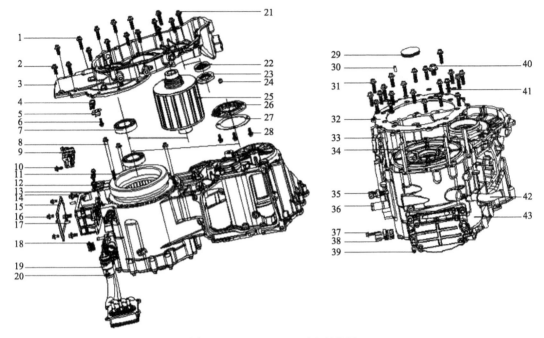

图 11-23 BYD-TYC110A 电机结构图

BYD-TYC110A 电机各部件名称　　　　　　　　　　表 11-1

编号	名　称	数量	单位	规　格	备　注
1	六角法兰面螺栓 M8×30	9	PCS	Q1840830T1F6	
2	六角法兰面螺栓 M8×20	2	PCS	Q1840820T1F6	
3	减速器前箱体	1	PCS	BYD6HDT35-1720101	
4	温度传感器接插件	1	PCS	TM8.791.1189	
5	线卡	1	PCS	BYD-TYC110A-2103513	
6	六角法兰面螺栓 M6×10	1	PCS	Q1840610T1F3	
7	轴承	2	PCS	6008-2Z/C3GJN	
8	六角法兰面螺栓 M8×125	3	PCS	BYDQ184A08125TF6	
9	接线座组件	1	PCS	BYD-TYC110A-2103520	
10	六角法兰面螺栓 M6×16	2	PCS	Q1840616T1F6	
11	定子组件	1	PCS	BYD-TYC110A-2103200	
12	六角法兰面螺栓 M6×12	3	PCS	Q1840612T1F3	
13	接线盒	1	PCS	BYD-TYC110A-2103541	
14	六角法兰面螺栓 M8×16	4	PCS	Q1840816T1F6	
15	接线盒盖	1	PCS	BYD-TYC110A-2103542	
16	六角法兰面螺栓 M6×12	4	PCS	Q1840612T1F6	
17	定位销 Φ6×15	2	PCS		
18	六角法兰面螺栓 M6×12	3	PCS	Q1840612T1F3	
19	三相动力线束	1	PCS	BYD-TYC110A-2103400	

续上表

编号	名 称	数量	单位	规 格	备 注
20	六角法兰面螺栓 M6×12	3	PCS	Q1840612T1F6	
21	六角法兰面螺栓 M8×35	5	PCS	Q1840835T1F6	变速器零件
22	减速器输出轴油封	1	PCS	BYD6HDT35-1720103	变速器零件
23	倒挡轴油封	1	PCS	BYD6HDT35-1701723	变速器零件
24	圆柱销 Φ10×10	1	PCS	Q5221010	变速器零件
25	转子组件	1	PCS	BYD-TYC110A-2103300	
26	旋变定子组件	1	PCS	BYD-TYC110A-2110100	
27	旋变隔磁环	1	PCS	BYD-TYC110A-2103518	
28	六角法兰面螺栓 M6×16	3	PCS	Q1840616T1F6	
29	密封塞	1	PCS	6DT25-1701721	
30	定位销 Φ6×15	1	PCS		
31	六角法兰面螺栓 M8×30	21	PCS	Q1840830T1F6	
32	挡水板	1	PCS	BYD-TYC110A-2103543	
33	水道筋1	4	PCS	BYD-TYC110A-2103514	
34	水道筋2	2	PCS	BYD-TYC110A-2103516	
35	进水管	1	PCS	BYD-TYC110A-2103512	
36	冷却液温度传感器	1	PCS	476Q-4D-1300800	
37	六角法兰面螺栓 M6×16	1	PCS	Q1840616T1F6	
38	旋变/温感接插件	1	PCS	TM5.913.974	
39	排气管	1	PCS	F3DM-2103732	
40	六角法兰面螺栓 M12×16	1	PCS	Q1841216T1F3	
41	O型密封圈 Φ10.7×1.5	9	PCS	GB/T3452.1-1992	
42	出水管	1	PCS	BYD-TYC110A-2103517	
43	后箱体	1	PCS	BYD6HDT35-1701701	

2. 比亚迪 e5 电机外形识别

比亚迪 e5 使用的电机外形如图 11-24 所示。

$A \times B \times C = 360 \text{mm} \times 358 \text{mm} \times 377.4 \text{mm}$。

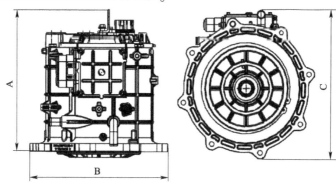

图 11-24 比亚迪 e5 电机外形

3. 比亚迪秦车型的 BYD-TYC110A 电机安装位置及外部接线识别

1）断开维修开关

（1）先拆卸后部座椅。

后部座椅拆卸时，打开左后门，取下坐垫，如图 11-25 所示。

图 11-25　座椅拆卸

（2）再取维修开关。

维修开关位于后部座椅后面，如图 11-26 所示。

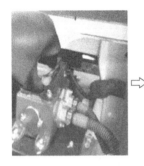  

图 11-26　拔下维修开关

2）识别电机安装位置

打开发动机舱盖，识别比亚迪秦车型的电机安装位置，如图 11-27 所示。

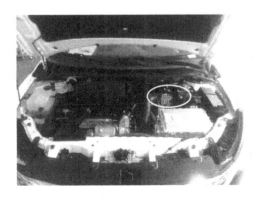 

图 11-27　比亚迪秦车型电机安装位置

3）识别比亚迪秦车型电机外部零件

比亚迪秦车型电机外部零件如图 11-28 所示。

4. 比亚迪 e6 车型的电机安装位置及外部接线识别

1) 起动按钮

把起动按钮打到 OFF 挡,如图 11-29 所示,等待 5min。

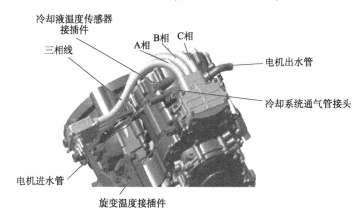

图 11-28 比亚迪秦永磁同步电机外部零件　　图 11-29 起动按钮打到 OFF 挡

2) 戴好绝缘手套

3) 拔下维修开关

(1) 打开车辆内室储物盒,并取出内部物品。

(2) 取出储物盒底部隔板。

(3) 使用十字螺钉旋具将安装盖板螺钉(4 颗)拧下,并掀开盖板。

(4) 取出维修开关上盖板。

(5) 拉动维修开关手柄呈竖直状态,向上提拉,取出维修开关。

(6) 使用电工绝缘胶布封住维修开关接插件母端(流程如图 11-30 所示)。

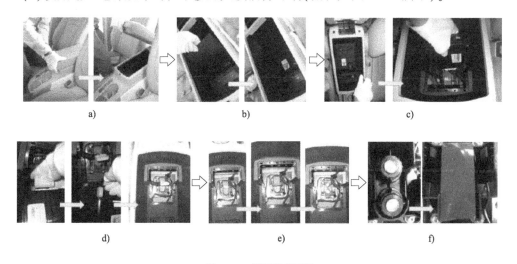

图 11-30 断开维修开关

4) 打开车辆前舱发动机盖

打开左前车门,找到前舱发动机舱盖开启按钮(开启按钮位于驾驶室驻车踏板旁边),向外拉起,接着打开前舱盖锁,就可打开前舱,开启过程如图 11-31 所示。

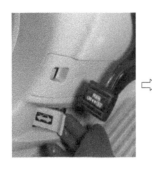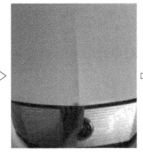

图 11-31　开启前舱

5）拆卸蓄电瓶负极

使用梅花扳手，拧下 12V 铅酸蓄电池负极的固定螺栓，拔下 12V 铅酸蓄电池负极接线，如图 11-32 所示。

图 11-32　拆卸蓄电池负极线

6）查找电机控制器

打开发动机舱盖后，无法看到亚迪 e6 车型的电机，只能看到电机控制器，如图 11-33 所示，电机就安装在电机控制器下面。

7）查找电机

拆卸电机控制器后（电机控制器的拆卸在任务 15 介绍），就能看到 e6 电机，如图 11-34 所示。

图 11-33　比亚迪 e6 电机控制器位置　　　　图 11-34　比亚迪 e6 永磁同步电机安装位置

8）识别比亚迪 e6 电机外部零件

(1) 电机冷却水管安装在电机上面，分进水管和出水管，水管安装位置如图 11-35 所示。

(2)电机三相高压线与电机控制器连接。安装位置如图11-36所示。

图11-35 比亚迪e6冷却水管安装位置

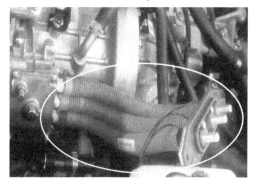

图11-36 比亚迪e6三相线安装位置

5.各部件的恢复及7S管理

三、技能考核标准(表11-2)

技能考核标准　　　　　　　　　　　表11-2

序号	项目	操作内容	规定分	评分标准	得分
1	实训准备	1.实训手册的准备; 2.永磁同步电机实训台及实训车辆的基本检查	8分	1.能够准备实训手册(2分,无实训手册的扣2分); 2.能够正确检查永磁同步电机实训台的部件和工量具、实训台安全检查、车辆安全检查,并做好记录(6分,每项检查2分)	
2	BYD-TYC110A电机部件识别	根据电机结构图指出BYD-TYC110A电机各部件	22分	正确说出电机上的每一个部件,说出一个加1分(22分)	
3	比亚迪e5电机外形识别	识别电机外形	10分	能正确说出比亚迪e5电机的外形结构(10分)	
4	比亚迪秦电机安装位置及外部接线识别	1.在比亚迪秦车上找到电机; 2.识别电机外部接线	16分	1.找到比亚迪秦电机(3分); 2.识别秦车型电机外部接线(13分)	
5	比亚迪e6电机安装位置及外部接线识别	1.在比亚迪e6车上找到电机; 2.识别电机外部接线	17分	1.找到电机控制器,拆卸电机控制器(10分); 2.找到电机(3分); 3.找到电机三相线(2分); 4.找到电机冷却水管(2分)	
6	部件恢复及7S管理	1.部件的恢复; 2.7S管理	12分	1.能够正确恢复识别的各部件(5分); 2.能够正确进行7S管理(7分,少做一项扣1分)	
		总分	100分		

四、学习拓展

根据中国汽车工业协会统计,2014年中国新能源汽车生产78499辆,销售74763辆,其中电动车分别为48605辆和45048辆;插电式混合动力汽车产销分别为29894辆和29715辆,可以说2014是新能源汽车产业化的元年。而2015新能源汽车产业迎来爆发式增长仅上半年即完成了去年全年的产量分别达到了76223辆和72711辆,同比分别增长2.5倍和2.4倍,国家更是提出了到2020年新能源汽车产量达到200万辆的目标。巨大的市场前景为相关新能源汽车企业提供巨大的机遇,但同时也为整车及主要零部件的设计提出了更为严格的要求。作为新能源汽车的三大核芯部件之一,电机无论是对电动汽车还是对插电式混合动力汽车而言都是作为最重要的动力来源。而永磁同步电机因其功率密度高,效率高的特点占据了新能源汽车电机市场的90%以上的份额,表11-3为全球范围内2014年销售过万辆的新能源汽车电机类型的比较。

2014年全球销量过万新能源汽车电机方案对比　　　　表11-3

车　型	销　售	电　机
日产 Leaf	44858	永磁同步电机
特斯拉 Model S	26034	异步电机
雪弗兰 Volt	18805	永磁同步电机
比亚迪秦	14747	永磁同步电机
普锐斯 PHEV	13264	永磁同步电机
宝马 i3	11896	永磁同步电机
福特 Fusion Energi	11550	永磁同步电机
雷诺 Zoe	11227	永磁同步电机

除了特斯拉以外,其余所有新能源汽车巨头无一例外地都选择了永磁同步电机作为动力源,可见,不仅仅在中国,就是在全球范围内永磁同步电机都是新能源汽车电机的首选。因此设计制造性能优良、符合车辆行驶需求的车用永磁体同步电机是各新能源汽车厂商关注的重点。

目前电机设计时采用的损耗计算及温升预测方法多适用于普通工业电机。然而,车用电机的工作环境与普通工业电机具很大的不同;工业用电机多数仅需长时间工作于单一的工作点。而车用电机需要工作于一个调速范围宽,负载时刻变化的环境。

除了转矩转速外,车辆行驶特性的另一重要组成部分是循环行驶工况,复杂的路况导致车辆频繁起停,车速时快时慢。

总的而言,永磁体同步电机的损耗主要包括机械损耗以及电气损耗;机械损耗主要归结于轴承内部的摩擦作用(轴承损耗)及电机内部的流体动力以及空气动力作用。电气损耗主要归结于电机内部电磁场的相互作用,包括定转子内的铁芯功率损耗,绕组内的铜线功率损耗以及永磁体功率损耗。机械损耗的计算可依据相应的产品手册;电气损耗的计算方法主要分为数值计算及解析计算。但需要注意的是:铁芯损耗和绕组损耗是常见的电机损耗,而永磁体涡流损耗在大部分情况下被忽略不计。永磁体同步电机是一个电磁场温度场耦合的研究对象,由电磁场变化引起的损耗造成电机内部各元件工作温度的变化,而温度的变化又会造成电机各部分材料的电磁性能参数的变化从而引起电磁场的变化。

综上所述,目前车用永磁同步电机设计阶段迫切需要解决的问题就是如何准确快速高效的获取不同温度下电机各损耗MAP图,包括铁芯损耗、绕组损耗、转子永磁体涡流损耗;

以及如何高效完成电机内电磁场温度场解耦从而完善车用永磁同步电机设计方法。

五、思考与练习

(一)填空题

1. 永磁同步电机具有_____、_____、_____、体积小、响应快、运行可靠等优点。
2. 永磁同步电机是汽车的_____,向外输出_____,驱动汽车前进后退;同时也可以作为_____。
3. 按照供电电流波形的不同,永磁同步电机分为_____永磁同步电机和_____永磁同步电机。
4. 永磁同步电机主要由_____、_____,转速传感器以及外壳,冷却等零部件组成。
5. 永磁同步电机的转子采用_____结构。
6. 按照永磁体在转子上安装位置的不同而形成转子磁路结构的不同,永磁同步电机可分为_____和_____两种永磁同步电机。
7. 永磁同步电机定子由_____和_____构成。
8. 转子磁场的形成要分两步走:第一步是定子旋转磁场先在转子绕组中感应出_____;第二步是感应电流再产生_____。
9. 当汽车减速时,车轮带动电机转动,通过电机控制系统使感应电机成为_____产生_____。
10. 永磁同步电机的工作特性是指当电源电压_____时,电机的输入_____、_____、_____、功率因数等随输出功率变化的关系。

(二)单项选择题

1. 永磁同步电机采用三相(　　)极结构,电机的定子铁芯与交流异步机相似。
 　A. 4 　　　　　　　B. 8 　　　　　　　C. 12
2. 内置式永磁体位于转子铁芯内部,凸极率(　　)1。
 　A. 大于 　　　　　B. 等于 　　　　　C. 小于
3. 圆形旋转被磁动势为单相磁动势最大幅值的(　　)倍。
 　A. 0.5 　　　　　　B. 1 　　　　　　　C. 1.5
4. 比亚迪 e6 电机额定功率为(　　)。
 　A. 55kW 　　　　　B. 75kW 　　　　　C. 110kW
5. 比亚迪 e5 永磁同步电机最大输出扭矩为(　　)。
 　A. 310N·m 　　　　B. 380N·m 　　　　C. 450N·m

(三)判断题

1. 永磁同步电机定子有比较充足的硬度和韧度,可以减少电机运转时产生的铁耗。
(　　)
2. 在永磁同步电机的永磁体两侧有隔磁的空气槽以减小漏磁。(　　)
3. 汽车永磁同步电机功率一般在 1000kW 以下。(　　)
4. 永磁同步电机的表面式转子磁路结构又分为突出式和插入式。(　　)
5. 永磁同步电机转子发热量很小,定子不能通过水冷可很好散热,只能用风扇散热。
(　　)

6. 永磁同步电机稳态正常运行时,转速始终保持同步不变,因此,其力学特性为平行于纵轴的直线。（　　）

7. 比亚迪 e6 车型的冷却系统采用闭式强制水冷循环系统,冷却介质为乙二醇型冷却液。（　　）

8. 由于永磁同步电机的转速恒为同步转速,转子主磁场和定子圆形旋转磁动势产生的旋转的磁场也保持相对静止。（　　）

(四) 名词解释

1. 永磁—

2. 同步—

3. 永磁同步电机—

(五) 简答题

1. 永磁同步电机由哪些部件组成？

2. 简述永磁同步电机的工作原理。

(六) 作图

作出永磁同步电机的驱动特性曲线图。

任务 12　永磁同步电机检修

学习目标

❖ **知识目标**

1. 能够正确说出永磁同步电机的维护内容和维护方法；
2. 能够正确说出永磁同步电机的检测内容和检测方法；
3. 能够正确叙述永磁同步电机的拆装步骤。

❖ **能力目标**

1. 能够正确维护永磁同步电机；
2. 能够正确拆装永磁同步电机；
3. 能够正确检测永磁同步电机。

建议课时

16 课时。

任务描述

装有永磁同步电机的电动汽车,你会对电机进行保养吗？如果怀疑永磁同步电机出现故障时,该如何进行检测？要对永磁同步电机内的各部件进行检查时,需要对永磁同步电机进行拆装,你会拆装吗？

一、知识准备

(一)电机的维护

1. 外观检查

永磁同步电机一般是免维护的,但也要看一下是否漏油、漏液。若有红色液体露出,则检查是否是电机油封处,若是可更换油封,在更换油封时应用专业工装进行更换,另外可以不定期用万用表检查电机绝缘、线束连接、是否缺相等。

电机使用一定的里程要进行电机油和冷却液的更换或者加注。比亚迪 e6 车型的永磁同步电机冷却液及电机油的排放塞如图 12-1 所示,注油塞及垫片如图 12-2 所示,电机加注油量为 2L,电机用油型号为美孚 ATF220。

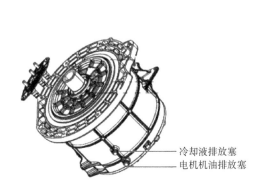

图 12-1 电机冷却液及电机油排放塞位置图

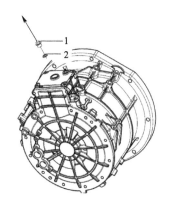

图 12-2 注油塞及垫片位置图
1-注油塞;2-垫片

2. 电机异响

如果检查中发现电机异响,进行判断后,可直接更换电机。

(二)电机的检测

1. 温度传感器、旋变线圈、温度信号(针对 e6 车型)测量

检测前,取下维修开关,关断高压电,拔下电机控制器上的低压线束。

1)比亚迪 e6 车型

检测时,根据比亚迪 e6 的电机回路(图 12-3)、比亚迪 e6 电机上的旋变插口 B22、温度信号插口 B23 以及比亚迪 e6 的 VTOG 上的低压插口 B32(图 12-4),使用万用表的欧姆挡位,根据电路图和插口的针脚,可进行电机温度传感器、温度信号、旋变的测量。

根据表 12-1 的针脚进行检测,测量值如果和表中的参考值不符合时,说明存在故障,应进行修复或更换。

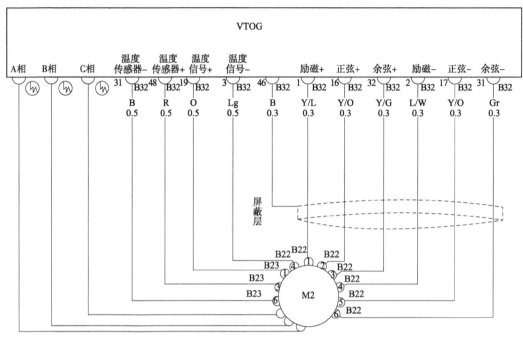

图 12-3 比亚迪 e6 电机回路

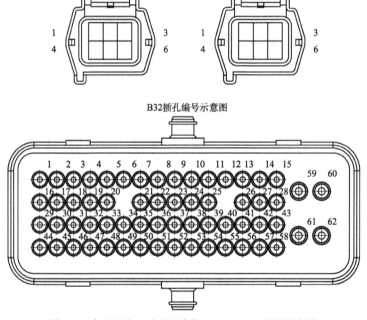

图 12-4 与比亚迪 e6 电机相连的 B22、B23、B32 插孔示意图

比亚迪 e6 电机故障检测数据 表 12-1

针脚定义	阻值	针脚定义	阻值
B32-19（MG2 电机温控开关 +）	0Ω	B32-48（MG2 电机温度传感器 +）	25±1Ω
B32-3（MG2 电机温控开关 -）		B32-34（MG2 电机温度传感器 -）	

2）比亚迪秦车型

检测时，根据比亚迪秦的电机回路（图12-5）、比亚迪秦电机控制器上的低压插口B21（图12-6），使用万用表的欧姆挡位，根据电路图和插口的针脚，可进行电机温度传感器、旋变的测量。

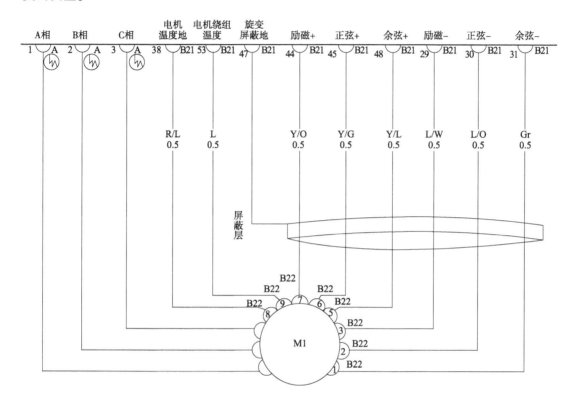

图12-5 比亚迪秦电机回路

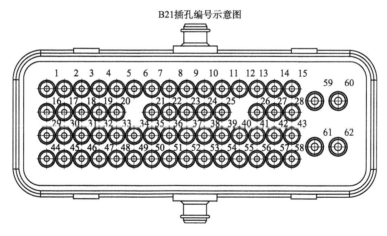

图12-6 与比亚迪秦电机相连的电机控制器B21插孔示意图

根据表12-2的针脚进行检测，测量值如果和表中的参考值不符合时，说明存在故障，应进行修复或更换。

比亚迪秦电机故障检测数据　　　表 12-2

针脚定义	阻值
B21-38（MG2 电机过温）	$8 \pm 1\Omega$
B21-53（MG2 电机过温地）	

2. 电机的绝缘检查

检查时,关断高压电,拔下低压线束、高压线束。检查电机 A、B、C 三相高压线与壳体之间的阻抗,一般大于 $20M\Omega$。

3. 电机 A、B、C 三相高压线检测

测量工具:万用表。

测量方式:在25℃下,使用万用表分别测量 A、B、C 三相电阻,将用万用两端子分别接在电控端 A 相,B 相,可测得 AB 间的阻值;同理,可测量 BC 相电阻值、AC 相电阻值,看用万用显示电阻值是否低于 0.5Ω。三相高压线如图 12-7 所示。

图 12-7　电机三相绕组的检测

4. 驱动电机系统常见故障诊断与排除

1)匝间短路

匝间短路是永磁同步电机的常见故障,其故障原因很多,成因非常复杂,但一般可以简单归纳总结为下面四点:

(1)在电机启动过程中匝间绝缘承受暂态过电压。

(2)电机定子绕组温度过高导致匝间绝缘失效。

(3)电机定子绕组线圈因振动导致匝间绝缘相互摩擦、破损。

(4)电机在潮湿高温等恶劣环境下长期运行。

2)电机温度过高

电机过温保护检查步骤:

检查电机温度传感器电阻:

(1)断开高压电,拔下低压线束,对照线束定义图检查电机温度信号对机壳电阻,一般为 $20k\Omega$（60℃时）。

(2)若正常,请重新接低压接插件上电一次,若还是出现故障码,维修/更换驱动电机控制器。

(3)若为无穷大,则为温度传感器故障,请维修或更换。

电机系统常见的故障代码及含义如表 12-3 所列。

电机系统常见故障代码及含义　　　表 12-3

故障代码	定义	可能故障原因
P0519	电机超速保护故障	旋转变压器及其线路故障
P0520	电机温度传感器短路故障	电机温度传感器及其线路故障
P0772	电机系统生命信号故障	供电熔丝熔断或线路故障 电机控制器损坏

续上表

故障代码	定　　义	可能故障原因
P1280	电机过热故障	冷却液不足 冷却系统堵塞 冷却液泵不工作 散热风扇不工作
P1793	电机发电机模式失效故障	电机控制器及其线路故障

3）故障诊断与排除

接车后，首先测量低压蓄电池电压，为12.2V，正常。接着进行下列检查步骤。

（1）起动开关置于OFF挡。

（2）将专用诊断仪连接至车辆诊断接口上。

（3）将起动开关置于ON挡。

（4）用诊断仪读取和清除故障码。

上述检测步骤中如果检测到故障代码，则说明车辆有故障，要按照表12-3中的可能故障原因进行相应的诊断步骤；如果没有检测到故障代码，则说明之前读取的故障为偶发性故障。

（三）故障等级的划分

当电机系统出现故障时，电机控制器将故障信息发送给整车控制器，整车控制器根据电机、电池、DC/DC等零部件故障，整车CAN网络故障及VCU硬件故障进行综合判断，确定整车的故障等级，并进行相应的控制处理。对整车的故障等级可进行四级划分，如表12-4所示。

整车故障等级　　　　表12-4

等级	名　称	故　障　处　理
1级	致命故障	电机零转矩，1s紧急断开高压，系统故障灯亮
2级	严重故障	2级电机故障，电机零转矩；2级电池故障，20A放电电流限功率。系统故障灯亮
3级	一般故障	进入跛行工况/降功率，系统故障灯亮
4级	轻微故障	4级故障属于维修提示，但是VCU不对整车进行限制，仅仪表显示。4级能量回收故障，仅停止能量回收，行驶不受影响

如：故障代码P0519是电机超速保护故障，它属于1级故障，即致命故障，这时电机输出转矩为0，动力蓄电池的高压电断开，系统故障灯亮，这就是该车不能行驶的原因。

（四）电机的拆装

当旋变/温感接插件处、转子、定子等出现问题时，需要对永磁同步电机进行拆装，拆装严格按照拆装步骤进行，拆装步骤在后面的实操以BYD-TYC110A、比亚迪e5的BYD-2217TZB电机的拆装为例进行介绍。在拆装的过程中，请注意保护好所有零部件，防止零部件被意外损坏。

（五）电机的装配注意事项

1．电机装配过程中的检查

1）电机装配前检查

要清扫定转子内外表面尘垢，并用沾汽油的棉布擦拭干净。清除电机内部异物和浸漆留下的漆瘤,特别是机座和端盖止口上的漆瘤和污垢,一定要用刮刀和铲刀铲除干净,否则影响电机装配质量。

2)装配中的检查

检查槽楔、齿压板、绕组端部绑扎和绝缘块是否松动和脱落,槽楔和绑扎的五维带或绑扎绳是否高出铁芯表面。铁芯通风沟要清洗干净,不得堵塞。绕组绝缘和引线绝缘以及出线盒绝缘应良好,不得损伤。绝缘电阻值不应低于规程的规定,还要检查装配零部件是否齐全。检查后要用30MPa左右的压缩空气吹尽电机铁芯和绕组上的灰尘。最后按与拆卸时相反的顺序进行电机装配工作。

2. 滚动轴承的装配

原来是热套装的轴承,在装配时仍要采用热套配合,不要改冷套配合,否则会使轴承在运转时产生噪声、发热、缩短使用寿命。

1)滚动轴承前套装前的检查

要检查轴承内圈与轴径配合公差以及轴承外圈与端盖轴承座的配合公差。同时还要检查轴承、轴颈、端盖轴承座三者配合的表面粗糙度。

2)滚动轴承的装配

装配滚动轴承时,要先把内轴承盖涂好润滑脂套入轴内,然后再套装轴承。在轴颈上薄薄涂上一层机油,便可着手装配轴承。采取铜棒敲打内轴承办法由于轴承内圈受力不均,装配质量不高,所以原则上是不允许采取此方法。

3)热套配合前的检查

先要仔细检查轴承与轴颈的配合尺寸,因为热套与冷套不同,热套时在套入的过程中不易发觉轴颈的配合公差和过盈程度是否适宜,而冷套过程中可以根据套入过程的压紧力大小能间接判断出配合过盈量是否合适。热套前将轴承加热至100℃左右,非密封轴承可在机油中煮5min左右,立即迅速将轴承套入轴颈上。对于密封式轴承,因内部已涂满润滑脂,不要用油煮加热,可用电加热法将轴承加热后套在轴上。

装配轴承时,要使轴承带型号的一面朝外,以便检修更换时方便。

二、任务实施

(一)准备工作

(1)防护装备:常规实训着装。

(2)教学设施、台架、总成:比亚迪 BYD-TYC110A、BYD-2217TZB 永磁同步电机总成、比亚迪 e6 整车一辆、比亚迪秦整车一辆。

(3)专用工具:拆装工具一套、接插件专用插针。

(4)手工工具:无。

(5)仪器仪表:数字万用表一只、数字兆欧表一只。

(6)辅助材料:无。

(7)各组进行分工,选出组长、记录员等。

(8)实训场地安全检查。

(二)技术要求与注意事项

1. 电机内部

维修装配时都要清洁电机内部,不能有杂质。

2. 密封处

(1)彻底清洗接合面。

(2)接合面一定要涂抹密封胶(耐油硅酮密封胶 M-1213 型)。接合面为:接线盒盖与箱体、端盖与箱体接合处。

(3)铭牌要用 AB 胶涂抹接合处。

3. 卡环

(1)勿过分扩张卡环,以免使其变形。如果变形,需要更换。

(2)确保卡环完全卡入环槽。

4. 螺栓

电机上所有的螺栓要用螺纹胶赛特 242 涂抹紧固。如果螺栓有裂纹或者损坏,请及时更换。螺栓打到规定扭矩后用油漆笔作标记。

5. 轴承

(1)安装轴承前要用轴承加热器加热所用的轴承 10s。

(2)安装过程时,采用规定的工装进行操作。

(3)同样尺寸的轴承外圈与内圈不可以更换。

6. 装配时用润滑油处

(1)三相动力线束总成与箱体装配孔装配时涂抹润滑油。

(2)O 型圈与箱体装配时涂抹润滑油。

(3)密封盖与盖板装配时要涂抹润滑油。

(4)旋变接插件、温控接插件与箱体装配时涂抹润滑油。

7. 注意事项

(1)操作时,没有教师的允许,车辆不能通电试车。

(2)操作时,车辆维修开关必须取下。

(3)操作时,车辆上电机外部连线按要求拆卸。

(4)电机总成拆装只能在工作台上进行。

(5)电机各部件必须按规定位置摆放。

(三)操作步骤

1. 电机的保养

(1)检查电机外观是否清洁、有裂纹。

(2)检查电机是否漏油、漏液。

(3)识别电机的冷却液的出入口。

(4)识别电机机油排放塞安装位置。

2. BYD-TYC110A 电机的拆装

1)旋变/温感接插件拆卸与安装

(1)用扳手将 M6×16 六角法兰面螺栓"2"拆下,如图 12-8 所示。

(2) 将旋变/温感接插件"1"取出来,斜口钳将旋变接插件中间部分取下。

(3) 取新的旋变/温感接插件连上旋变/温感引线端插件,在旋变接插件密封圈出涂上一层油脂,再将旋变/温感接插件插入后箱体配合孔内,最后将 M6×16 六角法兰面螺栓"2"安装,力矩为 12N·m。

2) 通气阀拆卸与安装

(1) 用活动扳手将通气阀"1"拆下,如图 12-9 所示。

(2) 取新的通气阀涂上一层密封胶,再用活动扳手将通气阀装到后箱体上。

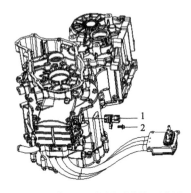

图 12-8 旋变/温感接插件拆卸示意图
1-旋变/温感插接件;2-螺栓 M6×16

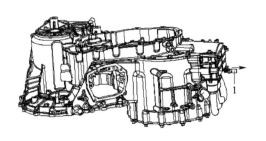

图 12-9 拆卸通气阀部件示意图
1-通气阀

3) 电机端盖(减速器前箱体)拆卸与安装

当电机机壳内零件需要维修时,需将故障件返厂家,由厂家对电机端盖(减速器前箱体)进行拆卸。

下面说明一下电机端盖的拆卸和安装:

(1) 用扳手将法兰面螺栓 M8×30"1"、法兰面螺栓 M8×20"2"和法兰面螺栓 M8×35"3"拆下来,如图 12-10 所示。

(2) 用专用工具将端盖慢慢从后箱体取下来,待端盖内轴承与转轴轴承未脱离后,轻轻抬起端盖,将温度传感器接插件两个绝缘体分离,由于之前装端盖时在接合面处涂抹了密封胶,在盖扳拆下后要对电机内部进行清洁,不得让异物掉入电机内部。

(3) 当对电机内部进行维修后,要对端盖进行安装,安装盖扳时:先在后箱体接合面处涂抹上密封胶,将温度传感器接插件两个绝缘插合,利用止口和定位销对端盖与后箱体进行定位,然后用力矩扳手将 M8×30 法兰面螺栓"1"、M8×20 法兰面螺栓"2"、和法兰面螺栓 M8×35"3"拧紧,力矩为 25N·m。

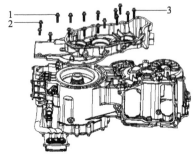

图 12-10 电机端盖拆卸安装示意图
1-螺栓 M8×30;2-螺栓 M8×20;
3-螺栓 M8×35

4) 电机转子拆卸与安装

当电机转子需要维修时,先对电机端盖(减速器前箱体)进行拆卸。

利用提转子工具取出电机转子"1",再维修电机转子。维修完后装配转子再安装电机端盖。如图 12-11 所示。

5）旋变定子拆卸与安装

当旋变定子需要维修时,先对电机端盖(减速器前箱体)进行拆卸。

用扳手将螺栓"1"拧下,取出旋变隔磁环"2",将定子引出线从旋变接插件中拔出后取出旋变定子"3"。如图 12-12 所示。

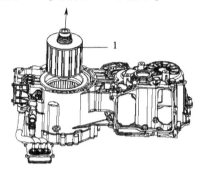

图 12-11　电机转子拆卸与安装示意图
1-转子

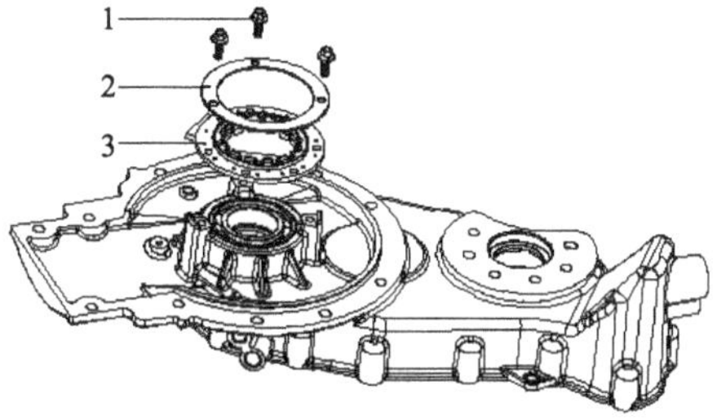

图 12-12　旋变定子拆卸与安装示意图
1-螺栓;2-旋变隔磁环;3-旋变定子

维修完旋变定子和旋变隔磁环后,装上电机转子再安装电机端盖。

6）轴承拆卸与安装

(1) 当电机端盖轴承需要维修时,先对电机端盖进行拆卸,然后拆卸下旋变定子。

将电机端盖放入 120℃烤箱中加热 30min,将轴承"1"取出,装入新的轴承。如图 12-13 所示。

将旋变定子装配好后,再安装电机端盖。

(2) 当后箱体轴承需要维修时,先对电机端盖进行拆卸,然后拆卸下电机转子。

将后箱体放入 120℃烤箱中加热 30min,将轴承"1"取出,装入新的轴承。如图 12-14 所示。装上电机转子再安装电机端盖。

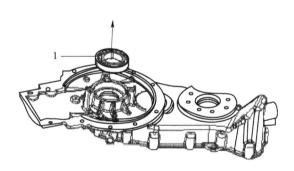

图 12-13　轴承拆卸与安装示意图
1-轴承

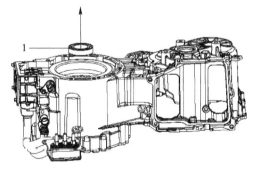

图 12-14　后箱体轴承拆卸与安装示意图
1-轴承

7）三相动力线束拆卸与安装

(1) 拆卸前。

将电机平置于专用的工作台上,使其平稳放置,确保拆分时的电机安全。

(2) 拆卸维修。

当三相动力线束需要维修时,先对电机接线盒盖进行拆卸。

用扳手将固定接线盒盖的 M6×12 法兰面螺栓"1",取下接线盒盖"2",由于之前装端盖时在接合面处涂抹了密封胶,在盖板拆下后要对电机内部进行清洁,不得让异物掉入电机内部;将三相动力线束和接线座的螺栓"3"拧下。将固三相动力线束法兰的 M6×12 法兰面螺栓"4"拧下拔出三相动力线束"5"维修。(拔出时注意不要损坏三相动力线束)如图 12-15 所示。

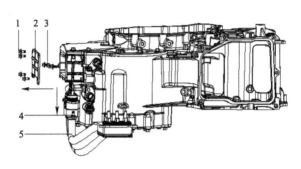

图 12-15 三相动力线束拆卸与安装示意图
1-螺栓 M6×12;2-接线盒盖;3-螺栓;4-螺栓 M6×12;5-三相动力线束

(3)后处理。

维修完毕后,再将三相动力线束涂抹润滑脂装入接线盒。用螺栓"3"将其固定于接线座上,力矩为 12N·m。

将 M6×12 法兰面螺栓涂螺纹胶用 12N·m 固定三相动力线束法兰。

要对接线盒盖进行安装,安装接线盒盖时:先在接线盒盖接合面处涂抹上密封胶,利用螺栓对接线盒盖与接线盒进行定位,然后用力矩扳手将 M6×12 法兰面螺栓拧紧,力矩为 12N·m

8)电机定子拆卸与安装
(1)拆卸前。
①将电机平置于专用的工作台上,使其平稳放置,确保拆分时的电机安全。
②按拆电机端盖工序和拆电机转子工序将电机端盖和转子拆除。

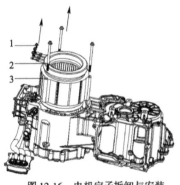

图 12-16 电机定子拆卸与安装
1-螺栓 M6×12;2-螺栓 M8×125;3-定子

(2)拆卸维修。
①用扳手将固定三相动力线束和接线座的 M6×12 法兰面螺栓"1"拧下。如图 12-16 所示。
②用扳手将固定定子的 M8×125 法兰面螺栓"2"拧下。
③将定子"3"从电机内取出维修。
(3)后处理。

维修完毕后,将电机定子装入电机内,将 M8×125 法兰面螺栓"2"用 25N·m 的力矩拧紧,将螺栓"1"用 12N·m 的力矩拧紧。

要对转子和电机端盖进行安装,安装电机端盖时:先在后箱体接合面处涂抹上密封胶,利用止口和螺栓对电机端盖与后箱体进行定位,然后用力矩扳手将 M8×30 法兰面螺栓拧紧,力矩为 25N·m

9)挡水扳拆卸与安装

(1)拆卸。

将电机轴伸端朝下平放,用扳手将固定挡水扳和后箱体的 M8×30 法兰面螺栓"1"拧下,取下内圈螺栓下的 O 形圈"2"、挡水扳"3"和水道筋"4"。如图 12-17 所示。

(2)维修与安装。

①将挡水扳或水道筋进行维修或更换。将维修好的水道筋涂抹润滑脂进行安装或将更换后的挡水扳装配到后箱体上。

②安装完毕后进行气压密封性测验。

3. 比亚迪 e5 车型的 BYD-2217TZB 电机拆装

1)旋变接插件拆卸

(1)用扳手将 M6×10 六角头螺栓(图 12-18 中"1")拧下来。

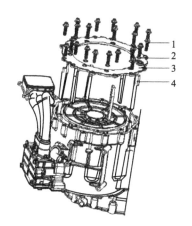

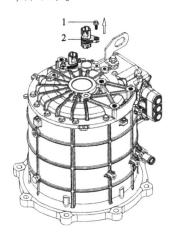

图 12-17 挡水扳拆卸与安装示意图

1-螺栓 M8×30;2-O 形圈;3-挡水板;4-小道筋

图 12-18 旋变接插件拆卸

1-M6×10 螺栓;2-旋变接插件

(2)将旋变接插件(图中"2")取出来,斜口钳将旋变接插件中间部分取下。

2)温控接插件拆卸

(1)用扳手将 M6×10 六角头螺栓(图 12-19 中的"1")拧下来。

(2)将温控接插件(图中"2")取出来,斜口钳将温控接插件中间部分取下。

3)通气阀拆卸。

(1)将固定接线盒盖的 M6×16 六角头螺栓(图 12-20 中的"1")拧下,去除接线盒盖,通气阀就在接线盒盖上。

(2)用工具夹住通气阀的卡环将通气阀取下来。

4)电机骨架油封拆卸与安装

利用工具取出油封后,更换用新油封在安装之前要用润滑油在骨架油封处和壳体配合处涂抹。

安装时,利用专用工具把油封向里压紧,千万不能硬砸硬冲。

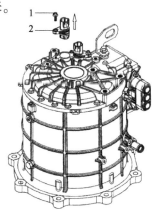

图 12-19 温控接插件拆卸

1-螺栓 M6×10;2-温控接插件

5）电机端盖拆卸与安装

（1）用扳手将法兰面螺栓扭下。

（2）用专用工具将端盖从壳体上取下来。由于之前装端盖时在接合面处涂抹了密封胶,在端盖拆下后要对电机内部进行清洁,不得让异物掉入电机内部。

（3）对电机内部进行维修完毕后,要对端盖进行安装。安装端盖时:先在箱体接合面处涂抹上密封胶,利用定位销对端盖与箱体进行定位,然后用扭力扳手将 M8×30 法兰面螺栓（图 12-21）扭紧,力矩 25N·m。

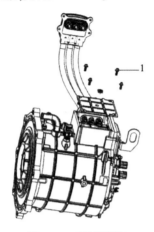 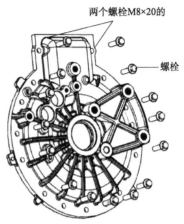

图 12-20　通气阀拆卸　　　　　　　　图 12-21　端盖拆卸与安装
1-螺栓 M6×16

6）滚动轴承的拆卸与安装

从轴上拆轴承时,应使轴承内圈均匀受力;从轴承室拆轴承时,应使外圈受力均匀。热套的轴承因过盈量大,不允许改用冷拆办法。因为这样做不但拆卸困难,同时也会损伤轴承配合精度,增大轴承噪声,所以必须采用热拆法。轴承的拆卸见图 12-22 所示。

7）电机转子拆卸与安装

利用转子工具取出电机转子（图 12-23）。

 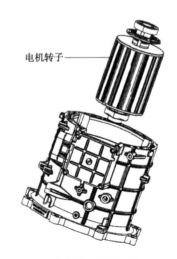

图 12-22　轴承的拆卸　　　　　　　　图 12-23　转子拆卸

8)三相动力线束拆卸

(1)拆卸前:将电机平放于工作台上,使其平稳放置,确保拆分时的电机安全。

(2)先对接线盒进行拆卸,用扳手将固定三相动力线束和接线座铜排的螺栓(图12-24中的"1")拧下,将固定三相动力线束法兰的 M6×16 六角头螺栓拧下拔出三相动力线束。

安装时,将三相动力线束涂抹润滑油装入箱体,将 M6×16 六角头螺栓涂螺纹胶固定三相动力线束法兰,然后用螺栓将三相线端子固定在接线座铜排上,然后再对接线盒进行安装,安装盒盖时,先在箱体接合面处涂抹上密封胶,然后用扭力扳手将 M6×16 螺栓拧紧。

9)电机定子拆卸与安装

(1)用扳手将固定接线座铜排和定子引出线的螺栓(图12-25中的"2")拧下。

(2)用扳手将固定定子六角头螺栓 M8×194 拧下(图12-25中的"1")。

(3)将定子(图12-15中的"3")从电机内取出。

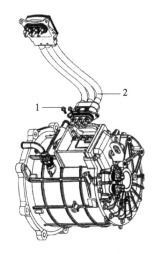

图12-24 三相动力线束拆卸
1-螺栓 M6×16;2-三相动力线束

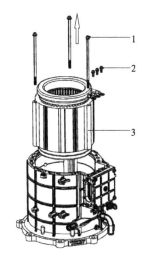

图12-25 电机定子拆卸
1-螺栓 M8×194;2-螺栓;3-定子

(4)安装时。

①将电机定子装入电机内,将螺栓"2"用12N·m的力矩拧紧。

②将六角头螺栓 M8×194"1"用25N·m的力矩拧紧。

10)电机旋变定子拆卸与安装

(1)用扳手将螺栓(图12-26中的"1")拧下,将定子引出线从旋变接插件中拔出后取出旋变定子(图12-26中的"2")。

(2)最后时密封环的拆卸与安装。

①在拆卸密封环之前要确保电机水道内冷却液排放干净。

②将电机旋变接插件端朝下平放,在入水管通上气压,而出水管道堵塞密封,利用气压将密封环带O形圈(图12-27)压出箱体。

安装时,将新的密封环带O形圈或水道筋涂抹润滑油进行安装,安装完毕后进行水压密封性测验。

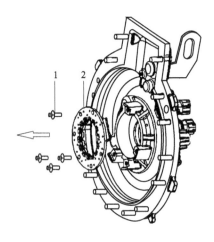

图12-26 电机旋变定子拆卸
1-螺栓;2-旋变定子

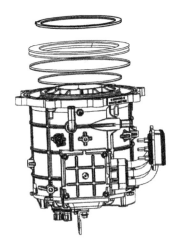

图12-27 密封环拆卸与安装

4. 比亚迪e6永磁同步电机的就车检测

电机上的温度传感器、旋变线圈、温度信号等,直接从电机控制器上拆下接插件(B32)进行检测;电机三相绕组、绝缘的检测,拆下三相线,进行电阻值的测量。

1)起动按钮

把起动按钮打到OFF挡,如图12-28所示,等待5min。

2)戴好绝缘手套

3)拔下维修开关

(1)打开车辆内室储物盒,并取出内部物品。

(2)取出储物盒底部隔板。

(3)使用十字螺钉旋具将安装盖扳螺钉(4颗)拧下,并掀开盖板。

图12-28 起动按钮打到OFF挡

(4)取出维修开关上盖板。

(5)拉动维修开关手柄呈竖直状态,向上提拉,取出维修开关。

(6)使用电工绝缘胶布封住维修开关接插件母端,流程如图12-29所示。

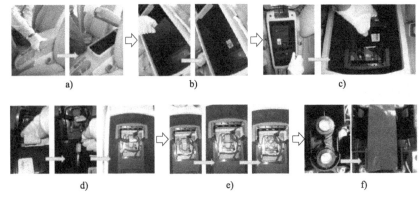

图12-29 断开维修开关

4)打开车辆前舱电机盖

打开左前车门,找到前舱电机盖开启按钮(开启按钮位于驾驶室驻车踏板旁边),向外拉起,接着打开前舱盖锁,就可打开前舱,开启过程如图 12-30 所示。

图 12-30　开启前舱

5)拆卸蓄电池负极线

使用梅花扳手,拧下 12V 铅酸蓄电池负极的固定螺栓,拔下 12V 铅酸蓄电池负极接线,如图 12-31 所示。

图 12-31　拆卸蓄电池负极线

6)拆卸低压接插件

找到低压接插件 B32(先解除二次锁死机构),取下电机控制器上的低压线束接插件,如图 12-32 所示。

图 12-32　拆卸低压接插件

7)测量温控开关

(1)插入测量插针。

先把接插件专用插针插入电机控制器低压接插件 B32-3 针孔与 B32-19 针孔,如图 12-33 所示。

(2)测量。

测量时,万用表打到欧姆挡的 200 欧姆挡位,先校表,然后红表笔与 B32-3 针孔插针连接,黑表笔与 B32-19 针孔插针连接,测量如图 12-34 所示。

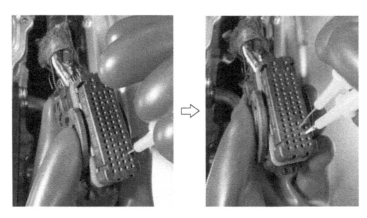

图 12-33　插针插入 B32-3 和 B32-19 插孔

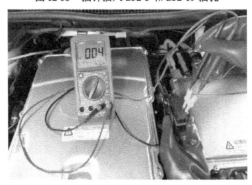

图 12-34　测量温控开关

8）测量励磁绕组

（1）插入测量插针。

先把接插件专用插针插入电机控制器低压接插件 B32-1 针孔与 B32-2 针孔，如图 12-35 所示。

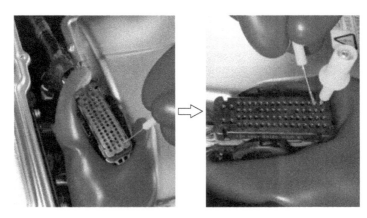

图 12-35　插针插入 B32-1 和 B32-2 插孔

（2）测量。

测量时，万用表打到欧姆挡的 200 欧姆挡位，先校表，然后红表笔与 B32-1 针孔插针连接，黑表笔与 B32-2 针孔插针连接，测量如图 12-36 所示。

图 12-36　测量励磁绕组

9）拆卸电机 A、B、C 三相高压线

（1）拆卸固定在电机控制器上面的冷却水管的两颗螺栓。

（2）拆卸固定三相高压线的两颗螺栓，向下拉即可取下三相高压线，如图 12-37 所示。

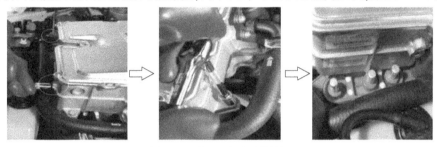

图 12-37　电机三相高压线拆卸

10）测量 A、B、C 三相高压线之间的电阻

（1）测量 A、B 相高压线之间的电阻。

使用毫欧表测量驱动电机 A、B 相之间电阻值，将毫欧表的表夹夹在电机 A 相、B 相上，按压 START 键，读数并记录（25mΩ 左右），测量如图 12-38 所示，阻值为 24.47mΩ，属于正常值；比较测量数值，任意两相电阻值在 25mΩ±5mΩ 区间内，且三组数值相差在 2mΩ 以内，电机绕组阻值正常。

（2）测量 A、C 相高压线之间的电阻。

使用毫欧表测量驱动电机 A、C 相之间电阻值，将毫欧表的表夹夹在电机 A 相、C 相上，按压 START 键，读数并记录（25mΩ 左右），测量如图 12-39 所示，阻值为 24.47mΩ，属于正常值。

图 12-38　测量 A、B 相高压线之间的电阻

图 12-39　测量 A、C 相高压线之间的电阻

(3)测量 B、C 相高压线之间的电阻。

使用毫欧表测量驱动电机 B、C 相之间电阻值,将毫欧表的表夹夹在电机 B 相、C 相上,按压 START 键,读数并记录(25mΩ 左右),测量如图 12-40 所示,阻值为 24.47mΩ,属于正常值。

图 12-40　测量 B、C 相高压线之间的电阻

图 12-41　测量 A 相高压线与壳体的绝缘电阻

(2)测量 B 相高压线与壳体之间的绝缘电阻。

测量时,数字兆欧表电阻选择 200MΩ 挡位、电压选择 1000V,按下数字兆欧表电源键 POWER,红表笔连接到 B 相高压线,黑表笔连接到电机壳体,然后按下数字兆欧表测试键 PRESS TO TEST,数字兆欧表显示的数字就是 B 相线绝缘电阻值,如图 12-42 所示。

(3)测量 C 相高压线与壳体之间的绝缘电阻。

测量时,数字兆欧表电阻选择 200MΩ 挡位、电压选择 1000V,按下数字兆欧表电源键 POWER,红表笔连接到 C 相高压线,黑表笔连接到电机壳体,然后按下数字兆欧表测试键 PRESS TO TEST,数字兆欧表显示的数字就是 C 相线绝缘电阻值,如图 12-43 所示。

图 12-42　测量 B 相高压线与壳体的绝缘电阻

图 12-43　测量 C 相高压线与壳体的绝缘电阻

5. 比亚迪秦车型永磁同步电机的就车检测

1) 断开维修开关

(1) 先拆卸后部座椅,如图 12-44 所示。

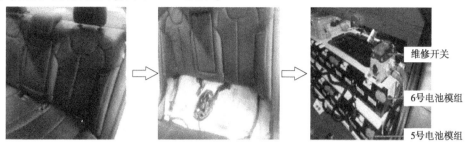

图 12-44　座椅拆卸

(2) 再取维修开关,如图 12-45 所示。

图 12-45　拔下维修开关

2) 拆下接插件(B21)

找到低压接插件(先解除二次锁死机构),取下电机控制器上的低压线束接插件,如图 12-46 所示。

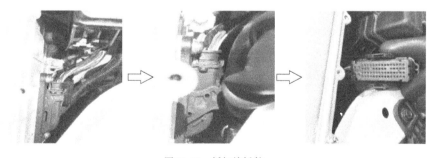

图 12-46　拆卸接插件

3) 测量温度传感器

(1) 插入测量插针。

先把接插件专用插针插入电机控制器低压接插件 B21-38 针孔与 B21-53 针孔,如图 12-47 所示。

(2) 测量。

测量时,万用表打到欧姆挡的 200Ω 挡位,先校表,然后红表笔与 B21-53 针孔插针连接,黑表笔与 B21-38 针孔插针连接,测量如图 12-48 所示。

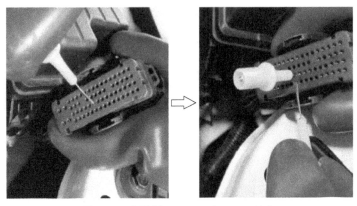

图 12-47　插针插入 B21-38 和 B21-53 插孔

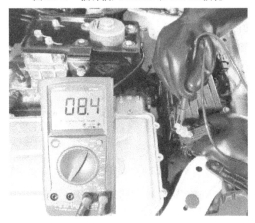

图 12-48　测量温度传感器

4）拆下电机 A、B、C 三相高压线

使用套筒工具拆下四颗固定螺栓,向外一拉即可取下三相高压线,测量如图 12-49 所示。

图 12-49　电机三相高压线拆卸

5）测量 A、B、C 三相高压线之间的电阻

（1）测量 A、B 相高压线之间的电阻。

使用毫欧表测量驱动电机 A、B 相之间电阻值,将毫欧表的表夹夹在电机 A 相、B 相上,按压 START 键,读数并记录(25mΩ 左右),测量如图 12-50 所示,阻值为 24.97mΩ,属于正常值;比较测量数值,任意两相电阻值在 25mΩ ± 5mΩ 区间内,且三组数值相差在 2mΩ 以内,电机绕组阻值正常。

(2) 测量 A、C 相高压线之间的电阻。

使用毫欧表测量驱动电机 A、C 相之间电阻值,将毫欧表的表夹夹在电机 A 相、C 相上,按压 START 键,读数并记录(25mΩ 左右),测量如图 12-51 所示,阻值为 24.97mΩ,属于正常值。

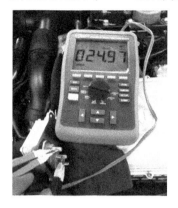
图 12-50 测量 A、B 相高压线之间的电阻

图 12-51 测量 A、C 相高压线之间的电阻

(3) 测量 B、C 相高压线之间的电阻。

使用毫欧表测量驱动电机 B、C 相之间电阻值,将毫欧表的表夹夹在电机 B 相、C 相上,按压 START 键,读数并记录(25mΩ 左右),测量如图 12-52 所示,阻值为 24.97mΩ,属于正常值。

6) 测量 A、B、C 三相高压线与壳体的绝缘电阻

(1) 测量 A 相高压线与壳体之间的绝缘电阻。

测量时,数字兆欧表电阻选择 200MΩ 挡位、电压选择 1000V,按下数字兆欧表电源键 POWER,红表笔连接到 A 相高压线,黑表笔连接到电机壳体,然后按下数字兆欧表测试键 PRESS TO TEST,数字兆欧表显示的数字就是 A 相线绝缘电阻值,测量如图 12-53 所示。

图 12-52 测量 B、C 相高压线之间的电阻

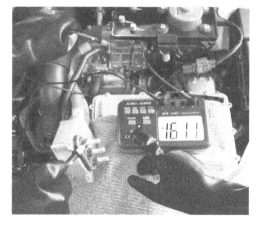
图 12-53 测量 A 相高压线与壳体的绝缘电阻

(2) 测量 B 相高压线与壳体之间的绝缘电阻。

测量时,数字兆欧表电阻选择 200MΩ 挡位、电压选择 1000V,按下数字兆欧表电源键 POWER,红表笔连接到 B 相高压线,黑表笔连接到电机壳体,然后按下数字兆欧表测试键 PRESS TO TEST,数字兆欧表显示的数字就是 B 相线绝缘电阻值,测量如图 12-54 所示。

(3) 测量 C 相高压线与壳体之间的绝缘电阻。

测量时,数字兆欧表电阻选择 200MΩ 挡位、电压选择 1000V,按下数字兆欧表电源键 POWER,红表笔连接到 C 相高压线,黑表笔连接到电机壳体,然后按下数字兆欧表测试键 PRESS TO TEST,数字兆欧表显示的数字就是 C 相线绝缘电阻值,测量如图 12-55 所示。

图 12-54 测量 B 相高压线与壳体的绝缘电阻

图 12-55 测量 C 相高压线与壳体的绝缘电阻

6. 部件恢复及 7S 管理。

三、技能考核标准(表 12-5)

技能考核标准　　　　　　　　　　　　　　表 12-5

序号	项目	操作内容	规定分	评分标准	得分
1	实训准备	1. 实训手册的准备; 2. 永磁同步电机实训台、实训车辆的基本检查	8 分	1. 能够准备实训手册(2 分,无实训手册的扣 2 分); 2. 能够正确检查永磁同步电机实训台的部件数量和工量具、实训台、实训车辆安全检查,并做好记录(6 分,每项检查 2 分)	
2	永磁同步电机外观检查	1. 检查电机的清洁度; 2. 检查电机的裂纹; 3. 检查电机的漏液	3 分	1. 能够正确检查电机的清洁度(1 分); 2. 能够正确检查电机有无裂纹(1 分); 3. 能够正确检查电机有无漏液(1 分)	
3	BYD-TYC110A 电机的拆装	1. 旋变/温感接插件拆卸与安装; 2. 通气阀拆卸与安装; 3. 电机端盖(减速器前箱体)拆卸与安装; 4. 电机转子拆卸与安装; 5. 旋变定子拆卸与安装; 6. 轴承拆卸与安装; 7. 三相动力线束拆卸与安装; 8. 挡水扳拆卸与安装	16 分	1. 能够正确拆装旋变/温感接插件(2 分); 2. 能够正确拆装通气阀(2 分); 3. 能够正确拆装电机端盖(减速器前箱体)(2 分); 4. 能够正确拆装电机转子(2 分); 5. 能够正确拆装旋变定子(2 分); 6. 能够正确拆装轴承(2 分); 7. 能够正确拆装三相动力线束(2 分); 8. 能够正确拆装挡水扳(2 分)	

续上表

序号	项 目	操 作 内 容	规定分	评 分 标 准	得分
4	BYD-2217TZB 电机拆装	1. 旋变/温感接插件拆卸与安装； 2. 通气阀拆卸与安装； 3. 电机端盖（减速器前箱体）拆卸与安装； 4. 电机转子拆卸与安装； 5. 旋变定子拆卸与安装； 6. 轴承拆卸与安装； 7. 三相动力线束拆卸与安装	14分	1. 能够正确拆装旋变/温感接插件(2分)； 2. 能够正确拆装通气阀(2分)； 3. 能够正确拆装电机端盖（减速器前箱体）(2分)； 4. 能够正确拆装电机转子(2分)； 5. 能够正确拆装旋变定子(2分)； 6. 能够正确拆装轴承(2分)； 7. 能够正确拆装三相动力线束(2分)	
5	比亚迪e6 断开维修开关	1. 比亚迪e6点火开关打到OFF挡； 2. 比亚迪e6维修开关断开； 3. 比亚迪e6蓄电池负极断开	8分	1. 能够操作点火开关，使其处于OFF挡位(2分)； 2. 能够正确拔下维修开关(3分)； 3. 能够正确拔下铅酸蓄电池负极接线(3分)	
6	比亚迪e6 电机检测	1. 拔维修开关； 2. 拆卸电机控制器接插件； 3. 查找温度开关针脚(B32-19、B32-3)； 4. 测量温度开关； 5. 查找温度传感器针脚(B32-48、B32-34)； 6. 测量温度传感器； 7. 拆卸电机三相高压线； 8. 测量三相高压线的电阻； 9. 测量三相高压线的绝缘电阻	18分	1. 能够正确拔下维修开关(2分)； 2. 能够正确拆卸电机控制器接插件(2分)； 3. 能够查找资料识别出温度开关针脚(B32-19、B32-3)(5分)； 4. 能够正确测量温度开关(2分)； 5. 能够查找资料识别出温度传感器针脚(B32-48、B32-34)(3分)； 6. 能够正确测量温度传感器(2分)； 7. 能够正确拆卸电机三相高压线(2分)； 8. 能够正确测量三相高压线的电阻(2分)； 9. 能够正确测量三相高压线的绝缘电阻(2分)	
7	比亚迪秦 维修开关	1. 拆卸后座椅； 2. 拔下维修开关	4分	1. 能够正确拆卸后排座椅(2分)； 2. 能够正确拔下维修开关(2分)	
8	比亚迪秦 电机检测	1. 拔维修开关； 2. 拆卸电机控制器接插件； 3. 查找温度传感器针脚(B21-38、B21-53)； 4. 测量温度传感器； 5. 拆卸电机三相高压线； 6. 测量三相高压线的电阻； 7. 测量三相高压线的绝缘电阻	17分	1. 能够正确拔下维修开关(2分)； 2. 能够正确拆卸电机控制器接插件(2分)； 3. 能够查找资料识别出温度传感器针脚(B21-38、B21-53)(5分)； 4. 能够正确测量温度传感器(2分)； 5. 能够正确拆卸电机三相高压线(2分)； 6. 能够正确测量三相高压线的电阻(2分)； 7. 能够正确测量三相高压线的绝缘电阻(2分)	

续上表

序号	项目	操作内容	规定分	评分标准	得分
9	部件恢复及7S管理	1.识别部件的恢复； 2.7S管理	12分	1.能够正确恢复识别的各部件(5分)； 2.能够正确进行7S管理(7分,少做一项扣1分)	
	总分		100分		

四、思考与练习

(一)填空题

1. 永磁同步电机外观检查是否漏_____、漏_____。
2. 永磁同步电机使用一定的里程要进行_____和_____的更换或者加注。
3. 在电机拆分过程中,请注意保护好所有零部件,防止零部件被_____。
4. 电机装配前,要清扫定转子内外表面_____,并用_____擦拭干净。
5. 比亚迪e6永磁同步电机就车检测内容有_____、_____、_____。
6. 比亚迪秦永磁同步电机就车检测内容有_____、_____、_____。

(二)单项选择题

1. 比亚迪e6温度信号开关检测的针脚是(　　)。
　 A. B32-19和B32-3　　　B. B21-19和B21-3　　　C. B32-48和B32-34
2. 比亚迪e6温度传感器检测的针脚是(　　)。
　 A. B32-19和B32-3　　　B. B21-19和B21-3　　　C. B32-48和B32-34
3. 永磁同步电机的三相高压线与壳体之间的阻值(　　)。
　 A. 等于20MΩ　　　B. 大于20MΩ　　　C. 小于20MΩ
4. 永磁同步电机的三相高压线两两之间的阻值(　　)。
　 A. 等于0.5Ω　　　B. 大于0.5Ω　　　C. 小于0.5Ω
5. 比亚迪e6电机加注油量为(　　)。
　 A. 0.5L　　　B. 1L　　　C. 2L
6. 电动汽车的故障等级可划分为(　　)级。
　 A. 四　　　B. 六　　　C. 八

(三)判断题

1. 电机不需要进行电机油和冷却液的更换或者加注。　　　　　　　　　(　　)
2. 如果检查中发现电机异响,进行判断后,可直接更换电机。　　　　　(　　)
3. 匝间短路是永磁同步电机的常见故障。　　　　　　　　　　　　　　(　　)
4. 电机过热故障有可能是冷却液不足造成的。　　　　　　　　　　　　(　　)
5. 电机控制器无法检测到电机系统出现故障时的信号。　　　　　　　　(　　)
6. 电机装配时不需要清扫定转子内外表面尘垢。　　　　　　　　　　　(　　)

(四)简答题

1. 写出电机故障代码P0520所代表的含义。

2. 写出永磁同步电机系统的常见故障代码及含义。
3. 写出 BYD-TYC110A 电机的拆装的八个步骤。

任务 13　电机旋转变压器检修

学习目标

❖ **知识目标**
1. 能正确叙述电机旋转变压器的作用和类型；
2. 能正确叙述电机旋转变压器的结构；
3. 正确分析电机旋转变压器的工作原理；
4. 正确叙述电机旋转变压器的检测内容及检测方法。

❖ **能力目标**
1. 能正确识别旋转变压器各部件；
2. 能正确检测旋转变压器。

建议课时

12 课时。

任务描述

永磁同步电机的正转和反转是靠改变什么来完成的？旋转变压器由哪些部件组成？你能识别出这些部件吗？你能就车检测旋转变压器吗？

一、知识准备

旋转变压器（简称旋变）是一种输出电压随转子转角变化的信号元件。用来测量旋转物体的转轴角位移和角速度，当励磁绕组以一定频率的交流电压励磁时，输出绕组的电压幅值与转子转角成正、余弦函数关系，这种旋转变压器又称为正余弦旋转变压器。旋转变压器作为速度及位置检测，可以反馈给控制器进行监测，来准确过控制电机的转速及位置。

永磁交流电机的位置传感器，原来是以光学编码器居多，但这些年来，却迅速地被旋转变压器代替。在家电中，不论是冰箱、空调、还是洗衣机，目前都是向变频变速发展，采用的是正弦波控制的永磁交流电机。

另外，为了测量电机绕组的电动势，电机轴的端部一般可以设置两类旋转变压器，一种是绕线式旋转变压器，一种是磁阻式旋转变压器。绕线式旋转变压器应用于永磁同步电动汽车电机上，磁阻式旋转变压器多应用于异步电机。

磁阻式旋转变压器的励磁绕组和输出绕组放在同一套定子槽内，固定不动。但励磁绕组和输出绕组的形式不一样。两相绕组的输出信号，仍然应该是随转角作正弦变化、彼此相差 90°电角度的电信号。转子磁极形状作特殊设计,使得气隙磁场近似于正弦形状。转子形状的设计也必须满足所要求的极数。可以看出,转子的形状决定了极对数和气隙磁场的形状。

(一)旋转变压器的分类

由于大多数实际使用的旋转变压器都为正余弦旋转变压器,正余弦旋转变压器其绕组分别放在定子、转子上,两侧绕组之间的电磁耦合程度与转子的转角密切相关。正余弦旋转变压器正是利用它们之间的不同相对位置来改变它们之间的互感,以便在定子绕组中获得与旋转 θ 成正、余弦函数关系的端电压。正余弦旋转变压器电气原理图如图 13-1 所示。

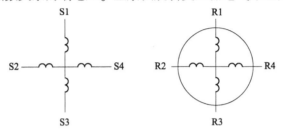

图 13-1　正余弦旋转变压器电气原理图

实际使用中,一般采用转子励磁的方式。R2-R4 作为转子励磁绕组,R1-R3 作为交轴绕组(一般短接,实现交轴补偿,也称为补偿绕组),两者空间互相垂直且匝数、类型完全相同。S1-S3 和 S2-S4 分别为定子上的正弦输出绕组和余弦输出绕组,它们的结构也完全相同。对正余弦旋转变压器的励磁绕组、正弦绕组和余弦绕组的输出信号进行测量和分析,可以计算出旋转变压器的电气角和旋转速度,从而得到被测电机的角度、转速等参数。

旋转变压器有着不同的分类方法,主要可以按照有无电刷和滑环的接触、极对数的多少、转子有无绕组、输入输出相数、装配方式等,各种分类方法不是独立的。

1. 按有无电刷和滑环分类

按有无电刷和滑环,可将旋转变压器分为接触式旋变和无接触式旋变两种。接触式旋变就是通过电刷和滑环将绕组和外电路进行连接。无接触式旋变是通过环型耦合变压器来取代电刷和滑环的作用将绕组和外电路进行连接,也被称为无刷式旋转变压器,如图 13-2 所示。

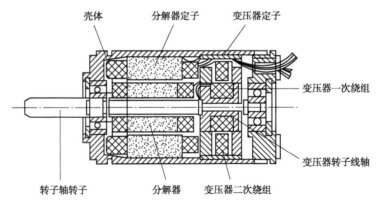

图 13-2　无刷旋转变压器结构

无刷式旋转变压器分为两大部分,即旋转变压器本体和附加变压器。附加变压器的原、副边铁芯及其线圈均成环形,分别固定于转子轴和壳体上,径向留有一定的间隙。旋转变压器本体的转子绕组与附加变压器原边线圈连在一起,在附加变压器原边线圈中的电信号,即转子绕组中的电信号,通过电磁耦合,经附加变压器副边线圈间接地送出去,工作原理如图 13-3 所示。

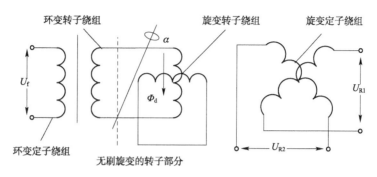

图 13-3 无刷旋转变压器原理图

环型耦合变压器(简称环变)在旋转变压器部分的前端将励磁电压(一般 7V,10kHz)传递至旋转变压器的转子部分,从而在定子侧将感应的正余弦信号输出,以此来实现无刷的功能。

无刷式旋转变压器避免了电刷与滑环之间的不良接触造成的影响,提高了旋转变压器的可靠性及使用寿命,但其体积、质量、成本均有所增加。

有刷式旋转变压器的结构如图 13-4 所示。它的转子绕组通过滑环和电刷直接引出,其特点是结构简单,体积小,但因电刷与滑环是机械滑动接触的,所以旋转变压器的可靠性差,寿命也较短。

早期的旋转变压器都是有刷结构,由于接触式旋变存在电刷和滑环,两者之间的滑动接触使得其寿命和可靠性受到限制,而且会产生噪声,所以被无刷式旋变所取代,如今所说的旋转变压器,基本指的是无刷旋转变压器。

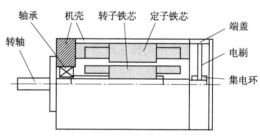

图 13-4 有刷式旋转变压器

2. 按极对数的多少分类

旋转变压器按极对数的多少,可以分为单对极旋变和多对极旋变两种。其中多对极旋变是为了提高角度测量的精度,一般使用时与被测电机的极对数匹配一致。

既有单独使用的多对极旋转变压器,也有和单对极旋变组成统一系统的旋转变压器。在组成的统一系统中,如果单对极旋变和多对极旋变各自独有自己的定、转子铁芯,这种结构被称为单通道旋转变压器;如果单对极旋变和多对极旋变在同一套定、转子铁芯中,而分别有自己的单对极绕组和多对极绕组,这种结构被称为双通道旋转变应器,一般双通道结构的旋转变压器较多。

所以,目前按极对数来分类的旋转变压器,主要应用的是:单对极旋变,多对极旋变,双通道旋变。

补充说明：旋转变压器的极对数也被称为轴倍角，极对数为 n 时的轴倍角表示为 nX。即：单对极旋变的轴倍角是 $1X$，轴倍角 $2X$ 以上为多对极旋变，单对极与多对极组合的旋变的轴倍角表示为 $1X-nX$。单对极旋变、多对极旋变、组合旋变亦被称为单速旋变、多速旋变、复速旋变。

3. 按转子有无绕组分类

按转子上有无绕组，可以将旋转变压器分为无刷旋转变压器和磁阻式旋转变压器。无刷旋变通过环型耦合变压器来实现转子绕组和外电路的连接，但是，由于环型耦合变压器的存在，造成旋转变压器的尺寸、体积、重量较大，在一些空间有限的场合应用受到限制。磁阻式旋转变压器（VR 旋转变压器）转子上不安置绕组，而是把激磁和信号绕组都安放在定子上。

磁阻式旋转变压器根据磁阻变化原理设计的一种无接触式旋转变压器，随着转子位置角的变化，气隙磁导不断变化，气隙磁密也不断变化，从而导致定子上信号绕组的感应电势不断变化。磁阻式旋转变压器如图 13-5 所示。

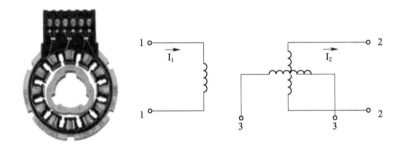

图 13-5 磁阻式旋转变压器

注意：磁阻式旋转变压器转子上的齿（极靴）数，决定了磁阻式旋变的极对数。一般磁阻式旋变都是 2 对极（$2X$）及以上的多对极旋变。

4. 按输入输出相数分类

按照励磁电压输入及输出电压的相数，可以将旋转变压器分为 1 相励磁/2 相输出（BRX），2 相励磁/1 相输出（BRT），2 相励磁/2 相输出（BRS）。其中 1 相励磁/2 相输出（BRX）是应用最广的形式。

5. 按装配方式分类

按照装配方式，旋转变压器可以分为分装式和组装式。将旋转变压器的定子、转子组合固定在同一个壳内，旋转轴引出，测量电机的角度时，通过轴连器与电机轴相连。一般应用的是分装式旋转变压器。

(二) 旋转变压器的结构

永磁同步电机旋转变压器如图 13-6 所示，旋转变压器由旋变线圈（图 13-7）、信号盘组成。旋转变压器的结构和两相绕线式异步电机的结构相似，可分为定子和转子两大部分。定子和转子的铁芯由铁镍软磁合金或硅钢薄板冲成的槽状芯片叠成。它们的绕组分别嵌入各自的槽状铁芯内。定子绕组通过固定在壳体上的接线柱直接引出，转子绕组有两种不同的引出方式，分别是相位工作方式和幅值工作方式。

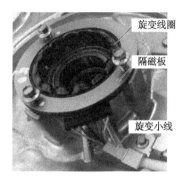

图 13-6　旋转变压器

图 13-7　旋变线圈

1. 旋变转子

电机旋变转子总成如图 13-8 所示,安装位置如图 13-9 所示。

图 13-8　旋变转子总成　　　　图 13-9　旋变转子总成安装位置

2. 旋变定子

电机旋变定子总成如图 13-10 所示,安装位置如图 13-11 所示。

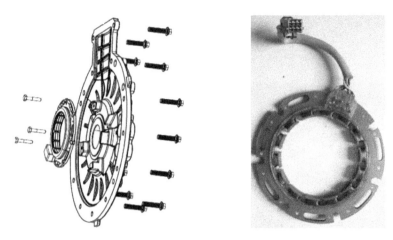

图 13-10 旋变定子总成

图 13-11 旋变定子总成安装位置

(三) 旋转变压器的工作原理

旋转变压器定子绕组作为变压器的原边,接受励磁电压,励磁频率通常用 400Hz、3000Hz 及 5000Hz 等。转子绕组作为变压器的副边,通过电磁耦合得到感应电压。旋转变压器的工作原理和普通变压器基本相似,区别在于普通变压器的原边、副边绕组是相对固定的,所以输出电压和输入电压之比是常数,而旋转变压器的原边、副边绕组则随转子的角位移发生相对位置的改变,因而其输出电压的大小随转子角位移而发生变化,输出绕组的电压幅值与转子转角成正弦、余弦函数关系,或保持某一比例关系,或在一定转角范围内与转角呈线性关系。旋转变压器的工作原理如图 13-12、图 13-13 所示。

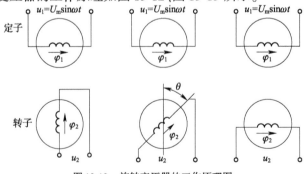

图 13-12 旋转变压器的工作原理图

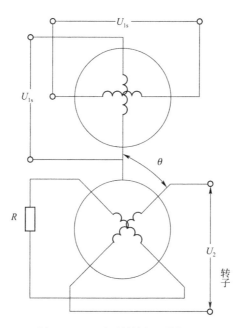

图 13-13 正、余弦旋转变压器的原理图

旋转变压器包含三个绕组,即一个转子绕组和两个定子绕组。转子绕组随电机转子旋转,定子绕组位置固定且两个定子互为 90°(图 13-14)。这样,绕组形成了一个具有角度依赖系数的变压器。

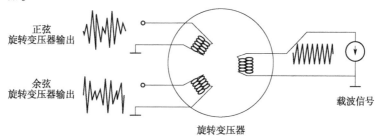

图 13-14 旋转变压器及其相关信号

转子绕组上的正弦载波耦合至定子绕组,对定子绕组输出进行与转子绕组角度相关的幅度调制。由于安装位置的原因,两个定子绕组的调制输出信号的相位差为 90°。通过解调两个信号可以获得电机转子的角度位置信息,首先要接收纯正弦波及余弦波,然后将其相除得到该角度的正切值,最终通过"反正切"函数求出角度值。

旋转变压器检测电机转子位置,经过电机控制器内旋变解码器解码后,电机控制器可获知电机当前转子位置,从而控制相应的 IGBT 功率管导通,按顺序给定子三个线圈通电,电机旋转。

(四)旋转变压器的检修

1. 旋转变压器的检测

1)电机旋转变压器线圈阻值的测量

当系统有报旋变信号故障时,需要测量旋转变压器各线圈的阻值。下面以比亚迪秦和 e6 车型为例说明。

(1)比亚迪秦车型旋转变压器检测。

测量时,根据图13-15的电机旋转变压器与控制器连接的电路图以及图13-16所示的与电机相连的电机控制器B21插孔示意图引脚进行测量,测量的结果参考表13-1进行对比,如果与参考值不符,说明旋转变压器有故障,需要进行更换。

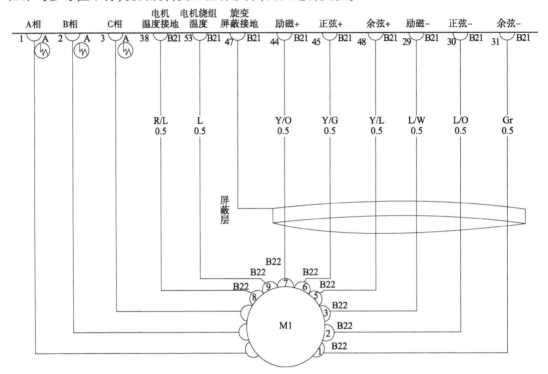

图13-15 旋转变压器与电机控制器的连接电路图

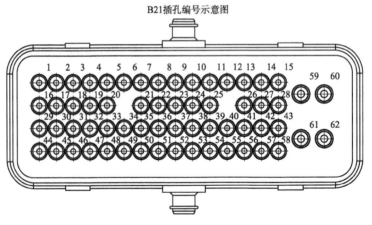

图13-16 与比亚迪秦电机相连的电机控制器B21插孔示意图

旋转变压器的检测参考值　　　　　表13-1

针脚定义	阻 值	针脚定义	阻 值	针脚定义	阻 值
B21-45(正弦+)	16±4Ω	B21-44(励磁+)	8±2Ω	B21-46(余弦+)	16±4Ω
B21-30(正弦-)		B21-29(励磁-)		B21-31(余弦-)	

(2)比亚迪 e6 车型旋转变压器检测。

测量时,根据图 13-17 所示的与比亚迪秦电机相连的电机控制器 B32 插孔示意图,以及图 13-18 的电机旋转变压器与控制器连接的电路图进行测量,测量结果参考表 13-2 并进行对比,如果与参考值不符,说明旋转变压器有故障,需要更换。

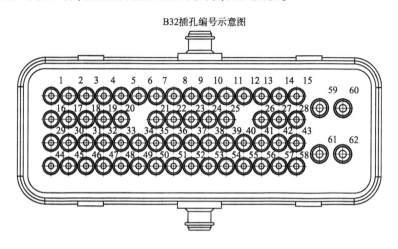

图 13-17 与比亚迪 e6 电机相连的 B32 插孔示意图

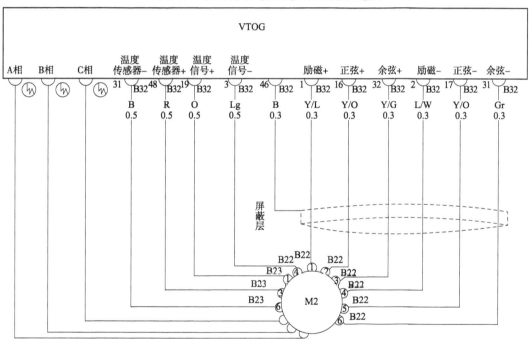

图 13-18 旋转变压器与电机及电机控制器的连接电路图

旋转变压器的检测参考值　　　　　　　　　　　　　表 13-2

针脚定义	阻值	针脚定义	阻值	针脚定义	阻值
B32-16（MG2 正弦 +）	16 ± 4Ω	B32-1（励磁 +）	8 ± 2Ω	B32-32（MG2 余弦 +）	16 ± 4Ω
B32-17（MG2 正弦 -）		B32-2（励磁 -）		B32-31（MG2 余弦 -）	

2)旋转变压器阻抗的检测

检测正余弦之间,正旋和励磁之间、余弦和励磁之间,以及正弦、余弦、励磁和壳体之间阻抗。检测时,关断高压电,拔下低压线束、高压线束。检测阻抗是否正常,一般大于20MΩ。

3)电机控制器与旋转变压器连接线路检测

检测时,关断高压电,拔下低压线束、高压线束、拔下旋转变压器接插件。使用万用表欧姆挡位,检查电机控制器与旋转变压器之间的导线是否存在断路。

(1)图13-19是比亚迪秦车型旋转变压器B22接插件在电机上的安装位置,图13-20是比亚迪秦车型旋转变压器B22的接插件引脚,表13-3是检测参考值。

图13-19 比亚迪秦电机旋转变压器接插件安装位置

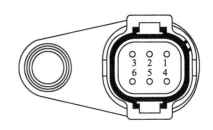

图13-20 比亚迪秦电机旋转变压器接插件引脚

比亚迪秦车旋转变压器与电机控制器之间线路检测参考值　　　　表13-3

端　子	线　色	正常值	端　子	线　色	正常值
B21-46→B22-5	Y/L	小于1Ω	B21-29→B22-3	L/W	小于1Ω
B21-44→B22-7	Y/O	小于1Ω	B21-30→B22-5	L/O	小于1Ω
B21-45→B22-6	Y/G	小于1Ω	B21-14→B22-1	Gr	小于1Ω

(2)图13-21是比亚迪e6车型旋转变压器B22接插件在电机上的安装位置,图13-22是比亚迪e6车型旋转变压器B22的接插件引脚,表13-4是检测参考值。

图13-21 比亚迪e6电机旋变传感器安装位置

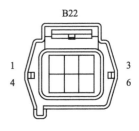

图13-22 比亚迪e6电机旋转变压器接插件引脚

比亚迪 e6 旋转变压器与电机控制器之间线路检测参考值　　表 13-4

端　子	线　色	正常值	端　子	线　色	正常值
B32-4→B22-1	Y/L	小于1Ω	B32-2→B22-4	L/W	小于1Ω
B32-16→B22-2	Y/O	小于1Ω	B32-17→B22-5	L/O	小于1Ω
B32-32→B22-3	Y/G	小于1Ω	B32-31→B22-6	Gr	小于1Ω

2．旋变定子拆卸与安装

当旋变定子需要维修时,先对电机端盖(减速器前箱体)进行拆卸。

旋变定子的拆卸如图 13-23 所示,用扳手将螺栓"1"拧下,取出旋变隔磁环"2",将定子引出线从旋变接插件中拔出后取出旋变定子"3"。

维修完旋变定子和旋变隔磁环后,装上电机转子再安装电机端盖。

3．故障案例分析

1)故障描述

车辆行驶过程中动力系统故障灯偶发点亮,同时仪表上 ESP 灯亮,提示请检查 ESP 系统。重新起动后,仪表上动力系统故障灯熄灭,此时 ESP 灯仍然点亮。

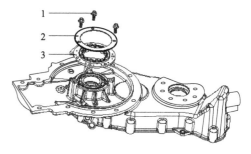

图 13-23　旋变定子的拆卸
1-螺栓;2-旋变隔磁环;3-旋变定子

电机控制器报多个故障码,且无法清除。

读取故障码为:

P1B1100:旋变故障—信号丢失。

P1B1200:旋变故障—角度异常。

P1B1300:旋变故障—信号幅值减弱。

ESP 系统报出故障码 U059508:主电机 CAN 数据被破坏/中断(历史)。

2)故障分析

(1)EPS 报出的故障码 U059508 属于通信类故障码,故障源并不在 ESP 上,而是在主电机。

(2)主电机内部故障码说明电机控制器无法正确采集到旋变信号,此种故障分 3 种情况,电机内旋变检测异常、旋变小线故障、电机控制器异常。

3)维修指导

(1)车辆到店后检查发现发动机起动,无法切换 EV 模式,电机驱动控制器数据可以看到故障循环出现的次数。

(2)读取故障码为旋变信号丢失,旋变角度异常,旋变信号幅值减弱;电机缺 A/B/C 相,故障码可以清除。

(3)从电机控制器端测量,旋变—励磁阻值:8±2Ω,旋变—正旋、余旋阻值:16±4Ω,阻值正常。

(4)根据故障检测次数与跟用户沟通,了解到故障是偶发性的,因此打开前舱盖,晃动了旋变插头,此时发动起动了,很快又熄火了,故障灯亮。

(5)分解电机端旋变插头针脚,针脚无异常。再安装旋变针脚及插头,路试故障未出现,故障码不再出现。

(6)再次打开机盖并晃动旋变线束插头,发动机起动,并很快熄火,故障码再次出现,仪表 ESP 故障灯亮。

(7)最后检查故障原因为:与电机旋变对接的线束端针脚未压实,导致线束虚接。

4)维修小结

旋变本身并不复杂,其主要目的是为了正常检测电机工作时三相高压电与电机转子运转匹配情况。当旋变出现故障时,不论是间歇性的还是故障持续存在的,检测方法相同,关键是要确认旋变的阻值、线束导通情况,当这两点能确认,故障就很容易排除了。

4.检测注意事项

非使用诊断仪检查本系统时,确保在检查之间拔下维修开关。

(1)确保电源开关(点火开关)关闭。

(2)从辅助蓄电池上断开负极端子电缆。

(3)务必戴绝缘手套、绝缘胶鞋、防护眼镜。

(4)拔出紧急维修开关,并将维修开关放置在指定位置由专人看管,以防其他技师重新连接。

二、任务实施

(一)准备工作

(1)防护装备:常规实训着装。

(2)教学设施、台架、总成:比亚迪永磁同步电机旋转变压器总成、比亚迪 e6 整车一辆、比亚迪秦整车一辆。

(3)专用工具:拆卸工具一套、万用表一只、接插件专用插针。

(4)手工工具:无。

(5)仪器仪表:无。

(6)辅助材料:无。

(7)各组进行分工,选出组长、记录员等。

(8)实训场地安全检查。

(二)技术要求与注意事项

(1)操作时,如果没有实训指导教师的允许,车辆不能通电试车;

(2)操作时,实训车辆的维修开关必须取下;

(3)操作时,需要拆卸的电机外部连接线,必须按要求进行拆卸;

(4)在进行旋转变压器各部件的识别时,只能在工作台上进行;

(5)识别完的旋转变压器各部件,必须按规定位置摆放到原处;

(6)没有实训指导教师的允许,实训室的各部件,不能带出实训教室。

(三)操作步骤

1.旋转变压器的识别

(1)识别出旋转变压器总成。

(2) 识别出旋转变压器定子总成。
(3) 识别旋转变压器转子总成。

2. 比亚迪秦车型永磁同步电机旋转变压器的就车检测

(1) 关闭点火开关。
(2) 戴好绝缘手套。
(3) 取下维修开关。
①先拆卸后部座椅,如图 13-24 所示。

图 13-24 座椅拆卸

②再取维修开关,如图 13-25 所示。

图 13-25 拔下维修开关

(4) 取下电机控制器上的低压线束接插件。

找到低压接插件(先解除二次锁死机构),取下电机控制器上的低压线束接插件,如图 13-26 所示。

图 13-26 取下电机控制器低压线束接插件

(5) 测量旋转变压器正弦阻值。
①插入插针。
找到正弦针脚 B21-30 和 B21-45,把插针插入 B21-30 和 B21-45,如图 13-27 所示。

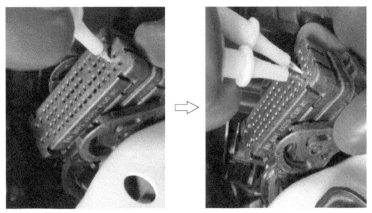

图 13-27　插针插入针孔

②测量。

测量时,万用表打到 200Ω 挡位,先校表,然后红表笔连接到 B21-30 针孔的插针,黑表笔连接到 B21-45 针孔的插针,测量如图 13-28 所示。

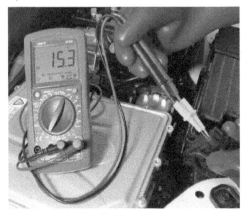

图 13-28　测量正弦阻值

(6)测量旋转变压器余弦阻值。

①插入插针。

找到正弦针脚 B21-31 和 B21-46,把插针插入 B21-31 和 B21-46,如图 13-29 所示。

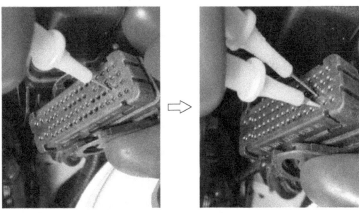

图 13-29　插针插入针孔

②测量。

测量时,万用表打到200Ω挡位,先校表,然后红表笔连接到B21-30针孔的插针,黑表笔连接到B21-45针孔的插针,测量如图13-30所示。

图13-30 测量余弦阻值

(7)测量旋转变压器励磁阻值。

①插入插针。

找到正弦针脚B21-29和B21-44,把插针插入B21-29和B21-44,如图13-31所示。

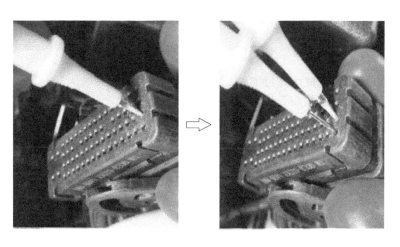

图13-31 插针插入针孔

②测量。

测量时,万用表打到200Ω挡位,先校表,然后红表笔连接到B21-29针孔的插针,黑表笔连接到B21-44针孔的插针,测量如图13-32所示。

(8)测量旋转变压器正弦、余弦、励磁与壳体之间的绝缘性。

①测量旋转变压器正弦与壳体之间的绝缘性。

测量时,先把插针插入电机控制器接插件B21-45的插孔,万用表打到20MΩ挡位,万用表红表笔与插针连接,黑表笔与壳体连接,测量如图13-33所示。

图 13-32 测量励磁阻值

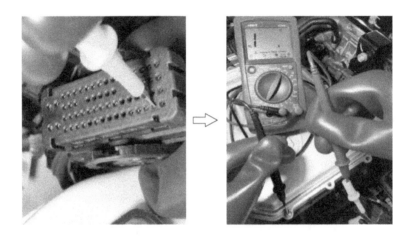

图 13-33 测量旋转变压器正弦与壳体之间的绝缘性

②测量旋转变压器余弦与壳体之间的绝缘性。

测量时,先把插针插入电机控制器接插件 B21-44 的插孔,万用表打到 20MΩ 挡位,万用表红表笔与 B21-44 针孔的插针连接,黑表笔与壳体连接,测量如图 13-34 所示。

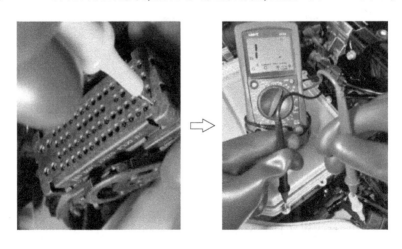

图 13-34 测量旋转变压器余弦与壳体之间的绝缘性

③测量旋转变压器余弦与壳体之间的绝缘性。

测量时,先把插针插入电机控制器接插件 B21-46 的插孔,万用表打到 20MΩ 挡位,万用表红表笔与 B21-46 针孔的插针连接,黑表笔与壳体连接,测量如图 13-35 所示。

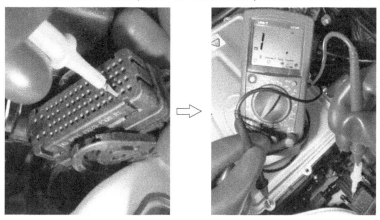

图 13-35　测量旋转变压器励磁与壳体之间的绝缘性

(9)测量电机控制器接插件与旋转变压器接插件之间导线的导通情况。

①电机旋转变压器接插件拆卸。

先找到旋转变压器接插件,按下锁扣,向外拉即可拔下旋转变压器接插件,如图 13-36 所示。

图 13-36　拔下旋转变压器接插件

②测量电机控制器 B21-46 针脚与旋转变压器 B22-5 针脚通断。

a. 插入插针。

先把插针插入电机控制器接插件 B21-46 针孔和旋转变压器接插件 B22-5 针孔,如图 13-37 所示。

b. 测量。

测量时,万用表打到 200Ω 挡位,先校表,然后万用表红表笔与电机控制器 B21-46 针孔的插针连接,黑表笔与旋转变压器 B22-5 针孔的插针连接,测量如图 13-38 所示。

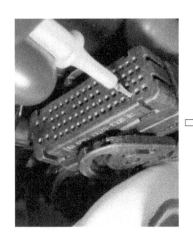

图 13-37　插入插针

图 13-38　测量电机控制器 B21-46 针脚与旋转变压器 B22-5 针脚通断

③测量电机控制器 B21-44 针脚与旋转变压器 B22-7 针脚通断。

a. 插入插针。

先把插针插入电机控制器接插件 B21-44 针孔和旋转变压器接插件 B22-7 针孔,如图 13-39 所示。

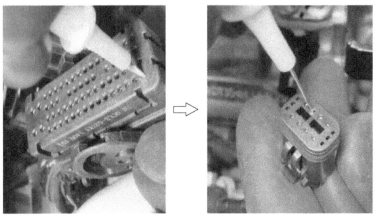

图 13-39　插入插针

b. 测量。

测量时,万用表打到 200Ω 挡位,先校表,然后万用表红表笔与电机控制器 B21-44 针孔的插针连接,黑表笔与旋转变压器 B22-7 针孔的插针连接,测量如图 13-40 所示。

旋转变压器与电机控制器之间其他导线的通断,测量方法与上面一样。

3. 比亚迪 e6 车型永磁同步电机旋转变压器的就车检测

(1) 起动按钮。

把起动按钮打到"OFF",如图 13-41 所示,等待 5min。

图 13-40 测量电机控制器 B21-44 针脚与旋转变压器 B22-7 针脚通

图 13-41 起动按钮打到 OFF 挡

(2) 带好绝缘手套。

(3) 拔下维修开关。

①打开车辆内室储物盒,并取出内部物品。

②取出储物盒底部隔板。

③使用十字螺钉旋具将安装盖板螺钉拧下,并掀开盖板。

④取出维修开关上盖板。

⑤拉动维修开关手柄呈竖直状态,向上提拉,取出维修开关。

⑥使用电工绝缘胶布封住维修开关接插件母端,流程如图 13-42 所示。

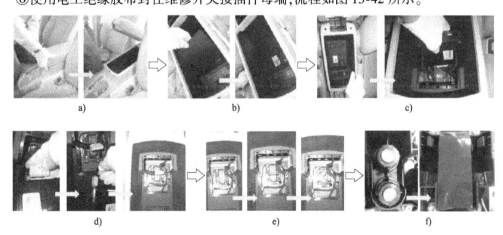

图 13-42 拔下维修开关

(4)打开车辆前舱电机盖。

打开左前车门,找到前舱发动机盖开启按钮(开启按钮位于驾驶室驻车踏板旁边),向外拉起,接着打开前舱盖锁,就可打开前舱,开启过程如图13-43所示。

图13-43 前舱开启

(5)拆卸蓄电瓶负极接线。

使用梅花扳手,拧下12V铅酸蓄电池负极的固定螺栓,拔下12V铅酸蓄电池负极接线,如图13-44所示。

图13-44 拆卸蓄电池负极线

(6)拆卸低压接插件。

找到低压接插件(先解除二次锁死机构),取下电机控制器上的低压线束接插件,如图13-45所示。

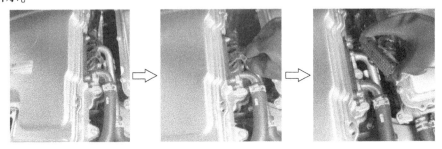

图13-45 拆卸电机控制器低压线束接插件

(7)测量旋转变压器正弦阻值。

①插针插入B32-16和B32-17针孔。

找到对应的针孔,把接插件专用插针插入电机控制器B32-16和B32-17的插孔,如图13-46所示。

②测量。

测量时,万用表打到200Ω挡位,先校表,然后红表笔与插入电机控制器B32-16针孔的插针连接,黑表笔与插入电机控制器 B32-17 针孔的插针连接,测量如图 13-47 所示。

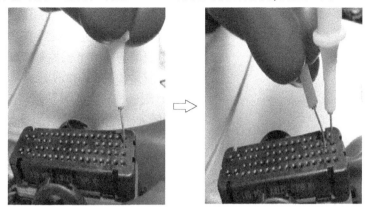

图 13-46　插针插入 B32-16 和 B32-17 插孔

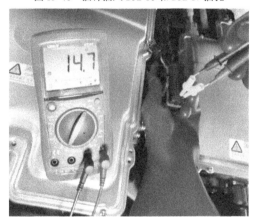

图 13-47　测量旋转变压器正弦阻值

(8)测量旋转变压器余弦阻值。

①插针插入 B32-31 和 B32-32 针孔。

找到对应的针孔,把接插件专用插针插入电机控制器 B32-31 和 B32-32 的插孔,如图 13-48 所示。

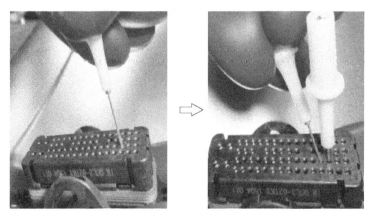

图 13-48　插针插入 B32-31 和 B32-32 插孔

②测量。

测量时,万用表打到200Ω挡位,先校表,然后红表笔与插入电机控制器B32-31针孔的插针连接,黑表笔与插入电机控制器B32-32针孔的插针连接,测量如图13-49所示。

(9) 测量旋转变压器励磁绕组阻值。

①插入插针。

找到对应的针孔,把接插件专用插针插入电机控制器B32-1和B32-2的插孔,如图13-50所示。

图13-49 测量余弦阻值

 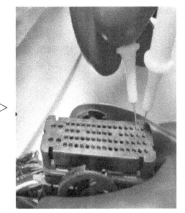

图13-50 插入插针

②测量。

测量时,万用表打到200Ω挡位,先校表,然后红表笔与插入电机控制器B32-1针孔的插针连接,黑表笔与插入电机控制器B32-2针孔的插针连接,测量如图13-51所示。

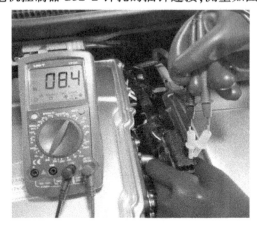

图13-51 测量励磁绕组阻值

(10) 测量旋转变压器正弦与壳体之间的绝缘性。

测量时,接插件专用插针插入电机控制器B32-16针孔,万用表打到20MΩ挡位,红表笔与B32-16针孔的插针连接,黑表笔与壳体连接,测量如图13-52所示。

项目五 永磁同步电机及控制系统

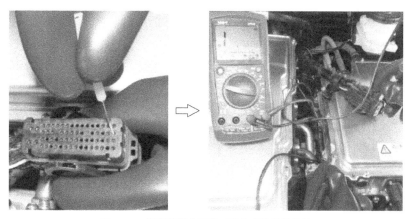

图 13-52 测量旋转变压器正弦与壳体的绝缘性

（11）测量旋转变压器余弦与壳体之间的绝缘。

测量时，接插件专用插针插入电机控制器 B32-32 针孔，万用表打到 20MΩ 挡位，红表笔与 B32-32 针孔的插针连接，黑表笔与壳体连接，测量如图 13-53 所示。

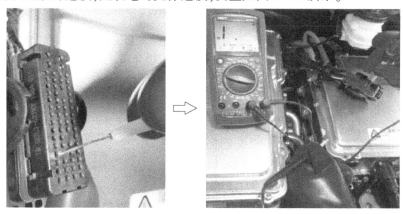

图 13-53 测量旋转变压器余弦与壳体的绝缘性

（12）测量旋转变压器励磁与壳体之间的绝缘。

测量时，接插件专用插针插入电机控制器 B32-1 针孔，万用表打到 20MΩ 挡位，红表笔与 B32-1 针孔的插针连接，黑表笔与壳体连接，测量如图 13-54 所示。

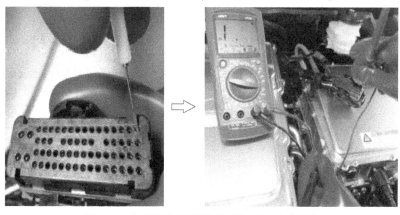

图 13-54 测量旋转变压器励磁绕组与壳体的绝缘性

4. 检测部件恢复及 7S 管理

三、技能考核标准（表 13-5）

技能考核标准　　　　　　　　　　　　　　　　　　　　　　表 13-5

序号	项　目	操作内容	规定分	评分标准	得分
1	实训准备	1. 实训手册的准备； 2. 永磁同步电机旋转变压器部件实训台、实训车辆的基本检查	8 分	1. 能够准备实训手册（2 分，无实训手册的扣 2 分）； 2. 能够正确检查永磁同步电机旋转变压器部件数量和工量具、实训台、实训车辆安全检查，并做好记录（6 分，每项检查 2 分）	
2	旋转变压器部件识别	1. 识别旋转变压器总成； 2. 识别旋转变压器定子； 3. 识别旋转变压器转子	6 分	1. 能正确识别出旋转变压器总成（2 分）； 2. 能正确识别出旋转变压器定子（2 分）； 3. 能正确识别出旋转变压器转子（2 分）	
3	比亚迪秦维修开关	1. 拆卸后排座椅； 2. 拔下维修开关	4 分	1. 能正确拆卸后排座椅（2 分）； 2. 能正确拔下维修开关（2 分）	
4	比亚迪秦车型旋转变压器就车检测	1. 找到电机控制器； 2. 拆卸电机控制器接插件； 3. 查找正弦针脚（B21-45、B21-30）； 4. 测量正弦线圈； 5. 查找余弦针脚（B21-46、B21-31）； 6. 测量余弦线圈； 7. 查找励磁针脚（B21-44、B21-29）； 8. 测量正弦、余弦、励磁绝缘； 9. 测量电机控制器接插件与正弦、余弦、励磁接插件之间导线导通	31 分	1. 能正确找到电机控制器（2 分）； 2. 能正确拆卸电机控制器接插件（2 分）； 3. 能正确查找正弦针脚（B21-45、B21-30）（5 分）； 4. 能正确测量正弦线圈（3 分）； 5. 能正确查找余弦针脚（B21-46、B21-31）（3 分）； 6. 能正确测量余弦线圈（3 分）； 7. 能正确查找励磁针脚（B21-44、B21-29）（3 分）； 8. 能正确测量正弦、余弦、励磁绝缘（5 分）； 9. 能正确测量电机控制器接插件与正弦、余弦、励磁接插件之间导线导通（5 分）	
5	比亚迪 e6 断开维修开关	1. 比亚迪 e6 点火开关打到 OFF 挡； 2. 比亚迪 e6 维修开关断开； 3. 比亚迪 e6 蓄电池负极断开	8 分	1. 能操作点火开关，使其处于 OFF 挡位（2 分）； 2. 能正确拔下维修开关（3 分）； 3. 能正确拔下铅酸蓄电池负极接线（3 分）	

续上表

序号	项 目	操 作 内 容	规定分	评 分 标 准	得分
6	比亚迪 e6 车型旋转变压器就车检测	1. 拔维修开关； 2. 拆卸电机控制器接插件； 3. 查找正弦针脚（B32-16、B32-17）； 4. 测量正弦线圈； 5. 查找余弦针脚（B32-32、B32-31）； 6. 测量余弦线圈； 7. 查找励磁针脚(B32-1、B32-2)； 8. 测量正弦、余弦、励磁绝缘	31 分	1. 能正确拔维修开关(3分)； 2. 能正确拆卸电机控制器接插件(2分)； 3. 能正确查找正弦针脚(B32-16、B32-17)(5分)； 4. 能正确测量正弦线圈(3分)； 5. 能正确查找余弦针脚(B32-32、B32-31)(5分)； 6. 能正确测量余弦线圈(3分)； 7. 能正确查找励磁针脚(B32-1、B32-2)(5分)； 8. 能正确测量正弦、余弦、励磁绝缘(5分)	
7	部件恢复及7S 管理	1. 检测部件的恢复； 2.7S 管理	12 分	1. 能够正确恢复识别的各部件(5分)； 2. 能够正确进行7S 管理(7分,少做一项扣1分)	
	总分		100 分		

四、思考与练习

(一)填空题

1. 旋转变压器是用来测量旋转物体的_____和_____。
2. 为了测量电机绕组的电动势,电机轴的端部一般可以设置两类传感器,一种是_____旋转变压器,一种是_____旋转变压器。
3. 正余弦旋转变压器正是利用它们之间的_____来改变它们之间的_____。
4. 按有无电刷和滑环,可将旋转变压器分为_____式旋变和_____式旋变两种。
5. 按照旋转变压器的装配方式可以分为_____式和_____式。
6. 旋转变压器由_____和_____两大部分组成。
7. 旋转变压器包含三个绕组,即一个_____绕组和两个_____绕组。
8. 转子绕组有两种不同的引出方式,分别是_____工作方式和_____工作方式。
9. 旋转变压器检测时,需要测量_____、_____、_____三个线圈的阻值。

(二)单项选择题

1. 旋转变压器定子绕组作为变压器的( ),接受励磁电压。
   A. 原边　　　　　　B. 副边　　　　　　C. 原边或者副边
2. 旋转变压器定子绕组位置固定且两个定子互为( )。
   A.30°　　　　　　B.60°　　　　　　C.90°
3. 电机控制器获知旋转变压器检测电机当前转子位置信号,从而控制相应的( )导通,按顺序给定子三个线圈通电,电机旋转。
   A. 二极管　　　　　B. 三极管　　　　　C. IGBT 功率
4. 比亚迪秦旋转变压器正弦绕组的阻值为( )Ω。
   A.8 ±2　　　　　　B.16 ±4　　　　　　C.32 ±4

5. 比亚迪秦旋转变压器励磁绕组的阻值为(　　)Ω。
   A. 8±2　　　　　　　B. 16±4　　　　　　　C. 32±4
6. 旋转变压器角度异常的故障代码为(　　)。
   A. P1B1100　　　　　B. P1B1200　　　　　C. P1B1300

(三)判断题
1. 正余弦旋转变压器正是利用它们之间的不同相对位置来改变它们之间的互感。
　　　　　　　　　　　　　　　　　　　　　　　　　　　　　(　　)
2. 接触式旋变不需要将绕组和外电路进行连接。　　　　　　　(　　)
3. 旋转变压器的结构和两相绕线式异步电机的结构相似。　　　(　　)
4. 旋转变压器定子绕组作为变压器的原边,接受励磁电压。　　(　　)
5. 转子绕组随电机转子旋转,定子绕组位置固定且两个定子互为45°角。(　　)
6. 当旋变定子需要维修时,先对电机端盖(减速器前箱体)进行拆卸。(　　)

(四)简答题
1. 旋转变压器的类型有哪些?
2. 旋转变压器由哪些部件组成,各部件的作用是什么?
3. 简述旋转变压器的工作原理。

任务14　永磁同步电机控制系统认知

学习目标

❖ **知识目标**
1. 能够正确叙述电机控制系统的组成;
2. 能够正确叙述电机控制器的功能;
3. 能够正确分析电机控制系统的工作原理;
4. 能够正确叙述电机控制系统控制方法。

❖ **能力目标**
1. 能够正确识别比亚迪e6永磁同步电机控制系统各部件及安装位置;
2. 能够识别比亚迪秦电机控制器。

建议课时
14课时。

任务描述
电动汽车的前行和后退靠电机驱动系统来完成,电机驱动系统由哪些部件组成?电机驱动系统的各项功能是如何实现的?你能区分出常见的四种电机吗?

一、知识准备

电控单元相当于传统汽车的 ECU,是电动汽车上对高压零部件实现控制的主要执行单元。除了电机控制以外,对车载充电机,DC/DC 单元等相关组件的控制,同样也是由电控单元来实现的。电控单元的核心,便是对电机的控制。动力单元的提供者——动力蓄电池所提供的是直流电,而电机所需要的,则是三相交流电。因此,电控单元所要实现的,便是在电力电子技术上称之为逆变的一个过程,即将动力蓄电池端的直流电转换成电机输入侧的交流电。

为实现逆变过程,电控单元需要直流母线电容,IGBT 等组件来配合一起工作。当电流从动力蓄电池端输出之后,首先需要经过直流母线电容用以消除谐波分量,之后,通过控制 IGBT 的开关以及其他控制单元的配合,直流电被最终逆变成交流电,并最终作为动力电机的输入电流。通过控制动力电机三相输入电流的频率以及配合动力电机上转速传感器与温度传感器的反馈值,电控单元最终实现对电机的控制。

充电与电机控制正好相反,需要把电网提供的交流电转换成动力蓄电池的直流电,也就是在电力电子学上称为整流的过程。而 DC/DC 单元,则是实现通过动力蓄电池为 12V 电池充电的过程,电控单元需要把动力蓄电池端的高压,转换成 12V 电池的低压端,用以最终实现为新能源汽车充电。

永磁同步电机控制系统(比亚迪 e6)包括电机控制器、高压配电箱、驻车开关、加速踏板深度传感器、制动开关、制动踏板深度传感器、MG2、动力蓄电池管理器、动力 CAN 总线等部件,组件安装位置如图 14-1 示,电机控制系统框图如图 14-2 所示。

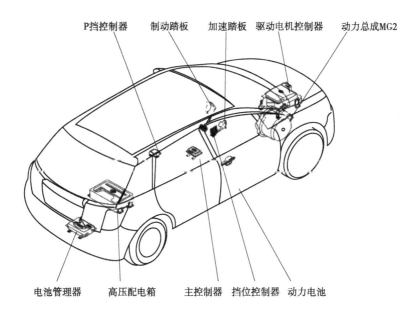

图 14-1 电机控制系统部件安装位置

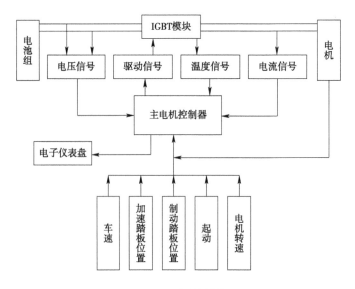

图 14-2 电机控制系统框图

(一) 电机控制系统的组成

1. 电机控制器

电机控制器类型为电压型逆变器,利用 IGBT 将直流电转换为交流电,额定电压为 330V,主要功能是控制电机和发电机等根据不同工况控制电机的正反转、功率、转矩、转速等。即控制电机的前进、倒退、维持电动车的正常运转,关键零部件为 IGBT,IGBT 实际为大电容,目的是为了控制电流的工作,保证能够按照我们的意愿输出合适的电流参数。

不同车型的电机控制器的功能稍有不同,下面以比亚迪秦和比亚迪 e6 车型分别介绍。

图 14-3 模式开关控制框图

1) 比亚迪秦电机控制器功能

比亚迪秦电机控制器与 DC 集成一体,所以一般把它称作电机控制器与 DC 总成,它具有如下功能。

(1) 作为动力系统的总控中心,电机的运行,根据工况控制电机的正反转,功率、转矩、转速等;协调发动机管理系统工作。模式开关控制框实物图如图 14-3 所示,模式开关控制框图如图 14-4 所示。

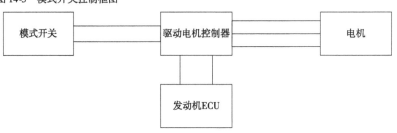

图 14-4 模式开关控制框图

(2)硬件采集电机的旋变、温度、制动、加速踏板开关信号。加速控制框图如图 14-5 所示。

图 14-5　加速控制框图

(3)通过 CAN 通信采集制动深度、挡位信号、驻车开关信号、起动命令、电池管理控制器相关数据、控制器的故障信息。挡位控制框图如图 14-6 所示。

图 14-6　挡位控制框图

(4)内部处理的信号有直流侧母线电压、交流侧三相电流、IGBT 温度、电机的三相绕组阻值。

(5)纯电模式下,DC 的功能替代了传统燃油车挂接在发动机上的 12V 发电机,和蓄电池并联给各用电器提供低压电源。DC 在高压(500V)输入端接触器吸合后便开始工作,输出电压标称 13.5V。

(6)在特殊情况下,经过 DC 升压转换为 500V 直流给电池包充电。

比亚迪秦电机控制器系统框图如图 14-7 所示。

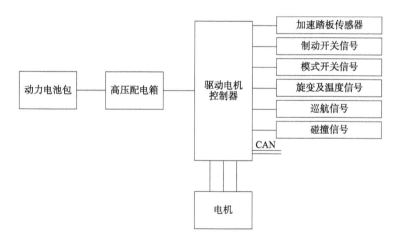

图 14-7　比亚迪秦电机控制器系统框图

比亚迪秦电机控制器功能要求如表 14-1 所示。

比亚迪秦电机控制器功能要求　　表 14-1

电机控制器功能要求	
电机控制	转矩控制
	功率控制
	能量回馈功能
	爬坡助手功能

续上表

电机控制器功能要求	
整车控制	辅助整车上电/掉电功能
	经济模式、运动模式
	动力系统防盗功能
	巡航控制功能
	ESC/Has-Hev 匹配
	挡位控制
	软件更新功能
	状态管理
安全控制	异常处理功能
	制动优先功能
	辅助 BMS 进行烧结检测功能
	泄放电功能 卸载功能

2) 比亚迪 e6 电机控制器功能

比亚迪 e6 电机控制器全称叫作双向逆变充放电式电机控制器,简称 VTOG。

控制器类型为电压型逆变器,利用 IGBT 将直流电转换为交流电,额定电压为 330V,主要功能是控制电机和发电机等根据不同工况控制电机的正反转、功率、转矩、转速等。即控制电机的前进、倒退、维持电动车的正常运转,关键零部件为 IGBT,IGBT 实际为大电容,目的是为了控制电流的工作,保证能够按照我们的意愿输出、输入合适的电流参数。

控制器总成包含上中下三层,上下层为电机、充电控制单元,中层为水道冷却单元,总成还包括信号接插件(包含 12V 电源/CAN 线/挡位、加速、制动/旋变/电机过温信号线/预充满信号线等)。

本电机控制管理系统由高压配电、控制器、电机与发电机及相关的传感器组成。

电机控制器的功能如下:

(1) 具有最高输出电压、电流限制功能:限制交流侧的最高输出电流,限制直流侧的最高输出电压。

(2) 具有控制电机正向驱动、反向驱动、正转发电、反转发电的功能。

(3) 控制电机动力输出,同时对电机进行保护。

(4) 制动能量回馈控制。

(5) 自身内部故障的检测和处理。

(6) 具有根据目标扭矩进行运转功能,对接收到的目标扭矩具有限幅和平滑处理功能。

(7) CAN 通信:通过 CAN 总线能接收控制指令和发送电机参数,及时把电机转速、电机电流、旋转方向传给相关 ECU,并接受其他 ECU 传递的信息。

(8) 能够根据不同转速和目标转矩进行最优控制功能。

(9) 电压跌落、过温保护:当电机过温、散热器过温、功率器 IPM 过温、电压跌落时发出保护信号,停止控制器运行。

(10) 防止电机飞车、防止 IPM 保护。

(11) 具有动力蓄电池充电保护信号应急处理功能。

(12) 半坡起步功能、制动能量回馈控制。

(13) 可以通过电机控制器直接从充电网上对车辆进行交流充电,也可以通过电机控制器把车辆电池包的高压直流电通过控制器的逆变放到充电网上。

永磁同步电机控制器功能较多,针对双模控制器和一键起动上电和防盗这两个比较重要的功能做出说明:

根据 BMS 发出的起动开始指令,电机控制器开始与 I-KEY 和 ECM 进行防盗对码,对码成功后防盗解除,电机控制器发出允许起动指令给 BMS,开始进行预充,预充成功后 OK 灯点亮,若预充失败电机控制器起动发动机 OK 灯也将点亮,如图 14-8 所示。

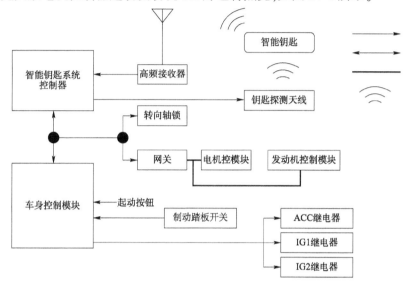

图 14-8　双模控制器和一键起动

3) 电机控制器的结构

电机控制器结构如图 14-9 所示。其内部采用三相两电平电压源型逆变器,是电机系统的控制核心,又称为智能功率模块,又以 IGBT(绝缘栅双极型晶体管)模块为核心,辅以驱动集成电路、主控集成电路。它对所有的输入信号进行处理。并将电机控制系统运行状态信息通过 CAN2.0 网络发送给 VCU 整车控制器。电机控制器内含故障诊断电路,当电机出现异常时,达到一定条件,它将会激活一个错误代码并发送给 VCU 整车控制器,同时也会储存该故障码和相关数据。

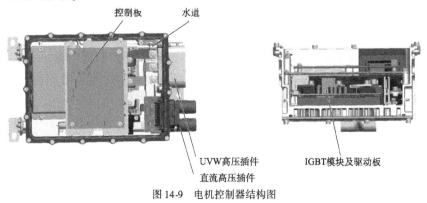

图 14-9　电机控制器结构图

电机控制器的工作信息主要靠电流传感器(图14-10)、电压传感器和温度传感器来监测。电流传感器用于检测电机工作实际电流,包括母线电流和三相交流电流。电压传感器用于检测供给电机控制器工作的实际电压,包括动力蓄电池电压和12V蓄电池电压。温度传感器用于检测电机控制系统的工作温度,包括IGBT模块的温度。电机控制器上分为低压接口和高压接口。

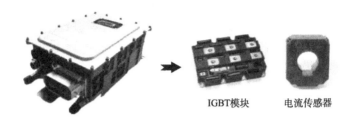

图14-10 电流传感器

IGBT(Insulated Gate Bipolar Transistor)绝缘栅双极型晶体管,是由BJT(双极型三极管)和MOS(绝缘栅型场效应管)组成的复合全控型电压驱动式功率半导体器件,兼有MOSFET的高输入阻抗和GTR的低导通压降两方面的优点。IGBT综合了以上两种器件的优点,驱动功率小而饱和压降低。成为功率半导体器件发展的主流,广泛应用于风电、光伏、电动汽车、智能电网等行业中。

在电动汽车行业中,电机控制器、辅助动力系统,电动空调中,IGBT有着广泛的使用,大功率IGBT多应用于电机控制器中,由于电动汽车电机控制器工作环境干扰比较大,IGBT的门极分布电容及实际开关中存在的米勒效应等寄生参数的直接影响到驱动电路的可靠性。

电机控制器在使用过程中,在过流、短路和过压的情况下要对IGBT实行比较完善的保护。过流会引起电机控制器的温度上升,可通过温度传感器来进行检测,并由相应的电路来实现保护;过压一般发生在IGBT关断时,较大的di/dt会在寄生电感上产生了较高的电压,可通过采用缓冲电路来钳制,或者适当降低开关速率。短路故障发生后瞬时就会产生极大的电流,很快就会损坏IGBT,主控制板的过流保护根本来不及,必须由硬件电路控制驱动电路瞬间加以保护。

IGBT的作用是将蓄电池的直流电流转换成电机和发电机使用的交流电流。另外也将电机回收的交流电流转换成可供蓄电池充电的直流电流。

图14-11所示为一个N沟道增强型绝缘栅双极晶体管结构,N+区称为源区,附于其上的电极称为源极(即发射极E)。P+区称为漏区。器件的控制区为栅区,附于其上的电极称为栅极(即门极G)。沟道在紧靠栅区边界形成。在C、E两极之间的P型区(包括P+和P-区)(沟道在该区域形成),称为亚沟道区(Subchannel region)。而在漏区另一侧的P+区称为漏注入区(Drain injector),它是IGBT特有的功能区,与漏区和亚沟道区一起形成PNP双极晶体管,起发射极的作用,向漏极注入空穴,进行导电调制,以降低器件的通态电压。附于漏注入区上的电极称为漏极(即集电极C)。图14-12是IGBT的外形图。

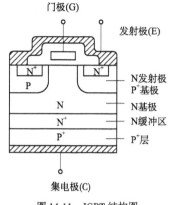

图 14-11 IGBT 结构图

图 14-12 IGBT 外形图

IGBT 的开关作用是通过加正向栅极电压形成沟道,给 PNP(原来为 NPN)晶体管提供基极电流,使 IGBT 导通。反之,加反向门极电压消除沟道,切断基极电流,使 IGBT 关断。IGBT 的驱动方法和 MOSFET 基本相同,只需控制输入极 N⁻沟道 MOSFET,所以具有高输入阻抗特性。当 MOSFET 的沟道形成后,从 P⁺基极注入 N⁻层的空穴(少子),对 N⁻层进行电导调制,减小 N⁻层的电阻,使 IGBT 在高电压时,也具有低的通态电压。IGBT 的开通和关断是由门极电压控制的,当门极加正向电压时,门极下方的 P 区中形成电子载流子到点沟道,电子载流子由发射极的 N⁺区通过导电沟道注入 N⁻区,即为 IGBT 内部的 PNP 型晶体管提供基极电流,从而使 IGBT 导通。此时,为维持 N⁻区的电平衡,P⁺区像 N⁻区注入空穴载流子,并保持 N⁻区具有较高的载流子浓度,即对 N⁻区进行电导调制,减小导通电阻,使得 IGBT 也具有较低的通态压降。若门极上加负电压时,MOSFET 内的沟道消失,PNP 型晶体管的基极电流被切断,IGBT 就关断。

图 14-13 为 IGBT 的常用电气符号和等效电路,由图可知,若在 IGBT 的栅极 G 和发射极 E 之间加上驱动正电压,则 MOSFET 导通,这样 PNP 晶体管的集电极 C 与基极之间成低阻状态而使得晶体管导通;若 IGBT 的栅极和发射极之间电压为 0V,则 MOSFET 截止,切断 PNP 晶体管基极电流的供给,使得晶体管截止。IGBT 与 MOSFET 一样也是电压控制型器件,在它的栅极 G—发射极 E 间施加十几 V 的直流电压,只有在 μA 级的漏电流流过,基本上不消耗功率。如果 IGBT 栅极与发射极之间的电压,即驱动电压过低,则 IGBT 不能稳定正常地

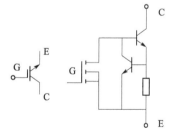

图 14-13 常用 IGBT 的电气符号 IGBT 的等效电路

工作,如果过高超过栅极—发射极之间的耐压则 IGBT 可能永久性损坏;同样,如果加在 IGBT 集电极与发射极允许的电压超过集电极—发射极之间的耐压,流过 IGBT 集电极—发射极的电流超过集电极—发射极允许的最大电流,IGBT 的结温超过其结温的允许值,IGBT 都可能会永久性损坏。

4)电机控制器安装位置及外形

(1)安装位置。

①比亚迪秦电机控制器。

比亚迪秦电机控制器与 DC 集成一体,总成安装位置及外形如图 14-14 所示。

图 14-14 比亚迪秦电机控制器与 DC 总成安装位置

②比亚迪 e5 电机控制器。

比亚迪 e5 电机控制器及 DC 总成安装位置如图 14-15 所示。

图 14-15 电机控制器及 DC 总成安装位置

③比亚迪 e6 电机控制器。

比亚迪 e6 电机控制器外形及安装位置如图 14-16 所示。

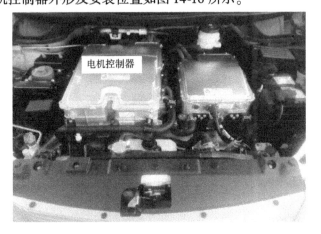

图 14-16 比亚迪 e6 电机控制器安装位置

(2)电机控制器实物总成。

①电机控制器实物总成(比亚迪秦车型)。

电机控制器与DC总成实物及各接口如图14-17所示。电机控制器外围62PIN接插件引脚定义如表14-2所示。

a)

b)

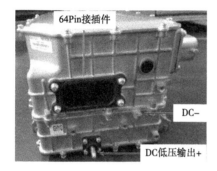
c)

d)

图14-17 比亚迪秦电机控制器实物及各接口

64PIN 接插件引脚定义　　　　　　　　　　　　　　　表14-2

引脚编号	信号标号	信号定义	备　注
1	EXCOUT	励磁+	
2	/EXCOUTU	励磁-	
3	GND1	电机温度开关地	
11	GND	油门屏蔽地	
13	GND	加速踏板深度电源地2	
15	GND	加速踏板深度电源地1	
16	SIN+	正弦+	
17	SIN-	正弦-	
19	EMACHINE-TEMP	电机温度开关	低电平有效<1V
22	DSP-ECO/SPO-OUT	经济、运动模式输出	低电平有效<1V
23	NET-CP	充电电流确认信号	充电PWM信号检测(CP)
25	5V	加速踏板深度电源地2	
27	5V	加速踏板深度电源地1	
28	DC-GA1N1	加速踏板深度1	
29		余弦-	
32	GND1	电机模拟温度地	

续上表

引脚编号	信号标号	信号定义	备注
33	GND	CAN 信号屏蔽地	
36	MES-BMS – OUT	BMS 信号	给电池管理器低电平有效<1V
37	MES-METER	仪表信号	给仪表低电平有效<1V
38	EXT-ECO/SPO	经济/运动模式输入	低电平有效<1V
41	DC-GAIN2	加速踏板深度2	
43	GND	外部提供的电源(常火电)	12V 电源地
44	GND	旋变屏蔽地	
45	GND	电机温度屏蔽地	
46	STATOR – T – IN	电机绕组温度	
47	CANL	CAN 低	
48	CANH	CAN 高	
51	MES – BCM	BCM 信号	给 BCM 低电平有效<1V
52	NET-CC	充电控制信号	7 芯充电枪连接确认(CC)
53	IN-FEET-BRAKE	制动信号	高电平有效≥9V
55	DC-BRAKE1	制动踏板深度1	
58	12V1	外部提供的电源(常火电)	12V 常电
59	GND	外部电源地	12V 电源地
60	GND	外部电源地	12V 电源地
61	12VO	外部提供的电源(ON 挡电)	双路电
62	12VO	外部提供的电源(ON 挡电)	双路电

电机控制器参数如表 14-3 所示。

电机控制器参数　　　　　　表 14-3

类别	项目	参数
电机驱动	工作电压等级	480V
	最大功率	110kW
	额定功率效率	≥95%
DC-DC	高压侧	300V~550V
	低压电压等级	12V
	输出电流	120A
	效率	≥90%
	重量	16kg

②电机控制器实物总成(比亚迪 e5 车型)。

电机控制器与 DC 总成(比亚迪 e5)实物及各外部接口如图 14-18、图 14-19、图 14-20、图 14-21 所示。电控总成外围窗口只有一个空调保险(31A),给电动压缩机模块和 PTC 水加热模块供电;DC 低压输出端与低压电池并联给整车低压系统提供 13.8V 电源。

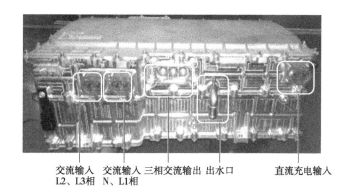

图 14-18 电机控制器及 DC 总成正面实物图

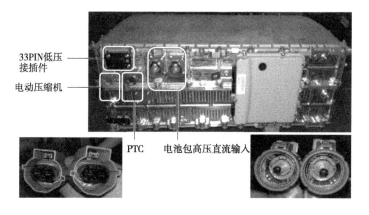

图 14-19 电机控制器及 DC 总成背面实物图

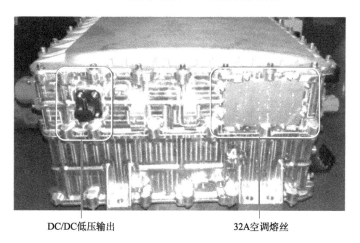

图 14-20 电机控制器及 DC 总成侧面实物图

电机控制器总成(e5)外围低压接插件有两个,分别是 33PIN 接插件和 64PIN 接插件。33PIN 接插件引脚如图 14-22 所示,33PIN 接插件引脚主要由双路电源、霍尔电流信号、高压互锁信号、充放电接触器控制信号、CAN 通信(电池管理器控制)等组成,接插件引脚定义如表 14-4 所示。

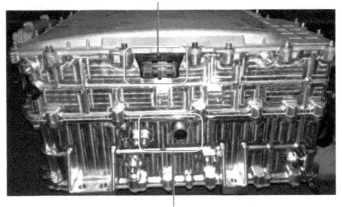

图 14-21 电机控制器及 DC 总成侧面实物图

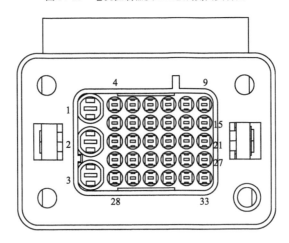

图 14-22 33PIN 低压接插件引脚

33PIN 接插件引脚定义　　　　　　　　　　　　　　　表 14-4

引脚号	端口名称	端口定义	线束接法
4		VCC 双路电电源	线束接法
5		VCC 双路电电源	
8		GND 双路电电源地	
9		GND 双路电电源地	
10	屏蔽地	GND	
13	GND	CAN 屏蔽地	直流霍尔屏蔽地
14		CAN－H	
15		CAN－L	动力网
16		直流霍尔电源＋	动力网
17		直流霍尔电源－	BMS
18		直流霍尔信号	BMS

续上表

引脚号	端口名称	端口定义	线束接法
20	驱动/充电	一般漏电信号	BMS
21		严重漏电信号	BMS
22		高压互锁+	BMS
23		高压互锁-	
24		主接触器/预充接触器电源	
25		交直流充电正负极接触器电源	
29		主预充接触器控制信号	BMS
30		直流充电正极接触器控制信号	BMS
31		直流充电负极接触器控制信号	BMS
32		主接触器控制信号	BMS
33		交流充电接触器控制信号	BMS

电机控制器总成外围64PIN接插件引脚如图14-23所示,64PIN接插件引脚主要由外部供电电源、加速踏板位置信号、制动踏板位置信号、电机旋变、温度信号、充电口通信信号、CAN通讯(VTOG控制)等组成,接插件引脚定义如表14-5所示。

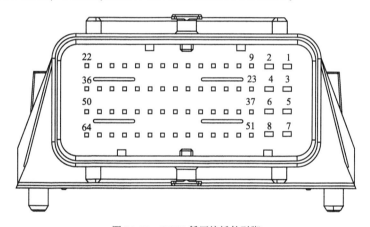

图14-23 64PIN低压接插件引脚

64PIN接插件引脚定义　　　　　　　　　　　表14-5

引脚号	端口名称	端口定义	线束接法
37	GND	制动踏板深度屏蔽地	
38	+5V	制动踏板深度电源1	制动踏板
39	+5V	加速踏板深度电源2	加速踏板
40	+5V	加速踏板深度电源1	加速踏板
41	+5V	制动踏板深度电源2	制动踏板
43	SWITCH-I	预留开关量输入1	空
44	/	车内插座触发信号	空
45	GND	旋变屏蔽地	电机

续上表

引 脚 号	端口名称	端口定义	线束接法
47	NET-CP	充电确认信号	充电口
49	CAN-H	动力网 CAN-H	动力网 CAN-H
50	CAN-L	动力网 CAN-L	动力网 CAN-L
51	GND	制动踏板深度电源地 1	制动踏板
52	GND	加速踏板深度电源地 2	加速踏板
54	GND	加速踏板深度电源地 1	制动踏板
55	GND	制动踏板深度电源地 2	制动踏板
56	SWITCH-2	预留开关量输入 2	空
57	FEET-BRAKE	制动信号	制动踏板
59	/EXCOUT	励磁 −	电机
60	EXCOUT	励磁 +	电机
61	COS +	余弦 +	电机
62	COS −	余弦 −	电机
63	SIN +	正弦 +	电机
64	SIN −	正弦 −	电机

③电机控制器实物总成（比亚迪 e6 车型）。

电机控制器实物及各外部接口如图 14-24、图 14-25、图 14-26 所示。

图 14-24 电机控制器高压接插件

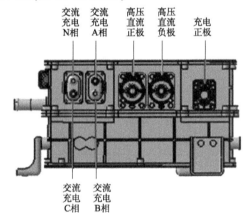

图 14-25 电机控制器高压接口定义

图 14-26 电机控制器低压接插件

电机控制器总成外围62PIN接插件引脚如图14-27所示,62PIN接插件引脚主要由外部供电电源、加速踏板位置信号、制动踏板位置信号、电机旋变、温度信号、充电口通信信号、CAN通信(VTOG控制)等组成,接插件引脚定义如表14-6所示。

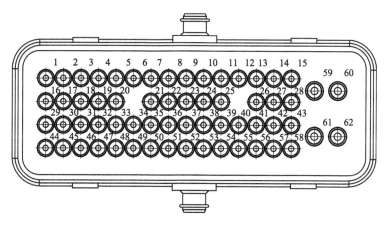

图14-27 62PIN接插件引脚

62PIN接插件引脚定义　　　　　　　　　　　表14-6

引脚编号	信号标号	信号定义	备注
1	EXCOUT	励磁+	
2	/EXCOUT	励磁-	
3	GND1	电机温度开关地	
11	GND	加速踏板屏蔽地	
13	GND	加速踏板深度电源地2	
15	GND	加速踏板深度电源地1	
16	SIN+	正弦=	
17	SIN-	正弦-	
19	EMACHINE-TEMP	电机温度开关	低电平有效<1V
22	DSP-ECO/SPO-OUT	经济、运动模式输出	充电PWM信号检测(CP)
23	NET-CP	充电电流确认信号	
25	5V	加速踏板深度电源2	
27	5V	加速踏板深度电源1	
28	DC-GAINI	加速踏板深度1	
29		余弦	
32	GND1	电机模拟温度地	
33	GND	CAN信号屏蔽地	
36	MES-BMS-OUT	BMS信号	给电池管理器低电平有效<1V
37	MES-METER	仪表信号	给仪表低电平有效<1V
38	EXT-ECO/SPO	经济、运动模式输入	低电平有效<1V
41	DC-GAIN2	加速踏板深度2	

续上表

引脚编号	信号标号	信号定义	备 注
43	GND	外部提供的电源地(常火电)	12V 电源地
44	GND	旋变屏蔽地	
45	GND	电机温度屏蔽地	
46	STATOR-T-IN	电机绕组温度	
47	CAN-L	CAN 低	
48	CAN-H	CAN 高	
51	MES-BCM	BCM 信号	给 BCM 低电平有效<1V
52	NET-CC	充电控制信号	7 芯充电枪连接确认(CC)
53	IN-FEET-BRAKE	行车制动信号	高电平有效≥9V
55	DC-BRAKE1	制动踏板深度 1	
58	12V1	外部提供的电源(常火电)	12V 常电
59	GND	外部电源地	12V 电源地
60	GND	外部电源地	12V 电源地
61	12VO	外部提供的电源(ON 挡电)	双路电
62	12VO	外部提供的电源(ON 挡电)	双路电

2. 高压配电箱

1)作用

高压配电箱的作用是将整车高压电集中控制,实现电源分配、接通、断开。

2)安装位置

高压配电箱的安装位置如图 14-28 所示。

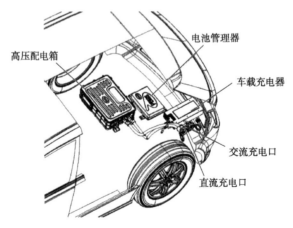

图 14-28 高压配电箱安装位置

3)外部连接

高压配电箱外形及外部连接的线束如图 14-29 所示。

4)内部结构

高压配电箱的内部结构如图 14-30 所示,侧面保险盒如图 14-31 所示。

项目五 永磁同步电机及控制系统

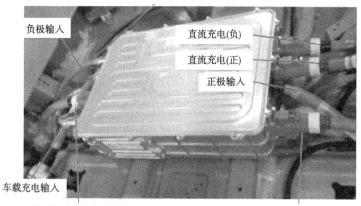

a)

b)

图 14-29 高压配电箱外部连接的线束

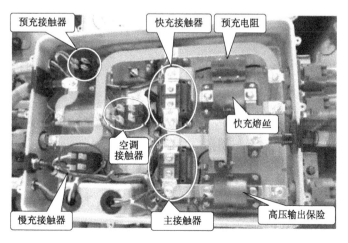

图 14-30 高压配电箱的内部结构图

5）系统框图

高压配电箱的系统框图如图 14-32 所示。

图 14-31 高压配电箱的侧面熔丝盒

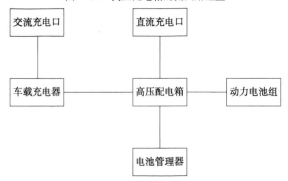

图 14-32 高压配电箱系统框图

6）电路图

高压配电箱在驱动系统的电路图如图 14-33 所示。

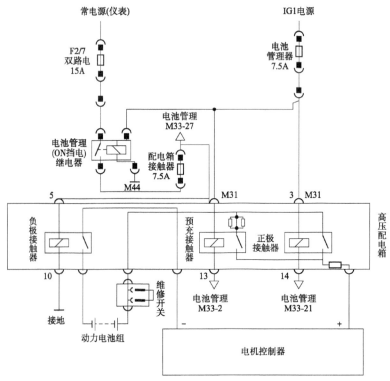

图 14-33 高压配电箱驱动系统电路图

7）上电流程

高压配电箱 ON 挡上电简易流程如图 14-34 所示。

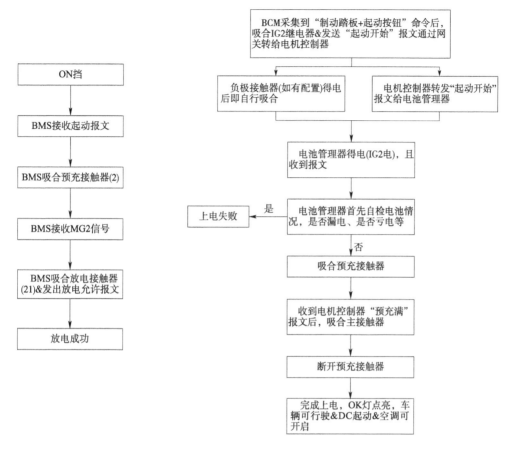

图 14-34　高压配电箱 ON 挡上电简易流程

3. 驻车开关

1）安装位置

驻车开关安装位置如图 14-35 所示。

图 14-35　驻车开关安装位置图

2) 接插件及连接框图

驻车开关外形接插件如图 14-36 所示，驻车开关与电机控制器的连接框图如图 14-37 所示。

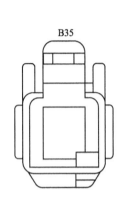

图 14-36　驻车开关接插件　　　　　图 14-37　驻车开关回路图

4. 加速踏板深度传感器

加速踏板深度传感器是人机对话的窗口，通过控制电流大小，从而控制电机转矩及转速。电子加速踏板，是通过驾驶人控制踏板臂的旋转角度，来控制位置传感器输出的电压信号，然后将电压信号传递给 ECU，ECU 再根据位置传感器输出的电压信号控制电机电流大小，以达到控制电机扭矩的目的。

加速踏板深度传感器插接件针脚如图 14-38 所示。加速踏板深度传感器与 VTOG 的电路如图 14-39 所示。

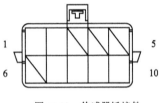

图 14-38　传感器插接件

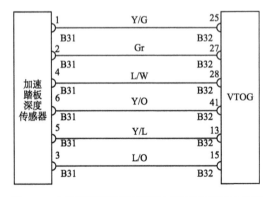

图 14-39　加速踏板深度传感器与电机控制器连接电路图

5. 制动开关

1) 安装位置

制动灯开关作用是在电机控制器上电中确认车辆的安全性。制动开关安装位置如图 14-40 所示。

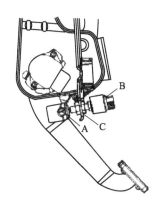

图 14-40　制动开关安装位置

2）制动开关电路

制动开关电路如图 14-41 所示。

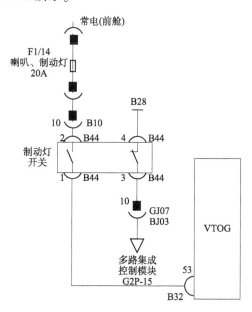

图 14-41　制动灯开关与电机控制器连接电路图

6. 动力蓄电池管理器

电池管理单元作为监控电池包,保证电池包体正常工作的监控单元而存在,主要目的为了保证每节串联电池的电压、电流等各项性能指标的一致性,由于电池的原理像木桶效应,某一节短板的话,所有电池性能都将按照这一节性能计算,这将对电池可靠性提出及其高的要求,为了防止过充、过放、过温等一系列影响单节电池性能的问题出现,通过电池管理单元进行监控,时时保证电池工作在正常工作状态下。

动力蓄电池管理器是 e6B 动力控制部分的核心,负责整车电动系统的电力控制并实施监测高压电力系统的用电状态,采取保护措施,保证车辆安全行。

主要作用:动力蓄电池状态监测、充放电功能控制、预充控制。

动力蓄电池管理器外形如图 14-42 所示。

图 14-42 动力蓄电池管理器

7. 电机 MG2

电机控制器与电机的连接回路如图 14-43 所示。

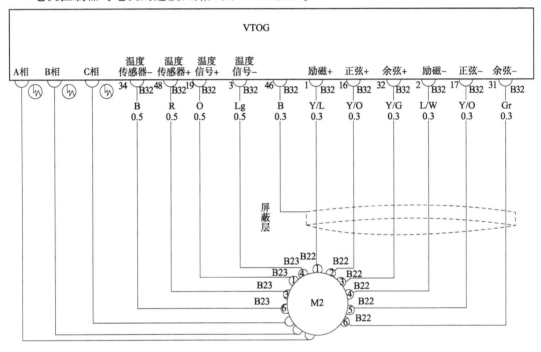

图 14-43 比亚迪 e6 电机与电机控制器连接电路图

8. 动力 CAN 总线

整车网络总线的控制图如图 14-44 所示。

(二) 电机控制系统工作原理

1. 电机控制系统原理

永磁同步电机控制系统组成框图如图 14-45 所示。在控制方法中,磁场定向控制 (FOC) 和直接转矩控制 (DTC) 作为交流电机的 2 种高性能控制策略,在实际中得到了广泛的应用。

电机控制器接受挡位开关信号、加速踏板深度、制动踏板深度、旋变等信号,经过一系列的逻辑处理和判断,来控制电机正、反转、转速等。

项目五　永磁同步电机及控制系统

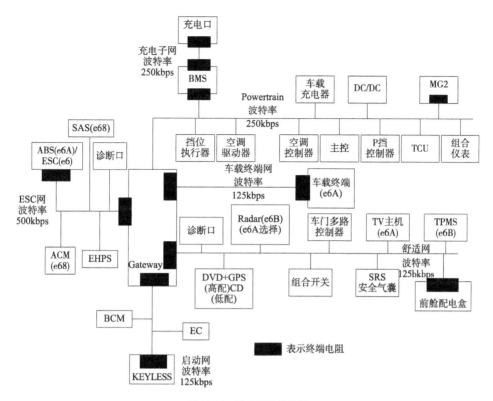

图 14-44　整车网络总线图

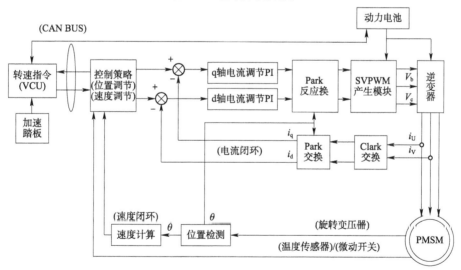

图 14-45　电机控制系统组成框图

控制策略采用了经典的电机控制理论并注入了先进的控制算法,驱动永磁同步电机以最佳方式协调工作,核心 ECU——电机控制器上层软件所依赖的下层硬件电路包括控制电路板和驱动电路板两块电路板。它们的分工有所不同:控制板又分为模拟通道采样单元、模数转换单元、DSP 处理单元、旋变解码单元、CAN 通讯单元、挡位处理单元。驱动板包括信号隔离单元、保护信号选择单元、电源单元。控制板对采样的数据进行处理,计算出所需占空

· 205 ·

比,产生 PWM(正弦脉宽调制);通过驱动板传递给 IGBT,供电机工作。最初仅用于异步电机的控制,现在已经被扩展到同步电机、永磁同步电机的控制上,对电机的起动、加速、运转减速及停止进行控制。根据不同类型的电机及对电机的使用场合有不同的要求时,通过控制达到快速起动、快速响应、高效率、高转矩输出及高过载能力的目的。在电机控制中,三相逆变器(图 14-46)的控制,根据不同类型的电机及对电机的使用场合有不同的要求时,通过控制达到快速起动快速响应、高效率、高转矩输出及高过载能力的目的。在电机控制中,三相逆变器是最重要的部分,它是将输入的直流电转换为交流电的装置,它即属于主回路部分,也属于控制执行部分。本文内容主要是讲解三相逆变器的工作原理。

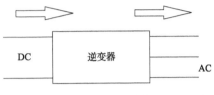

图 14-46 逆变器

逆变器的内部结构,也就是主回路电路如图 14-47 所示,由 6 个 IGBT(绝缘栅双极型晶体管)组成,每一相输出线和正负直流母线之间各连接一只 IGBT 功率管。连接正极母线的 IGBT 与输出端节点被称为"上桥臂",连接负极母线的 IGBT 与输出端节点被称为"下桥臂",每一相的上、下桥臂统称为"半桥"。6 个 IGBT 的序号一般为 T1~T6(或 VD1~VD6),第一相的上桥臂是 T1(或 VD1),其他的 IGBT 所对应的位置都可以从 PWM 的坐标图里去找。为了能够将输入的直流电变成交流电,6 个 IGBT 会从 T1~T6(VD1~VD6)依序循环的导通和关闭,并依次间隔 60°顺序导通(或关断)。U/V/W 相位差为 120°,这也就意味着和第一相(U 相)上桥臂导通(或关断)时刻间隔 120°的 IGBT 为第二相(V 相)的上桥臂;和第二相(V 相)上桥臂导通(或关断)时刻间隔 120°的 IGBT 为第三相(W 相)的上桥臂。

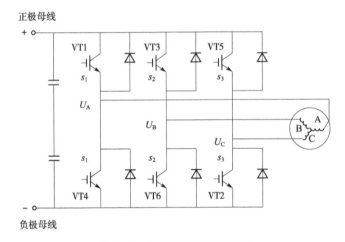

图 14-47 电机控制器三相逆变桥

下桥臂的序号很好辨别。一个周期的正弦交流电所经过的角度是 360°(2π),其中正半波经过 180°(π)会从第二象限进入第三象限,变为负半波并经过 180°(π)。在每一相的上、下桥臂不能同时导通,也不可以有叠加关系。因为上下桥臂中间直接连接并作为这一相的输出端,如果有同时导通或者是叠加导通,会导致正负母线之间直接跨导,造成短路,显然这是禁止发生的。

所以当某一相的上桥臂导通区间内。下桥臂是不可以导通的,也就是完全关断状态。

上桥臂导通180°(π)后立刻关断。这视为此相的正半波。另外哪一项在上桥臂关断区间内完全导体并经过180°(π)，就为此相的下桥臂。每一相间隔120°的循环输出就会产生交流电了。连接永磁同步电机后就会建立旋转磁场，电机转子就可以旋转并对外做功了。

2. 电机控制系统电路

(1) 电机控制器高压电路如图14-48所示。

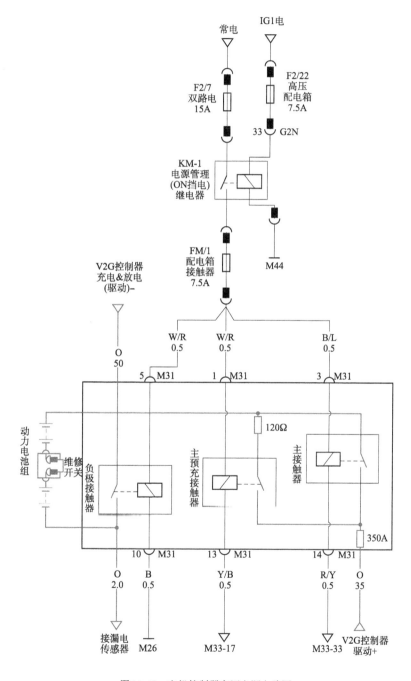

图14-48 电机控制器高压电源电路图

(2)预充满信号回路。

电池管理器和电机控制器的连接关系如图14-49所示。

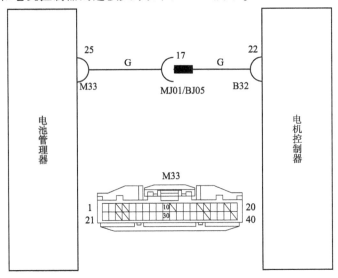

图14-49 电池管理器与电机控制器连接图

钥匙打到ON挡时,为缓解高压电池的冲击,电池管理器先吸合预充接触器控制继电器来自动力蓄电池的高压电经过预充接触器与两个并联的限流电阻,加载到母线正极上。

电机控制器检查母线正极上的电压达到动力蓄电池额定电压的2/3时,向电池管理器反馈一个预充满信号。从而电池管理器控制正极放电接触器控制器吸合,断开预充接触器控制器。

电机驱动系统如图14-50所示。

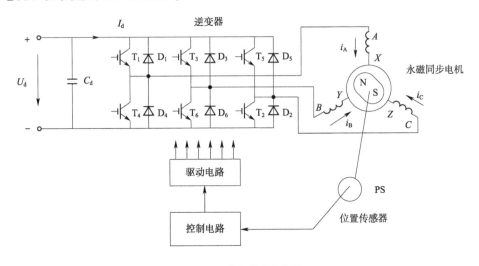

图14-50 电机驱动系统图

(三)永磁同步电机的控制方法

新能源汽车永磁同步电机的控制较为复杂,其控制方法也有多种,常见的有矢量控制(磁场定向控制)、直接转矩控制、恒压频比开环控制。

1. 矢量控制

矢量控制的原理为：以转子磁链旋转空间矢量为参考坐标，将定子电流分解为相互正交的两个分量：一个与磁链同方向，代表定子电流励磁分量；另一个与磁链方向正交，代表定子电流转矩分量，分别对其进行控制，获得与直流电机一样良好的动态特性。

永磁同步电机矢量控制策略与异步电机矢量控制策略有些不同。由于永磁同步电机转速和电源频率严格同步，其转子转速等于旋转磁场转速，转差恒等于零，没有转差功率，控制效果受转子参数影响小。因此，在永磁同步电机上更容易实现矢量控制。因其控制结构简单，控制软件容易实现，已被广泛应用到调速系统中。图14-51为某电动汽车用永磁同步电机矢量控制系统框图。

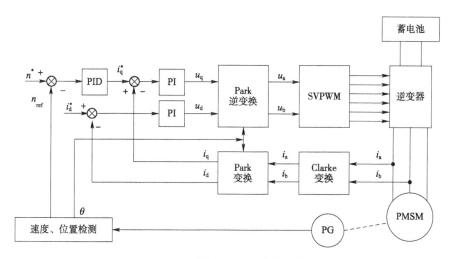

图 14-51 永磁同步电机矢量控制系统框图

2. 直接转矩控制

直接转矩控制不需要矢量控制里面的旋转坐标变换和转子磁链定向，转矩取代电流成为受控对象。电压矢量则是控制系统里唯一的输入，通过电压矢量，直接控制转矩和磁链的增加或减小，控制结构简单，受电机参数变化影响小，能够获得极佳的动态性能。

由于在电动汽车运行过程中，直接转矩控制需要结合复杂的运行工况进行，使得直接转矩控制较难应用到电动汽车驱动控制系统中。图14-52为永磁同步电机直接转矩控制系统的原理结构图。

3. 恒压频比开环控制（VVVF）

恒压频比开环控制的控制矢量为电机的外部矢量，即电压和频率。控制系统将参考电压和频率输入到实现控制策略的调整器中，最后由逆变器产生一个交变的正弦电压施加在电机的定子绕组上，使之运行在指定的电压和频率下。

恒压频比开环控制策略简单，易于实现，转速通过电源频率进行控制，不存在异步电机的转差和转差补偿问题。但是，恒压频比开环控制策略未引入速度、位置等反馈信号，因此无法实时捕捉电机状态，致使无法精确控制电磁转矩；在突发加载或者加速指令时，容易发生失步现象；另外，也不具备快速的动态响应特性，控制性能差。通常只用于对调速性能要求一般的通用变频器上。

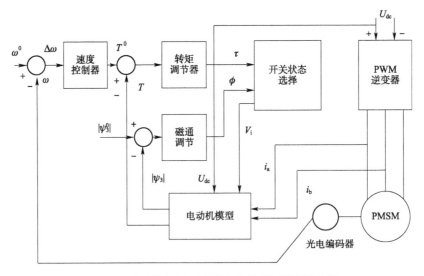

图 14-52 永磁同步电机直接转矩控制系统的原理结构图

4. 智能控制

为了提高永磁同步电机的控制性能和控制精度,模糊控制、神经网络控制等开始应用于同步电机的控制。

采用智能控制方法的永磁同步电机控制系统,在多环控制结构中,智能控制器处于最外环充当速度控制器,而内环电流控制、转矩控制仍采用 PI 控制、直接转矩控制这些方法,这主要是因为外环是决定系统的根本因素,而内环主要的作用是改造对象特性以利于外环的控制,各种扰动给内环带来的误差可以由外环控制或抑制。

在永磁同步电机系统中应用智能控制时,也不能完全屏弃传统的控制方法,必须将两者很好地结合起来,才能彼此取长补短,使系统的性能达到最优。

二、任务实施

(一)准备工作

(1)防护装备:常规实训着装。

(2)教学设施、台架、总成:比亚迪 e6 整车一辆、比亚迪秦整车一辆。

(3)专用工具:无。

(4)手工工具:无。

(5)仪器仪表:无。

(6)辅助材料:无。

(7)各组进行分工,选出组长、记录员等。

(8)实训场地安全检查。

(二)技术要求与注意事项

(1)操作时,没有实训指导教师的允许,车辆不能通电试车;

(2)操作时,实训车辆维修开关必须取下;

(3)在进行电机控制器识别时,只能在工作台上进行,不可移离工作台,以免发生安全事故;

(4)在进行电机控制器识别时,不可拆卸电机控制器;

(5)在拆卸实训车辆后部座椅、高压配电箱时,必须按要求拆卸;

(6)在进行拆卸时,各拆卸的各部件必须按规定位置摆放。

(三)操作步骤

1.比亚迪 e6 永磁同步电机控制器、电机、DC/DC 和空调驱动器安装位置识别

(1)起动按钮打到 OFF 挡,如图 14-53 所示,等待 5min。

(2)戴好绝缘手套。

(3)拔下维修开关。

①打开车辆内室储物盒,并取出内部物品。

②取出储物盒底部隔板。

③使用十字螺钉旋具将安装盖板螺钉(4 颗)拧下,并掀开盖板。

④取出维修开关上盖板。

⑤拉动维修开关手柄呈竖直状态,向上提拉,取出维修开关。

⑥使用电工绝缘胶布封住维修开关接插件母端,流程如图 14-54 所示。

图 14-53 起动按钮打到 OFF 挡

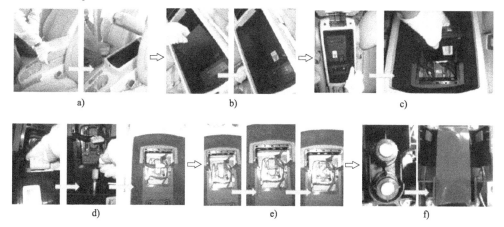

图 14-54 断开维修开关

(4)打开车辆前舱电机盖。

打开左前车门,找到前舱电机盖开启按钮(开启按钮位于驾驶室驻车踏板旁边),向外拉起,接着打开前舱盖锁,就可打开前舱,开启过程如图 14-55 所示。

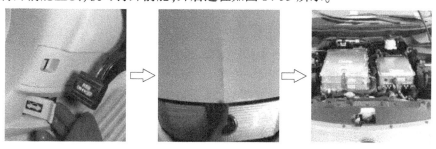

图 14-55 前舱开启

(5) 拆卸蓄电池负极接线。

使用梅花扳手,拧下 12V 铅酸蓄电池负极的固定螺栓,拔下 12V 铅酸蓄电瓶负极接线,如图 14-56 所示。

图 14-56 拆卸蓄电池负极线

(6) 识别比亚迪 e6 车型的电机控制器安装位置。

比亚迪 e6 车型的电机控制器安装位置如图 14-57 所示。

图 14-57 电机控制器安装位置

(7) 指出电机控制器低压接插件安装位置。

电机控制器低压接插件安装位置如图 14-58 所示。

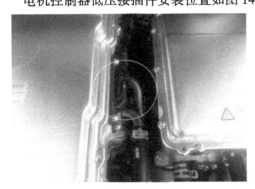
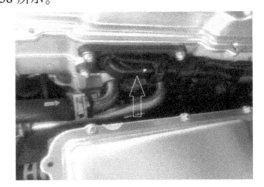

图 14-58 电机控制器低压接插件安装位置

(8) 指出电机控制器高压接插件安装位置。

电机控制器高压接插件安装位置如图 14-59 所示。

(9) 识别电机的安装位置。

电机安装在电机控制器的下面,电机的三相高压线与电机控制器相连,如图 14-60 所示。

图14-59 电机控制器高压接插件安装位置

图14-60 电机三相高压线安装位置

（10）识别比亚迪e6车型的DC/DC和空调驱动器安装位置。

比亚迪e6车型的DC/DC和空调驱动器安装位置如图14-61所示。

图14-61 DC/DC和空调驱动器安装位置

（11）识别比亚迪e6车型的DC/DC和空调驱动器高低压接插件。

比亚迪e6车型的DC/DC和空调驱动器高低压接插件如图14-62所示。

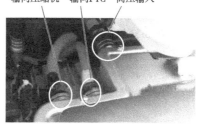

图14-62 DC/DC和空调驱动器外部接

2. 比亚迪e6驻车开关识别

打开左前车门，在驾驶室左下方，就可找到驻车开关的安装位置，如图14-63所示。

3. 比亚迪e6加速踏板深度传感器识别

找到加速踏板深度传感器的安装位置，如图14-64所示。

图 14-63　驻车开关的安装位置

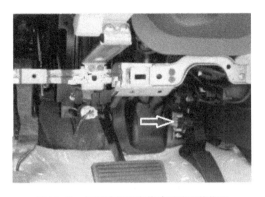
图 14-64　加速踏板深度传感器的安装位置

4. 比亚迪 e6 制动踏板识别

找到制动踏板的安装位置,如图 14-65 所示。

5. 比亚迪 e6 制动开关识别

找到制动开关的安装位置,如图 14-66 所示。

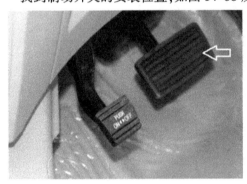
图 14-65　制动踏板的安装位置

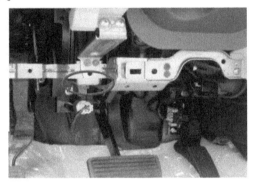
图 14-66　制动开关的安装位置

6. 比亚迪 e6 高压配电箱识别

1)后排座椅拆卸

(1)拆下坐垫。

(2)拆下靠背固定螺栓(固定螺栓 6 颗,中间 2 颗,边上各 2 颗)。

(3)取下后排靠背,如图 14-67 所示。

  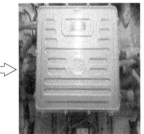

图 14-67　后排座位拆卸

2)识别高压配电箱各高压接插件

高压配电箱各高压接插件如图 14-68 所示。

图 14-68　高压配电箱高低压接插件识别

3) 拆卸高压配电箱盖子

高压配电箱盖子的拆卸如图 14-69 所示。

4) 识别高压配电箱内部元件

高压配电箱内部元件如图 14-70 所示。

图 14-69　高压配电箱盖拆卸　　　　　　　图 14-70　高压配电箱内部元件识别

7. 比亚迪 e6 动力蓄电池管理器识别

1) 打开行李舱盖

行李舱的打开如图 14-71 所示。

图 14-71　行李舱开启

2)识别电池管理器

在行李舱位置即可看到电池管理器,如图 14-72 所示。

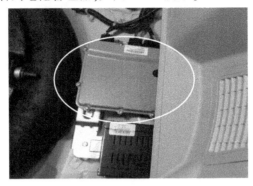

图 14-72 动力蓄电池管理器的安装位置

8. 比亚迪秦电机控制器的识别

1)断开维修开关

(1)先拆卸后部座椅,如图 14-73 所示。

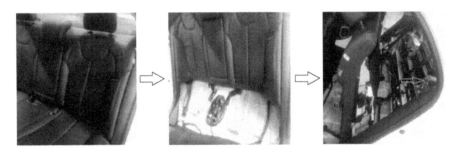

图 14-73 座椅拆卸

(2)再取维修开关,如图 14-74 所示。

图 14-74 拔下维修开关

2)识别电机控制器安装位置

打开前舱电机盖,识别比亚迪秦车型的电机控制器安装位置,如图 14-75 所示。

3)指出电机控制器低压接插件安装位置

电机控制器低压接插件安装位置如图 14-76 所示。

4)指出电机控制器高压接插件安装位置

电机控制器高压接插件安装位置如图 14-77 所示。

图 14-75 电机控制器安装位置识别

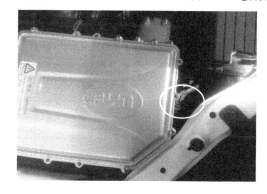

图 14-76 电机控制器低压接插件安装位置

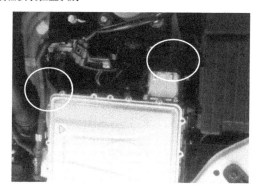

图 14-77 电机控制器高压接插件安装位置

9. 部件恢复及 7S 管理

三、技能考核标准（表 14-7）

技能考核标准　　　表 14-7

序号	项目	操作内容	规定分	评分标准	得分
1	实训准备	1. 实训手册的准备； 2. 实训车辆的基本检查	8 分	1. 能够准备实训手册（2 分，无实训手册的扣 2 分）； 2. 能正确检查实训车辆的钥匙、车辆的状态、车辆的驻车及固定情况，并做好记录（6 分，每项检查 2 分）	
2	点火开关 OOF 挡	在比亚迪 e6 车上把点火开关打到 OOF 挡	2 分	能正确操作点火开关，使点火开关处于 OOF 挡（2 分）	
3	比亚迪 e6 维修开关	比亚迪 e6 维修开关断开操作	5 分	能正确操作断开维修开关（5 分）	
4	蓄电池负极	比亚迪 e6 铅酸蓄电池负极断开操作	5 分	能正确操作断开比亚迪 e6 铅酸蓄电池负极（5 分）	
5	比亚迪 e6 电机控制器	1. 在比亚迪 e6 车上找到电机控制器； 2. 识别电机控制器低压接插件； 3. 识别电机控制器高压接插件	10 分	1. 能找到比亚迪 e6 电机控制器（2 分）； 2. 能正确识别电机控制器低压接插件（4 分）； 3. 能正确识别电机控制器高压接插件（4 分）	

续上表

序号	项 目	操作内容	规定分	评分标准	得分
6	比亚迪e6DC/DC和空调驱动器识别	1. 识别DC/DC和空调驱动器的安装位置; 2. 识别DC/DC和空调驱动器低压接插件; 3. 识别DC/DC和空调驱动器高野接插件	11分	1. 能找到DC/DC和空调驱动器(2分); 2. 能正确识别DC/DC和空调驱动器低压接插件(4分); 3. 能正确识别DC/DC和空调驱动器高压接插件(5分)	
7	比亚迪e6驻车开关	识别驻车开关位置	2分	能找到驻车开关(2分)	
8	比亚迪e6油门深度传感器	识别加速踏板深度传感器安装位置	3分	能找到加速踏板深度传感器(3分)	
9	比亚迪e6制动开关	识别制动开关位置	2分	能找到制动开关(2分)	
10	拆卸比亚迪e6后排座椅	拆卸后排座椅	5分	能正确拆卸后排座椅(5分)	
11	高压配电箱	1. 高压配电箱安装位置识别; 2. 高压配电箱接插件识别; 3. 高压配电箱盖子拆卸; 4. 高压配电箱内部元件识别	15分	1. 能找到高压配电箱(2分); 2. 能正确识别高压配电箱接插件(5分); 3. 高压配电箱盖子拆卸(3分); 4. 高压配电箱内部元件识别(5分)	
12	比亚迪e6电池管理器	识别电池管理器安装位置	5分	能正确找到电池管理器(5分)	
13	比亚迪秦后排座椅拆卸	后排座椅拆卸	3分	能正确操作拆卸比亚迪秦后排座椅(3分)	
14	比亚迪秦维修开关断开	比亚迪秦维修开关断开	3分	能正确操作断开维修开关(3分)	
15	比亚迪秦电机控制器	1. 在比亚迪秦车上找到电机控制器; 2. 识别电机控制器低压接插件; 3. 识别电机控制器高压接插件	9分	1. 能找到比亚迪秦电机控制器(3分); 2. 识别电机控制器低压接插件(3分); 3. 识别电机控制器高压接插件(3分)	
16	部件恢复及7S管理	1. 识别部件的恢复; 2. 7S管理	12分	1. 能够正确恢复识别的各部件(5分); 2. 能够正确进行7S管理(7分,少做一项扣1分)	
		总分	100分		

四、思考与练习

(一)填空题

1. 永磁同步电机控制系统包括_____、_____、驻车开关、加速踏板深度传感器、制动开关、制动踏板深度传感器、MG2、动力蓄电池管理器、动力CAN总线等部件。

2. 电机控制器类型为_____型逆变器,利用 IGBT 将_____转换为_____。

3. 比亚迪 e6 电机控制器全称叫作_____电机控制器。

4. 电机控制器的工作信息主要靠_____传感器、_____传感器和_____传感器来监测。

5. 电机控制器在使用过程中,在_____、_____和_____的情况下要对 IGBT 实行比较完善的保护。

6. 电机控制器总成(e5)外围低压接插件有两个,分别是_____接插件和_____接插件。

7. 高压配电箱的作用是将整车高压电集中控制,实现_____、_____、_____。

8. 加速踏板深度传感器是人机对话的窗口,通过控制_____大小,从而控制电机_____及_____。

9. 制动灯开关作用是在电机控制器上电中确认车辆的_____。

10. 动力蓄电池管理器的主要作用是动力蓄电池状态_____、_____电功能控制、_____控制。

(二)单项选择题

1. 电机控制器内部核心部件是(　　)。
   A. 水道　　　　B. 高压插件　　　　C. 电压源型逆变器

2. 比亚迪 e5 电控总成外围窗口的空调保险是(　　)A。
   A. 31　　　　　B. 45　　　　　　　C. 50

3. 比亚迪秦 DC 在高压(500V)输入端接触器吸合后便开始工作,输出电压标称为(　　)V。
   A. 12　　　　　B. 13.5　　　　　　C. 15

4. 比亚迪秦电机控制器重量为(　　)kg。
   A. 10　　　　　B. 16　　　　　　　C. 20

5. 电机控制器检查母线正极上的电压达到动力蓄电池额定电压的(　　)时,向电池管理器反馈一个预充满信号。
   A. 1/3　　　　　B. 1/2　　　　　　C. 2/3

(三)判断题

1. 充电与电机控制正好相反,需要把电网提供的交流电转换成动力蓄电池的直流电。　　　　　　　　　　　　　　　　　　　　　　　　　　　　　　　　(　　)

2. IGBT 实际为大电阻,目的是为了控制电流的工作,保证能够按照我们的意愿输出合适的电流参数。　　　　　　　　　　　　　　　　　　　　　　　　　　(　　)

3. 电流传感器用于检测电机工作实际电流,包括母线电流和三相交流电流。　(　　)

4. 电压传感器用于检测供给电机控制器工作的实际电压,包括动力蓄电池电压和 12V 蓄电池电压。　　　　　　　　　　　　　　　　　　　　　　　　　　　(　　)

5. 温度传感器只用于检测电机控制系统的工作温度。　　　　　　　　　　(　　)

6. 比亚迪 e6 高压配电箱安装在车辆的前舱。　　　　　　　　　　　　　(　　)

7. 比亚迪秦电机控制器安装在后排座椅下面。　　　　　　　　　　　　　(　　)

8. 比亚迪 e6 维修开关安装在驾驶室扶手下面。　　　　　　　　　　　　(　　)

9. 比亚迪 e6 电机控制器采用水冷方式进行冷却。　　　　　　　　　　（　　）

(四) 简答题

1. 比亚迪 e6 电机控制器的功能主要有哪些？
2. 电机控制系统包括哪些部件？
3. 永磁同步电机的控制方法有哪些？

任务 15　永磁同步电机控制系统检修

学习目标

❖ **知识目标**

1. 能正确叙述永磁同步电机控制系统的检测内容；
2. 能正确叙述永磁同步电机控制系统的检测的方法。

❖ **能力目标**

能够正确检测永磁同步电机控制系统各部件。

建议课时

14 课时。

任务描述

永磁同步电机的控制系统出现故障时，你知道应该如何检修吗？你知道要检修哪些内容呢？

一、知识准备

(一) 电机控制系统各部件检修（比亚迪 e6 车型）

1. 电机控制器低压电源电路检修

电机控制器 B32 插孔如图 15-1 所示，测量线束连接器各端子电压，B32-58 为外部提供的电源（常火电），属于 12V 常电，B32-61、B32-62 为外部提供的电源（ON 挡电），属于双路电，测量参考值如表 15-1 所示。

电机控制器低压电源检测参考值　　　　　　　　　表 15-1

端　子	条　件	正　常　值
B32-58→车身地	电源打到 OFF 挡或 ON 挡	11~14V
B32-61→车身地	电源打到 ON 挡	11~14V
B32-62→车身地	电源打到 ON 挡	11~14V

2. 电机控制器高压电源电路检修

(1) 将电源挡位上到 OK 挡（若无法上 OK，进入下一步）。

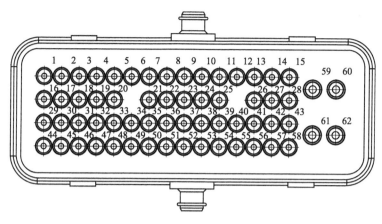

图 15-1 插孔编号示意图

(2) 读取 VTOG 数据流,看电池高压是否供给 VTOG 控制器。
检测参考值和可能的故障如表 15-2 所示。

电机控制器高压电源电路检测值及可能故障　　表 15-2

数据流	动力电机母线电压				
	与电池管理器总电压相差小于20V			与电池管理器总电压相差大于20V	
电压值(V)	0~199	200~400	>400V	<20	其他
可能故障	电压过低,电池包	跳到下一回路	检查电池包	无高压,检查高压线束连接,若正常,进入第三步	检查 VTOG 控制器或者电池管理器的采集电路(可更换尝试)

3. 检查整车起动流程

(1) 踩制动踏板上电,读取电池管理器数据流中预充状态,如表 15-3 所示。

检查整车起动流程表　　表 15-3

数据流	预 充 状 态		
处理	未预充	预充完成	预充失败
	进入2.2	检查配电箱低压线束,进入第3步	检查配电箱高低压线束,若正常,更换VTOG

(2) 检查上电过程环节,按照表 15-4 所示步骤进行。

上电过程　　表 15-4

步骤	检 查 项	是	否
1	踩制动踏板,观察制动灯是否点亮	2	检查制动信号
2	踩制动踏板,观察起动按钮绿色灯是否点亮		检查 BCM
3	读取 VTOG 数据流,踩制动踏板上电,是否发送上电请求	检查管理器 CAN 线和管理器	4
4	检查 BCM 是否发送起动请求报文		更换 BCM
5	重新匹配电机防盗后,重新尝试上电,看是否能上 OK 电	完成	更换 VTOG 控制器

4. 测量电机控制器高压输入端与输出端的电压

测量电机控制器高压正负极输入端与控制器向动力电机输出端的电压值,检测参考值如表 15-5 所示。电机控制器的最终判定需要厂家进一步确认。

电机控制器高压输入端与输出端的电压参考值　　　　　　表 15-5

至动力电机输出相位	电压数值正常值在 0.3V 左右	
A 相	与控制器输入正极	0.3V
A 相	与控制器输入负极	0.3V
B 相	与控制器输入正极	0.3V
B 相	与控制器输入负极	0.3V
C 相	与控制器输入正极	0.3V
C 相	与控制器输入负极	0.3V

5. 检查直流充电口总成高低压线束

电机控制器与充电口及驱动电源正负连接线束如图 15-2 所示。

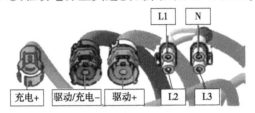

图 15-2　电机控制器与充电口及驱动电源正负连接线束

充电口插座如图 15-3 所示。检测时,使用万用表按照表 15-6 所示的检测端口进行检测,检测值参考表中的正常值,如果检测的电阻值不符合参考值,说明相应的线路存在故障,应进行相应的修复或者更换。

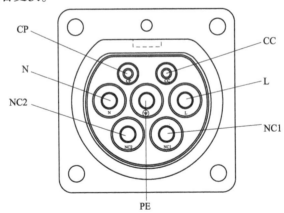

图 15-3　充电口插座

检测内容及参考值　　　　　　表 15-6

端子(左为充电口)	条　件	正常值	端子右
CC ~ 车身地	OFF	约 5V	线束 VTOG
PE ~ 车身地	OFF	小于 1Ω	线束
N ~ N(VTOG 高压)	OFF	小于 1Ω	线束
L ~ L1(VTOG 高压)	OFF	小于 1Ω	线束

续上表

端子(左为充电口)	条 件	正 常 值	端 子 右
NC1~L2(VTOG高压)	OFF	小于1Ω	线束
NC2~L3(VTOG高压)	OFF	小于1Ω	线束
CC~B32-53(VTOG高压)	OFF	小于1Ω	线束
CP~B32-23(VTOG高压)	OFF	小于1Ω	线束

6. 驻车回路检查

(1)检测驻车开关,检查的阻值应符合表15-7所示的值,否则不正常。

驻车开关检测参考值　　　　　　　　　　　　　　　　表15-7

端 子	条 件	正 常 值
B35→车身地	放下驻车开关	大于10kΩ
B35→车身地	拉起驻车开关	小于1Ω

(2)检测驻车开关与电机控制器线束电阻,驻车开关与电机控制器线束连接端子如图15-4所示,检测参考值如表15-8所示。

图15-4　驻车开关与电机控制器线束连接端子

驻车开关与电机控制器线束检测参考值　　　　　　　　表15-8

端 子	正 常 值
B35→B32-39	小于1Ω

7. 加速踏板深度传感器检测

加速踏板深度传感器接线端子与电机控制器连接线束端子如图15-5所示。

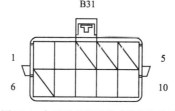

图15-5　加速踏板深度传感器接线端子

加速踏板深度传感器检测参考值如表15-9和表15-10所示。

油门深度传感器检测参考值　　　　　　　　　　　　　表15-9

端 子	条 件	正 常 值
B31-1→车身地	不踩加速踏板	约0.66V
	加速踏板踩到底	约4.45V

续上表

端子	条件	正常值
B31-8→车身地	不踩加速踏板	约4.34V
B31-8→车身地	加速踏板踩到底	约0.55V
B31-2→车身地	ON挡电	约5V
B31-7→车身地	ON挡电	约5V
B31-9→车身地	ON挡电	小于1V
B31-10→车身地	ON挡电	小于1V

加速踏板深度传感器线束及绝缘检测参考值　　　　表15-10

端子	正常值	端子	正常值
B31-2→B32-7	小于1Ω	B31-2→车身地	大于10kΩ
B31-7→B32-7	小于1Ω	B31-7→车身地	大于10kΩ
B31-1→B32-23	小于1Ω	B31-1→车身地	大于10kΩ
B31-8→B32-24	小于1Ω	B31-8→车身地	大于10kΩ
B31-9→B32-15	小于1Ω	B31-9→车身地	大于10kΩ
B31-10→B32-15	小于1Ω	B31-10→车身地	大于10kΩ

8. 制动灯开关检测

制动开关与电机控制器的端子如图15-6所示,检测制动开关的端子与电机控制器之间的线束,检测参考值如表15-11、表15-12所示。

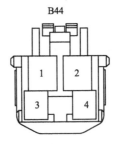

图15-6　制动开关接线端子

制动开关检测参考值　　　　表15-11

端子	条件	正常值
B44-1→B44-2	不踩制动踏板	大于10kΩ
B44-1→B44-2	踩下制动踏板	小于1Ω
B44-3→B44-4	不踩制动踏板	小于1Ω
B44-3→B44-4	踩下制动踏板	大于10kΩ

制动开关外接线束检测参考值　　　　表15-12

端子	线色	条件	正常值
B44-2→车身地	R	始终	11~14V
B44-1→B32-53	L/R	始终	小于1Ω

续上表

端　子	线　色	条　件	正　常　值
B44-4→车身地	B	始终	小于2Ω
B44-3→G2P-15	Y/G	始终	小于3Ω

9. 高压配电箱低压控制端检测

高压配电箱与电机控制器的端子如图 15-7 所示，高压配电箱低压控制端子检测数值参考值如表 15-13 所示。

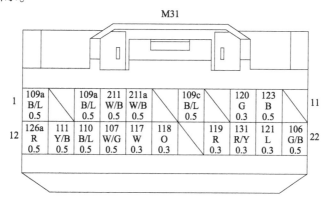

图 15-7　高压配电箱低压控制端子

高压配电箱低压控制端子检测参考值　　表 15-13

端　子	线　色	条　件	正　常　值
M31-1→车身地	G	点火开关打到ON挡	11~14V
M31-3→车身地	B/Y	点火开关打到ON挡	11~14V

（二）电机控制器故障诊断流程

电机控制器通过采集加速踏板深度、制动踏板深度信号、挡位、模式等信号控制动力输出并具有多种功能，如遥控驾驶、回馈充电、行车发电、巡航控制等。比亚迪秦电机控制器出现故障时，整车通常表现为无 EV 模式，仪表报"请检查动力系统"，检测故障时，需用诊断仪进入"电机控制器"模块读取数据流，有两种情况，一种为"系统无应答"，需要进行全面诊断；另一种为可进入相应模块读取相应故障码，根据相应故障码进行诊断。动力系统故障码如表 15-14 所示。

动力系统故障码　　表 15-14

MG2 电机控制器模块		
故障诊断（DTC）	故障描述	可能发生部位
P1B00-00	IPM 故障	电机控制器
P1B01-00	旋变故障	MG2 电机、线束、插接件
P1B02-00	欠压保护故障	电机控制器
P1B03-00	主接触器异常故障	电机控制器、电池管理器、高压配电箱
P1B04-00	过压保护故障	电机控制器
P1B05-00	IPM 散热器过温故障	电机控制器

续上表

故障诊断(DTC)	故障描述	可能发生部位
	MG2 电机控制器模块	
P1B06-00	挡位故障	挡位控制器、挡位控制器/线束
P1B07-00	加速踏板异常故障	加速踏板深度传感器回路
P1B08-00	电机过温故障	刹车深度传感器回路
P1B09-00	动力蓄电池过流故障	MG2 电机
P1B0A-00	缺相故障	电机控制器,线束
P1B0A-00	EEPROM 失效故障	

1. 读取"系统无应答"时诊断流程

(1) 检查低压接插件相关的引脚,请按照以下操作进行检查。若有异常,可检查相应的低压回路,包括电源、接地、CAN 通信等;

(2) 若以上均无异常,更换电机控制器与 DC 总成,提交信息报告时附上故障件白色标签照片。

2. 可读取故障码的诊断流程

1) 故障码报"P1B0000:电机过流"

先查询电机控制器的程序版本信息,确认故障码是否能清除,然后再尝试多次上 OK 挡电试车,看故障是否会重现。

(1) 检查电机是否正常,通过测试电机三相阻值两两差值不超过 1Ω,同时可尝试测量正常车辆对应阻值差值进行确认,若不正常则更换电机。

(2) 若正常,更换电机控制器与 DC 总成。

2) 故障码报"P1B0100:IPM 故障"

先查询电机控制器的程序版本信息,确认故障码是否能清除,然后再尝试多次上 OK 挡电试车,看故障是否会重现。

(1) 检测检查直流母线到三相线的管压降是否正常;若不正常,更换电机控制器与 DC 总成。

(2) 若管压降正常,确认是否还报其他故障码,根据其他故障码进行排查依旧无效,更换电机控制器与 DC 总成。

3) 故障码报"P1B1100:旋变故障 - 信号丢失""P1B1200:旋变故障 - 角度异常""P1B1300:旋变故障 - 信号幅值减弱"

先查询电机控制器的程序版本信息,确认故障码是否能清除,然后再尝试多次上 OK 挡电试车,看故障是否会重现。

(1) 检查低压接插件。

①退电 OFF 挡位,拔掉电机控制器低压接插件。

②测量 B21-45 和 B21-30 电阻是否 15~19Ω、测量 B21-46 和 B21-31 电阻是否 15~19Ω、测量 B21-44 和 B21-29 电阻是否 7~10Ω。

③如果以上所测电阻正常,则检查 B22 接插件是否松动或前舱线束故障,如果没有,则为电机控制器与 DC 总成故障。备注:也可测量电机旋变接插件:励磁 +、励磁 - 之间的阻值应该约为 8.5Ω,正弦 +、正弦 - 之间的阻值应该约为 15.5Ω,余弦 +、余弦 - 之间的阻值

应该约为 17.5Ω。

(2)更换电机控制器与 DC 总成。

4)故障码报"P1B0500:高压欠压"

先查询电机控制器的程序版本信息,确认故障码是否能清除,然后再尝试多次上 OK 挡电试车,看故障是否会重现。

(1)读取动力蓄电池电压若小于 350V,则对动力蓄电池、高压配电箱和高压线路进行检查。

(2)用诊断仪读取电机控制器直流母线电压(正常值约 350~550V),同时对比 DC 母线电压,若都不正常,则检查动力蓄电池、高压配电箱和高压线路。

(3)若电机控制器母线电压和 DC 高压侧电压,一个正常,一个不正常,则更换电机控制器与 DC 总成。

(4)若以上均正常,更换电机控制器。

5)故障码报"P1B0600:高压过压"

先查询电机控制器的程序版本信息,确认故障码是否能清除,然后再尝试多次上 OK 挡电试车,看故障是否会重现。

(1)读取动力蓄电池电压若大于 550V,则对动力蓄电池、高压配电箱和高压线路进行检查。

(2)用诊断仪读取电机控制器直流母线电压(正常值约 350~550V),同时对比 DC 母线电压,若都不正常,则检查动力蓄电池、高压配电箱和高压线路。

(3)若电机控制器母线电压和 DC 高压侧电压,一个正常,一个不正常,则更换电机控制器与 DC 总成。

(4)若以上均正常,更换电机控制器。

6)故障码报"P1B1400:电机缺 A 相""P1B1500:电机缺 B 相""P1B1600:电机缺 C 相"

先查询电机控制器的程序版本信息,确认故障码是否能清除,然后再尝试多次上 OK 挡电试车,看故障是否会重现。

(1)检查低压接插件是否松动。

(2)检查电机是否正常,通过测试电机三相阻值两两差值不超过 1Ω,若不正常则更换电机。

(3)若电机三相阻值正常,则更换电机控制器与 DC 总成。

7)故障码报"P1B0900:开盖保护"

先查询电机控制器的程序版本信息,确认故障码是否能清除,然后再尝试多次上 OK 挡电试车,看故障是否会重现。

(1)检测控制器盖子是否打开。

(2)更换电机控制器与 DC 总成。

8)故障码报"P1B0A00:EEPROM 错误"

先查询电机控制器的程序版本信息,确认故障码是否能清除,然后再尝试多次上 OK 挡电试车,看故障是否会重现。若故障未消除,可尝试重新更新电控软件,若依然不能排除故障,更换电机控制器与 DC 总成。

9)故障码报"P1B0200:电机过温告警"或"P1B0400:水温过高报警""P1B0300:IGBT 过温告警"或"P1B6100:IPM 散热器过温故障""P1B1000:水泵驱动故障"

（1）先查询电机控制器的程序版本信息，确认故障码是否能清除，然后再尝试多次上 OK 挡电试车，看故障是否会重现。同时读取数据流确认相关温度数值。检查电机冷却回路，重点检查电机水泵及各接口（即冷却系统）的运行情况，可用手捏下管路和电机确认，同时电机水泵回路是否正常。

（2）检查冷却液温度传感器。

（3）若以上均正常，更换电机控制器与 DC 总成备注：如果更换电机控制器与 DC 总成后故障还未清除，则更换电机处理。

10）无 EV 模式，仪表报"请检查动力系统"，故障码报"P1B1D00：电流霍尔传感器 A 故障"、"P1B1E00：电流霍尔传感器 B 故障"

先查询电机控制器的程序版本信息，确认故障码是否能清除，然后再尝试多次上 OK 挡电试车，看故障是否会重现。如清除无效，更换电机控制器与 DC 总成。

(三) 电机控制器的故障判断

1. 线束及接插件检查

检查低压接插件是否内部断路。

拔下线束，用万用表测量线束同一信号两端的电阻，应小于 1Ω。

若正常，则更换电机控制器；

若异常，则更换连接线束或维修更换接插件。

2. 直流母线电压故障检查步骤

1）检查直流高压接插件

断开维修开关，拔下高压接插件，用万用表测量控制器上高压接插件正极、负极对控制器外壳阻抗，一般大于 20MΩ；若正常，进行下一步检查；若异常，检查高压电缆。

2）检查高压输入信号

用万用表检查高压输入端，看是否在 480～500V 范围内，若正常，电机控制器故障；若小于 480V，则为外部输入异常，则检查电池系统，预充系统。

(四) 案例分享

故障现象：上电 OK 灯点亮，SOC 为 83%，EV 模式行驶中自动切换到 HEV，发动机起动，无法使用 EV 模式，仪表提示，请检查动力系统。

故障排查及分析：

（1）用诊断仪读取整车各模块软、硬件版本号、整车故障码并记录；

（2）清除整车故障码后对车辆重新上电；

（3）试车故障再次出现读取数据流，电机控制器报：P1B1100 旋变故障信号丢失、P1B1300 旋变故障—信号幅值减弱；

（4）在电机控制器 62Pin 接插件线束端，分别测量电机旋变阻值（参考标准：正弦 B21-45 与 B21-30 两脚阻值 16±4Ω、余弦 B21-46 与 B21-31 两脚阻值 16±4Ω、励磁 B21-44 与 B21-29 两脚阻值 8.1±2Ω 正常）；

（5）检查电机控制器 62Pin 接插件端子、旋变小线端子，正常；

（6）更换电机控制器与 DC 总成后，车辆恢复正常。

二、任务实施

(一) 准备工作

(1) 防护装备:常规实训着装、绝缘手套。

(2) 教学设施、台架、总成:比亚迪 e6 整车一辆。

(3) 专用工具:无。

(4) 手工工具:十字螺钉旋具、大棘轮、加长杆、10mm 套筒、小棘轮、8mm 套筒、冷却液盆。

(5) 仪器仪表:万用表、诊断仪。

(6) 辅助材料:跨接线、接插件专用插针。

(7) 各组进行分工,选出组长、记录员等。

(8) 实训场地安全检查。

(二) 技术要求与注意事项

(1) 操作时,没有实训指导教师的允许,车辆不能通电试车;

(2) 操作时,车辆维修开关必须取下;

(3) 在拆卸电机控制器总成时,必须按要求进行拆卸;

(4) 安装三相线之前,需先查看三相线线束端插头内是否有冷却液,如果有需要先将冷却液擦拭干净,再安装;

(5) VTOG 安装完成,并确认各线束均安装完备后,将维修开关插好;

(6) VTOG 在拆装过程中会损失掉部分冷却液,安装完成后,需将冷却液添加到应有的水平;

(7) VTOG 安装完成后,由于仪表需要与 VTOG 匹配,所以需要断开蓄电池,然后再接上,重新上 OK 挡电,观察 OK 灯是否可以点亮,整车是否可以正常运行;

(8) 需要对整车进行充电尝试,观察车辆是否可以正常充电,仪表是否有正常显示;

(9) VTOG 安装完成后,需清除 has-hev 和 ESC 的故障码,然后退电,6min 后再上电确认整车状态;

(10) 在拆卸车辆上的后部座椅、高压配电箱时,必须按要求进行拆卸;

(11) 拆卸的各部件必须按规定位置摆放。

(三) 操作步骤

1. 比亚迪 e6 永磁同步电机控制器(VTOG)的拆卸

1) 拆卸 VTOG 之前,需通过诊断仪清除原车原 VTOG 上的电机防盗

(1) 连接上诊断仪。

(2) 选择 e6 车型,进入。

(3) 进入 e6 车型后,选择防盗匹配进入。

(4) 然后选择 ECU 密码清除,根据诊断仪的提示进行相应的操作。

(5) 清除密码后,需等待 10s 后再断电,保证电机防盗密码清除成功。

2) 起动按钮

把起动按钮打到 OFF 挡,等待 5min。

3) 带好绝缘手套

4) 拔下维修开关

(1)打开车辆内室储物盒,并取出内部物品。
(2)取出储物盒底部隔板。
(3)使用十字螺钉旋具将安装盖板螺钉(4颗)拧下,并掀开盖板。
(4)取出维修开关上盖板。
(5)拉动维修开关手柄呈竖直状态,向上提拉,取出维修开关。
(6)使用电工绝缘胶布封住维修开关接插件母端、流程如图15-8所示。

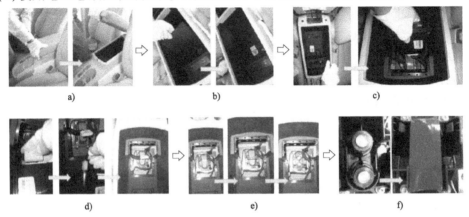

图15-8 断开维修开关

5)拆卸蓄电瓶负极接线

使用梅花扳手,拧下12V铅酸蓄电池负极的固定螺栓,拔下12V铅酸蓄电瓶负极接线,如图15-9所示。

图15-9 拆卸蓄电池负极线

6)VTOG后面5个高压接插件拆卸
(1)将二次锁死机构(绿色塑料卡扣)向外推,取下。
(2)摁住接插件上的卡扣,将接插件用力向外拔出,操作如图15-10所示。

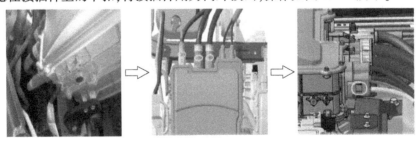

图15-10 高压接插件拆卸

注意：接插件不能硬拔，空间较小，注意防护手部。

7）将 VTOG 侧面的低压接插件拔下来

（1）打开前舱电机盖，并固定好前舱电机盖板。

（2）拔出低压接插件（先解除二次锁死机构），如图 15-11 所示。

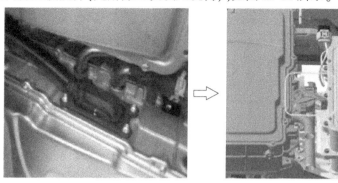

图 15-11 低压接插件拆卸

注意：拔低压接插件时需要先松开锁紧保险，注意力度不要损坏锁紧装置。

8）拆卸 VTOG 安装固定螺栓

（1）拧开 VTOG 固定螺栓（共 5 个固定螺栓）。

（2）需要用到的工具包括大棘轮、加长杆、10mm 套筒。

（3）后面两个螺栓比较难拆，需要将手伸到 VTOG 后面通过大棘轮和 10mm 套筒配合使用，无需加长杆，如图 15-12 所示。

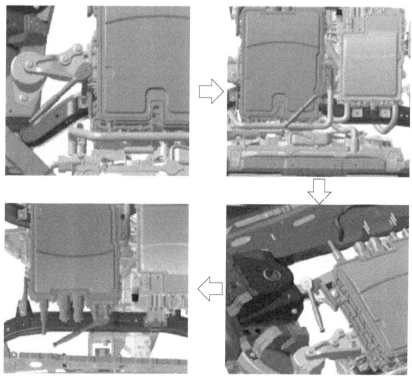

图 15-12 VTOG 固定螺栓拆卸

9) 拆卸搭铁线螺栓

搭铁在 VTOG 的右侧,需要使用棘轮 +10mm 套筒,如图 15-13 所示。

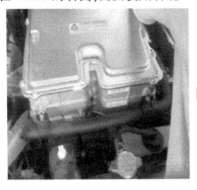
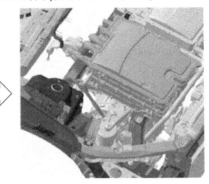

图 15-13　搭铁线拆卸

注意:力矩不用太大,防止拧坏搭铁线。

图 15-14　水管螺栓拆卸

10) 拆卸固定水管螺栓

水管的两个固定螺栓在 VTOG 前侧,都需要使用小棘轮 +8mm 套筒拆下,如图 15-14 所示。

注意:力矩不能太大,防止拧断螺栓。

11) 拆卸水管软管

(1) VTOG 有两个水管软管,上为进水管,下为出水管,需用卡箍钳将卡箍钳下。

(2) 将水管拔出。先拆上面的卡箍,拔出水管,后拆下面的卡箍,拔出水管,如图 15-15 所示。

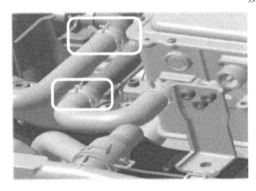
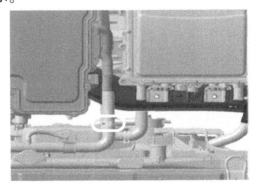

图 15-15　水管软管拆卸

注意:需要用冷却液盆接住冷却液,防止飞溅流失,防止高压件进水。

12) 拆卸搭铁线螺栓

(1) 搭 VTOG 三相线需最后拆卸,用大棘轮 +加长杆 +10mm 套筒,将三相线的固定螺栓拆下。

(2) 用力向下将三相线接插件拔下,如图 15-16 所示。

注意:拔下三相线时需注意,防止冷却液进入三相线的接插件。

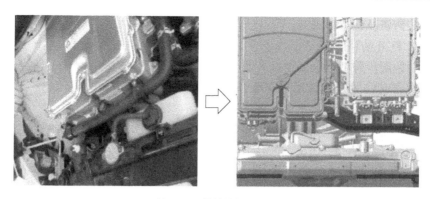

图 15-16　搭铁线螺栓拆卸

13) 取出 VTOG

以上步骤完成后,即可将 VTOG 搬出前舱。如图 15-17 所示。

2. 比亚迪 e6 永磁同步电机控制器(VTOG)的安装

(1) 安装 VTOG 固定螺栓。

(2) 安装 VTOG 后侧的 5 个高压接插件。

(3) 安装三相线,将三相线对准 VTOG 的三相线对接口,向上将三相线顶入接插件,随后用螺栓将三相线打紧。

(4) 安装低压接插件,将低压接插件线束端与板端对接好,然后把卡扣掰到原来卡死的位置,听到"咔嗒"声后,将接插件轻轻向外拉一下,检查是否接好。

(5) 安装 VTOG 搭铁。

图 15-17　VTOG 搬出前舱

(6) 安装 VTOG 固定水管。安装过程如图 15-18 所示。

图 15-18　VTOG 的安装过程

3. 比亚迪 e6 永磁同步电机控制器(VTOG)的匹配

VTOG 安装好以后,需要进行匹配,匹配步骤如下:

(1) 连接诊断仪。

(2) 进入 G6 车型。

(3) 找到防盗匹配选项进入。

(4) 进入 ECU 防盗匹配。

(5) 按照匹配步骤将钥匙放在点火开关处。

(6) 匹配完成后,待 10s 之后再退电,保证匹配完成。

4. 电机控制器(VTOG)低压电源电路检测

检测电机控制器低压电源,即测量电机控制器 B32-58、B32-61、B32-62。

1) 拔出低压接插件

拔下维修开关,打开前舱电机盖,拔出低压接插件(先解除二次锁死机构),如图 15-19 所示。

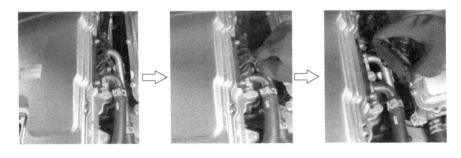

图 15-19　取下电机控制器低压接插件

2) 测量 B32-58 针脚与车身地电压

测量时,先把接插件专用插针插入电机控制器低压接插件 B32-58 针孔,万用表打到直流电压 20V 挡位,红表笔与 B32-58 针孔的插针连接,黑表笔与车身地连接,测量如图 15-20 所示。

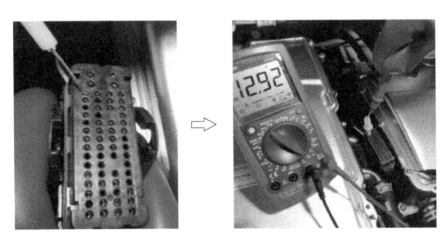

图 15-20　测量电机控制器 B32-58 针脚电压

3) 测量电机控制器 B32-61 针脚与车身地的电压

测量时,点火开关打到 ON 挡,把接插件专用插针插入 B32-61 插孔,万用表打到直流电压 12V 挡位,红表笔与 B32-61 针孔的插针连接,黑表笔与车身地连接,测量如图 15-21 所示。

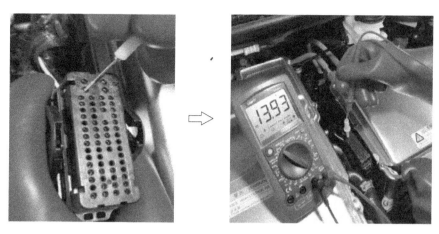

图 15-21 测量电机控制器 B32-61 与车身地的电压

4）测量电机控制器 B32-62 针脚与车身地的电压

测量时，点火开关打到 ON 挡，把接插件专用插针插入 B32-62 插孔，万用表打到直流电压 12V 挡位，红表笔与 B32-62 针孔的插针连接，黑表笔与车身地连接，测量如图 15-22 所示。

图 15-22 测量电机控制器 B32-62 针脚与车身地的电压

5. 检查交流充电口总成高低压线束

1）打开充电口防护盖

充电口防护盖的打开如图 15-23 所示。

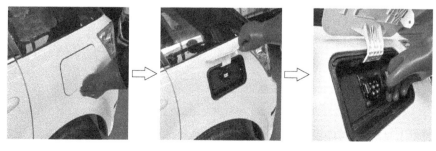

图 15-23 充电口防护盖开启

2)拔下电机控制器低压接插件

电机控制器低压接插件的拔下如图 15-24 所示。

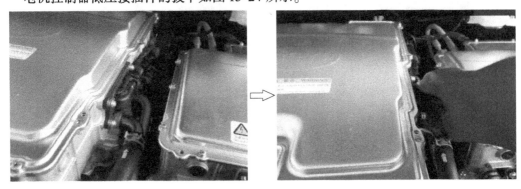

图 15-24　电机控制器低压接接插件拆卸

3)测量与电机控制器低压接口连接线束

先关断点火开关,再测量与电机控制器低压接口连接线束。

(1)跨接线与万用表、充电口连接。

使用跨接线、万用表测量充电口到电机控制器之间线路的通断。跨接线一端与充电口连接,另一端与万用表黑表笔连接,如图 15-25 所示。

图 15-25　黑表笔、跨接线与充电口连接

(2)插入接插件。

把接插件专用插针插入 B32-52 针孔,如图 15-26 所示。

图 15-26　插针插入 B32-52 插孔

(3)测量 B32-52 与 CC 接口。

测量时,万用表打到欧姆挡 200Ω 挡位,先校表,然后红表笔与插入电机控制器(VTOG)

低压接插件针孔 B32-52 的插针连接,黑表笔、跨接线与充电口 CC 接线柱连接,测量导通情况,测量如图 15-27 所示。

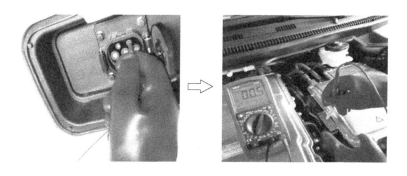

图 15-27　测量 B32-52 与 CC 接口通断

(4)接插件专用插针与 B32-23 针孔连接。

把接插件专用插针插入 B32-23 针孔,如图 15-28 所示。

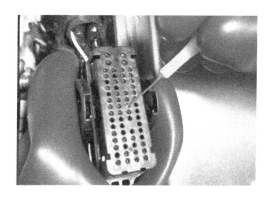

图 15-28　插针插入 B32-23 插孔

(5)测量 B32-23 与 CP 接口。

测量时,万用表打到欧姆挡 200Ω 挡位,先校表,然后红表笔与插入电机控制器(VTOG)低压接插件针孔 B32-23 的插针连接,黑表笔、跨接线与充电口 CP 接线柱连接,测量导通情况,测量如图 15-29 所示。

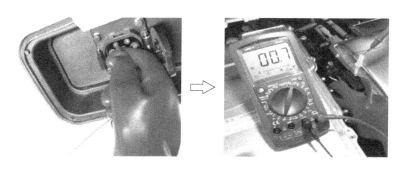

图 15-29　测量 B32-23 与充电口 CP 接口通断

4)测量电机控制器与充电口连接线束

先关断点火开关,再测量电机控制器与充电口连接线束。

(1)电机控制器上与充电口连接的高压接插件拆卸。

把接插件上的锁销往外拉出,就可向外取下电机控制器与充电口连接的接插件,如图15-30所示。

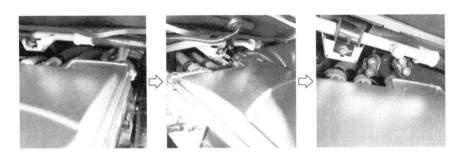

图15-30　电机控制器与充电口连接的接插件的拆卸

(2)测量控制器 N 与充电口 N 接口。

测量时,万用表打到欧姆挡200Ω挡位,先校表,然后把红表笔与电机控制器(VTOG)接插件 N 接线柱连接,黑表笔、跨接线与充电口 N 接线柱连接,测量导通情况,测量如图15-31所示。

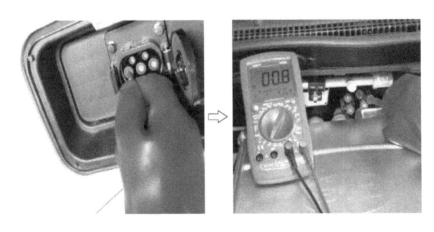

图15-31　测量控制器 N 与充电口 N 接口

(3)测量控制器 L1 与充电口 L 接口。

测量时,万用表打到欧姆挡200Ω挡位,先校表,然后把红表笔与电机控制器(VTOG)接插件 L1 接线柱连接,黑表笔、跨接线与充电口 L 接线柱连接,测量导通情况,测量如图15-32所示。

(4)测量控制器 L2 与充电口 NC1 接口。

测量时,万用表打到欧姆挡200Ω挡位,先校表,然后把红表笔与电机控制器(VTOG)接插件 L2 接线柱连接,黑表笔、跨接线与充电口 NC1 接线柱连接,测量导通情况,测量如图15-33所示。

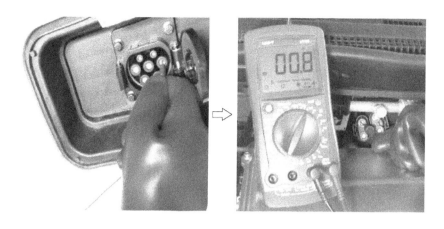

图 15-32　测量控制器 L1 与充电口 L 接口

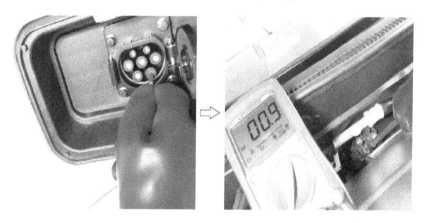

图 15-33　测量控制器 L2 与充电口 NC1 接口

(5)测量控制器 L3 与充电口 NC2 接口。

测量时,万用表打到欧姆挡 200Ω 挡位,先校表,然后把红表笔与电机控制器(VTOG)接插件 L3 接线柱连接,黑表笔、跨接线与充电口 NC2 接线柱连接,测量导通情况,测量如图 15-34 所示。

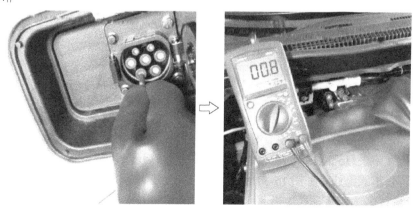

图 15-34　测量控制器 L3 与充电口 NC2 接口

5）测量充电口

关断点火开关，测量充电口。

（1）测量 CC 与车身地电压。

测量时，万用表打到直流电压 12V 挡位，红表笔接到充电口 CC 接柱上，黑表笔接到车身上，测量如图 15-35 所示。

（2）测量 PE 与车身地导通情况。

测量时，万用表打到欧姆挡 200Ω 挡位，先校表，然后把红表笔接到充电口 CC 接柱上，黑表笔接到车身上，测量如图 15-36 所示。

图 15-35　测量 CC 与车身地电压　　　　图 15-36　测量 PE 与车身地导通情况

6. 驻车回路检查

1）连接驻车开关接插件

取下驻车开关接插件，使用跨接线接到驻车开关接插件针脚上，另一端与黑表笔连接，如图 15-37 所示。

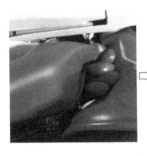  

图 15-37　驻车开关与黑表笔连接

2）插入插针

把接插件专用插针插入电机控制器 B32-39 针孔，如图 15-38 所示。

3）测量 B32-39 与驻车开关导通情况

测量时，万用表打到欧姆挡 200Ω 挡位，先校表，然后红表笔与电机控制器 B32-39 针孔的插针连接，驻车线路检查如图 15-39 所示。

7. 加速踏板深度传感器线路检测

（1）拆卸加速踏板深度传感器。

图 15-38　插针插入 B32-39 针孔　　　图 15-39　驻车开关回路检测

使用套筒拆卸加速踏板的三颗固定螺栓,从加速踏板上取下传感器接插件(接插件上的锁扣往外拉出就可解锁),如图 15-40 所示。

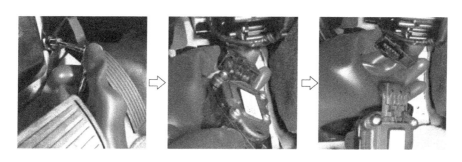

图 15-40　拆卸加速踏板传感器

(2)点火开关打到 ON 挡位,如图 15-41 所示。

图 15-41　点火开关打到 ON 挡

(3)测量加速踏板深度传感器 B31-2 与车身地的电压。

测量时,万用表打到直流电压 12V 挡位,两人配合,一人执黑表笔接到车门铰接处搭铁,如图 15-42 所示,另一人执红表笔接到加速踏板深度传感器 B31-2 插孔,测量如图 15-43 所示。

图 5-42　黑表笔与车身搭图　　　　图 15-43　测量 B31-2 与车身地的电压

(4) 测量加速踏板深度传感器 B31-7 与车身地的电压。

测量时,万用表打到直流电压 12V 挡位,黑表笔接到车门铰接处搭铁,红表笔接到加速踏板深度传感器 B31-7 插孔,测量如图 15-44 所示。

(5) 测量加速踏板深度传感器 B31-9 与车身地的电压。

测量时,万用表打到直流电压 12V 挡位,黑表笔接到车门铰接处搭铁,红表笔接到加速踏板深度传感器 B31-9 插孔,测量如图 15-45 所示。

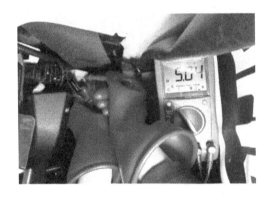

图 15-44　测量加速踏板深度传感器 B31-7 与　　图 15-45　测量加速踏板深度传感器 B31-9 与
　　　　　车身地的电压　　　　　　　　　　　　　　　　车身地的电压

(6) 测量加速踏板深度传感器 B31-10 与车身地的电压。

测量时,万用表打到直流电压 12V 挡位,黑表笔接到车门铰接处搭铁,红表笔接到加速踏板深度传感器 B31-10 插孔,如图 15-46 所示。

8. 制动灯开关检测

1) 拆下制动开关的接插件

制动开关的接插件拆下如图 15-47 所示。

2) 测量线束 B44-2 与车身地的电压

测量时,万用表打到直流电压 12 挡位,然后把红表笔接到制动开关线束 B44-2 插孔,黑表笔接到车门铰接处搭铁,如图 15-48 所示。

项目五　永磁同步电机及控制系统

图 15-46　测量加速踏板深度传感器 B31-10 与车身地的电压

图 15-47　拆卸制动开关接插件

3）测量线束 B44-4 与车身地的电阻

测量时,万用表打到欧姆挡 200Ω 挡位,先校表,然后把红表笔接到制动开关线束 B44-4 插孔,黑表笔接到车门铰接处接地,如图 15-49 所示。

图 15-48　测量线束 B44-2 与车身地的电压

图 15-49　测量线束 B44-4 与车身地的电阻

4）测量制动开关 B44-1 与电机控制器 B32-53 导通情况

（1）接跨接线。

先把跨接线接到制动开关接插件 B44-1 针孔,如图 15-50 所示。

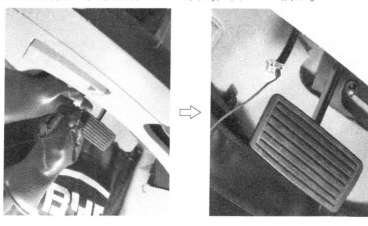

图 15-50　跨接线与制动开关接插件 B44-1 针孔连接

· 243 ·

(2)插入插针。

把接插件专用插针插入电机控制器 B32-53 插孔,如图 15-51 所示。

图 15-51　接插件专用插针插入 B32-53 插孔

(3)测量。

测量时,万用表打到欧姆挡 200Ω 挡位,先校表,然后把黑表笔接到跨接线上,红表笔接到电机控制器 B32-53 插孔,如图 15-52 所示。

图 15-52　测量制动开关 B44-1 与电机控制器 B32-53 导通情况

5)测量制动开关 B44-1 与 B44-2 导通情况

测量时,万用表打到欧姆挡 200Ω 挡位,先校表,然后把红表笔接到 B44-1 针脚,黑表笔接到 B44-2 针脚,测量踩下制动踏板和不踩下制动踏板两种情况下两针脚的导通情况,测量如图 15-53 所示。

a)踩下制动踏板

b)未踩下制动踏板

图 15-53　测量制动开关 B44-1 与 B44-2 导通情况

6）测量制动开关 B44-3 与 B44-4 导通情况

测量时,万用表打到欧姆挡 200Ω 挡位,先校表,然后把红表笔接到 B44-3 针脚,黑表笔接到 B44-4,测量踩下制动踏板和不踩下制动踏板两种情况下两针脚的导通情况,测量如图 15-54 所示。

 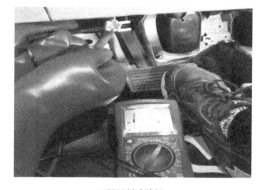

a) 未踩下制动踏板　　　　　　　　　　　b) 踩下制动踏板

图 15-54　测量制动开关 B44-3 与 B44-4 导通情况

9. 高压配电箱低压控制端检测

1）后排座椅拆卸

（1）拆下坐垫。

（2）拆下靠背固定螺栓（固定螺栓 6 颗,中间 2 颗,边上各 2 颗）。

（3）取下后排靠背（图 15-55）。

图 15-55　后排座位拆卸

2）拆卸高压配电箱低压接插件

找到高压配电箱低压控制端接插件 M31,压下锁扣,往外拉即可取下接插件,如图 15-56 所示。

3）插针插入 M31-1 插孔

把接插件专用插针插入 M31-1 插孔,如图 15-57 所示。

4）测量 M31-1 与车身地电压

测量时,点火开关打到 ON 挡位,万用表打到直流电压挡 12V 挡位,把红表笔连接到 M31-1 针孔的插针上,黑表笔连接到车身搭铁处,测量如图 15-58 所示。

图 15-56　取下高压配电箱低压接插件

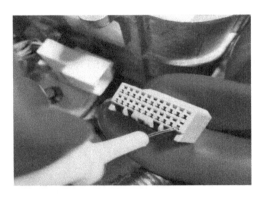

图 15-57 接插件专用插针插入 M31-1 插孔

图 15-58 测量 M31-1 与车身地电压

5) 插针插入 M31-3 插孔

把接插件专用插针插入 M31-3 插孔,如图 15-59 所示。

6) 测量 M31-3 与车身地电压

测量时,点火开关打到 ON 挡位,万用表打到直流电压挡 12V 挡位,把红表笔连接到 M31-3 针孔的插针上,黑表笔连接到车身搭铁处,测量如图 15-60 所示。

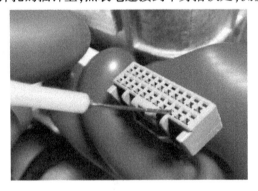

图 15-59 接插件专用插针插入 M32-3 插孔

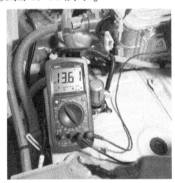

图 15-60 测量 M31-3 与车身地电压

10. 部件恢复及 7S 管理

三、技能考核标准(表 15-15)

技能考核标准　　　　　　　　　表 15-15

序号	项目	操作内容	规定分	评分标准	得分
1	实训准备	1. 实训手册的准备; 2. 实训车辆的基本检查	4 分	1. 能够准备实训手册(2 分,无实训手册的扣 2 分); 2. 能够正确检查实训车辆的安全,并做好记录(2 分)	
2	比亚迪 e6 电机控制器拆卸前的准备工作	1. 比亚迪 e6 维修开关断开; 2. 铅酸蓄电池负极接线拆卸	4 分	1. 能正确拆卸维修开关(2 分); 2. 能正确拆卸铅酸蓄电池负极线(2 分)	

续上表

序号	项 目	操作内容	规定分	评分标准	得分
3	比亚迪e6永磁同步电机控制器(VTOG)的拆卸与安装	1. VTOG后面5个高压接插件拆卸; 2. VTOG侧面的低压接插件拆卸; 3. VTOG安装固定螺栓拆卸; 4. 搭铁线螺栓拆卸; 5. 固定水管螺栓拆卸; 6. 水管软管拆卸; 7. VTOG的安装	17分	1. 能正确拆卸VTOG后面5个高压接插件(2分); 2. 能正确拆卸VTOG侧面的低压接插件(2分); 3. 能正确拆卸VTOG安装固定螺栓(2分); 4. 能正确拆卸搭铁线螺栓(2分); 5. 能正确拆卸固定水管螺栓(2分); 6. 能正确拆卸水管软管(2分); 7. 能正确取出VTOG(2分); 8. 能正确安装VTOG(3分)	
4	比亚迪e6永磁同步电机控制器(VTOG)低压电源电路检测	1. 电机控制器低压接插件拆卸; 2. 测量B32-58针脚与车身地电压; 3. 测量B32-61针脚与车身地的电压; 4. 测量B32-62针脚与车身地的电压	8分	1. 能正确拆卸电机控制器低压接插件(2分); 2. 能正确测量B32-58针脚与车身地电压(2分); 3. 能正确测量B32-61针脚与车身地的电压(2分); 4. 能正确测量B32-62针脚与车身地的电压(2分)	
5	交流充电口总成高低压线束检测	1. 充电口确认; 2. 黑表笔、跨接线与充电口连接; 3. 测量B32-52与CC接口; 4. 测量B32-23与CP接口; 5. 电机控制器高压接插件拆卸; 6. 测量控制器N与充电口N接口; 7. 测量控制器L1与充电口L接口; 8. 测量控制器L2与充电口NC1接口; 9. 测量控制器L3与充电口NC2接口; 10. 测量CC与车身地电压; 11. 测量PE与车身地导通情况	22分	1. 找到充电口,并打开盖子(2分); 2. 能正确连接黑表笔、跨接线与充电口(2分); 3. 能正确测量B32-52与CC接口(2分); 4. 能正确测量B32-23与CP接口(2分); 5. 能正确拆卸电机控制器高压接插件(2分); 6. 能正确测量控制器N与充电口N接口(2分); 7. 能正确测量控制器L1与充电口L接口(2分); 8. 能正确测量控制器L2与充电口NC1接口(2分); 9. 能正确测量控制器L3与充电口NC2接口(2分); 10. 能正确测量CC与车身地电压(2分); 11. 能正确测量测量PE与车身地导通情况(2分)	

续上表

序号	项目	操作内容	规定分	评分标准	得分
6	比亚迪 e6 驻车开关测量	1. 驻车开关接插件连接； 2. 测量 B32-39 与驻车开关导通情况	4 分	1. 能正确连接驻车开关接插件(2 分)； 2. 能正确测量 B32-39 与驻车开关导通情况(2 分)	
7	比亚迪 e6 加速踏板深度传感器检测	1. 加速踏板深度传感器接插件拆卸； 2. 测量加速踏板深度传感器 B31-2 与车身地的电压； 3. 测量加速踏板深度传感器 B31-7 与车身地的电压； 4. 测量加速踏板深度传感器 B31-9 与车身地的电压； 5. 测量加速踏板深度传感器 B31-10 与车身地的电压	10 分	1. 能正确拆卸加速踏板深度传感器接插件(2 分)； 2. 能正确测量加速踏板深度传感器 B31-2 与车身地的电压(2 分)； 3. 能正确测量加速踏板深度传感器 B31-7 与车身地的电压(2 分)； 4. 能正确测量加速踏板深度传感器 B31-9 与车身地的电压(2 分)； 5. 能正确测量加速踏板深度传感器 B31-10 与车身地的电压(2 分)	
8	比亚迪 e6 制动开关检测	1. 制动开关接插件拆卸； 2. 量线束 B44-2 与车身地的电压； 3. 测量线束 B44-4 与车身地的电阻； 4. 测量制动开关 B44-1 与电机控制器 B32-53 导通情况； 5. 测量制动开关 B44-1 与 B44-2 导通情况； 6. 测量制动开关 B44-3 与 B44-4 导通情况	12 分	1. 能正确拆卸制动开关接插件(2 分)； 2. 能正确测量线束 B44-2 与车身地的电压(2 分)； 3. 能正确测量线束 B44-4 与车身地的电阻(2 分)； 4. 能正确测量制动开关 B44-1 与电机控制器 B32-53 导通情况(2 分)； 5. 能正确测量制动开关 B44-1 与 B44-2 导通情况(2 分)； 6. 能正确测量制动开关 B44-3 与 B44-4 导通情况(2 分)	
9	比亚迪 e6 高压配电箱低压控制端检测	1. 后部座椅拆卸； 2. 高压配电箱低压接插件拆卸； 3. 测量 M31-1 与车身地电压； 4. 测量 M31-3 与车身地电压	8 分	1. 能正确拆卸后部座椅(2 分)； 2. 能正确拆卸高压配电箱低压接插件(2 分)； 3. 能正确测量 M31-1 与车身地电压(2 分)； 4. 能正确测量 M31-3 与车身地电压(2 分)	
10	部件恢复及 7S 管理	1. 部件的恢复； 2.7S 管理	11 分	1. 能够正确恢复检测的各部件(4 分)； 2. 能够正确进行 7S 管理(7 分,少做一项扣 1 分)	
		总分	100 分		

四、思考与练习

(一) 填空题

1. 电机控制器低压电源检测的端子是_____、_____、_____。
2. 电机控制器高压正负极输入端与控制器向动力电机输出端的电压值是_____ V。

3. 驻车开关 B35 与车身地在放下驻车开关检测时的阻值是_____。
4. 电机控制器通过采集_____、_____、_____、_____等信号控制动力输出。
5. 秦电机控制器出现故障时,整车通常表现为_____模式,仪表报"请检查动力系统"。

(二)单项选择题

1. 电源打到 ON 挡,电机控制器 B32-61 与车身地的电压为( )。
   A. 5～8V　　　　　　B. 11～14V　　　　　　C. 36V
2. 电机控制器高压输入端与输出端的电压正常值为( )。
   A. 0.3V　　　　　　B. 5V　　　　　　　　　C. 12V
3. 踩下制动踏板,制动开关端子 B44-1 与 B44-2 之间的正常阻值为( )。
   A. 大于 1Ω　　　　　B. 等于 1Ω　　　　　　C. 小于 1Ω
4. 旋转变压器余弦 + 和余弦 – 之间的阻值应该约为( )Ω。
   A. 1　　　　　　　　B. 12　　　　　　　　　C. 17.5
5. 用万用表测量控制器上高压接插件正极、负极对控制器外壳阻抗,一般大于( )。
   A. 100Ω　　　　　　B. 200Ω　　　　　　　C. 20MΩ

(三)判断题

1. 检查电机是否正常,通过测试电机三相阻值两两差值不超过 1Ω。　　　(　)
2. 故障码"P1B0000"表示电机温度过高。　　　　　　　　　　　　　　(　)
3. 点火开关打到 ON 挡,高压配电箱 M31-1 与车身地的电压为 11～14V。(　)

(四)简答题

1. 电机控制器低压电源电路检查哪些针脚?
2. 直流充电口总成高低压线束检查的内容有哪些?
3. "系统无应答"时的诊断流是什么?

参 考 文 献

[1] 祝占元.电动汽车[M]河南:黄河水利出版社,2007.
[2] 李兴虎.电动汽车概论[M].北京:北京理工大学出版社,2005.
[3] 张大鹏.汽车电工电子基础[M].北京:北京理工大学出版社,2006.
[4] 宋慧.电动汽车[M].北京:人民交通出版社,2002.
[5] 安相壁.汽车检测设备与维修[M].北京:北京理工大学出版社,2008.
[6] 李逢春.电动汽车[M].北京:北京理工大学出版社,1997.
[7] 催生民.新能源汽车技术[M].北京:北京大学出版社,2009.
[8] 王益全.电机原理与实用技术[M].北京:科学出版社,2007.
[9] 葛宝明,等.开关磁阻电机控制策略综述[J].电气传动,2001.
[10] 詹琼华.开关磁阻电机[M].武汉:华中理工大学出版社,1992.
[11] 王宏华.开关型磁阻电机调速控制技术[M].北京:机械工业出版社,1995.
[12] 刘闯,朱学忠,刘迪吉.基于微机控制的开关磁阻发电机研究[J].电力电子技术,1999,5:7-9.
[13] 张全柱,郝荣泰,邓新华.开关磁阻电机的几种功率变换器拓扑的性能分析[J].电气传动自动化,1995,17(4):50-54.